困惑与抉择

——中国传统武术变革之路

李　岩　著

九　州　出　版　社
JIUZHOUPRESS

图书在版编目（CIP）数据

困惑与抉择 ： 中国传统武术变革之路 / 李岩著. -- 北京 ： 九州出版社，2017.10
ISBN 978-7-5108-6299-1

Ⅰ. ①困… Ⅱ. ①李… Ⅲ. ①武术一发展一研究一中国 Ⅳ. ①G852

中国版本图书馆 CIP 数据核字(2017)第 261533 号

困惑与抉择 ： 中国传统武术变革之路

作　　者　李 岩 著
出版发行　九州出版社
地　　址　北京市西城区阜外大街甲 35 号(100037)
发行电话　(010)68992190/3/5/6
网　　址　www.jiuzhoupress.com
电子信箱　jiuzhou@jiuzhoupress.com
印　　刷　廊坊市海涛印刷有限公司
开　　本　710 毫米×1000 毫米　16 开
印　　张　15
字　　数　200 千字
版　　次　2018 年 6 月第 1 版
印　　次　2022 年 8 月第 2 次印刷
书　　号　ISBN 978-7-5108-6299-1
定　　价　54.00 元

导　论

“大风泱泱，大潮滂滂。洪水图腾蛟龙，烈火涅槃凤凰。文明圣火，千古未绝者，唯我无双；和天地并存，与日月同光。”五千年绵延不断的历史形成了源远流长的中国传统文化。中华传统文化以孔孟儒学为主流，兼容道家、佛家思想，“天人合一”“中庸”“刚柔相济”等思想智慧一直流传至今，“它坚守道统却也包容开放，为中华民族应对人与自然、人与社会、人与自我及理想与现实的矛盾提供了支撑和帮助，也涵养了中国人温柔敦厚、丰富多彩的精神世界”。[①] 传统文化是一个民族的灵魂，是一个民族性格的标志，是维系一个民族情感的血脉。我们以中国历史发展中的文化发展为主线，去比对相对应历史时期背景下的中国武术的发展，我们会发现，中国武术的发展同相对应的同时期的历史文化发展是相伴相生、相辅相成的。在历史的长河中，我们的先祖以无上智慧，创造出的博大精深的中国武术，正是遗传了血脉的文化基因。它的天人合一、和谐有度；它的内敛不争，享受过程；它的道德至上、贵和持中，无不不折不扣地折射出了中国文明的光辉。5000年文明古国的中国武术有着璀璨夺目的历史和富庶丰厚的历史文化遗存，为世界上其他国家所望尘莫及。它源远流长，犹如奔腾不息的河流，随着历史的演进，不断地有新鲜的水流注入。它博大精深，宛如浩瀚无际的星空，包容着世间的种种隔阂，不断地给予人们以心灵上的慰藉。而每个民族的生存环境，历史文化背景以及由此而形成的生理、心理特征——民族性格、风俗习惯、审美情趣及蕴含其中的智慧与灵性，无一不以风格迥异的武术这一身体语言，鲜明地展现、反映出来。武术应该是通过运动形式来传承一种文化，这种文化体现的是中国传统审美特征，体现的是一种教化的过程，体现的是一种中华民族的哲学思想，体现的是一种伦理和宗亲文化。

① 李潇潇.绘制一幅中国社会主义文化战略蓝图[N].中国社会科学报，2011年11月24日，第6版

当历史的车轮走到1840年，当清王朝睥睨天下，“举国方沉酣太平”之际，西方人的坚船利炮强行撕开了中国近代历史沉重的帷幕，帝国主义的炮声惊醒了天朝大国士人的迷梦，国人逐渐失去了上国大邦的安闲心态。而这次西方文明的传入也不再是对中国传统思想文化的补充或可有可无的点缀，而是让其裂纹如网，岌岌可危。中西文明的对撞也加速了中国从传统文明形态向现代文明形态的转变。这种尖锐的新旧文化冲突必然酝酿着中国社会价值观的激变。西方工业文明的传入颠覆了中国农业文明的闭塞。最明显的比对就在最前线的战场，西方的坚船利炮跟中国的刀枪棍棒形成鲜明对比，一直在战场上起着决定作用的中国武术尚未摆好架势就已经败下阵来。

鸦片战争后，面对封建末世深刻的社会危机，一代有抱负的知识分子掀起了一股社会批判和社会改革的思潮。他们主张实行改革，提倡“经世致用”。开始了疯狂学习西方的浪潮，最典型的当属洋务运动中的洋务派，他们提倡从工业、军事、教育等方面大力学习西方，创办了钢铁厂、纺纱厂、织布厂、造船厂等各种轻、重工业，并在军事装备上进行革新，造船造炮，以希望能“以夷制夷”。在1862年还设立了同文馆，设立了各种军事、工艺学堂，并向西方派遣了留学生，开始从教育着手学习西方。中国人遇到了前所未见的一个与自己差异太大的外来民族，中国文化遇到了一时无法应付的异种文化的挑战。而中国人数千年以来养成的“天朝上国”和“唯我独尊”的心态，让中国人对西人盲目鄙视，对西方事物则类多隔膜。这种封闭虚骄的心态是经受不住挑战的。鸦片战争后二十年，中国与西方列强战战和和，战则屡败，和则屈辱丧权，封建的清政府腐败无能，帝国主义的侵略日益加深，国家内外危机日益加剧，国家面临着生死存亡的严重局面。

面对迫在眉睫的民族危亡，许多仁人志士，纷纷提出改革，他们中有既有督抚大吏，也有下层官僚与文人学者，他们作为知识分子的代表，关注世事，抨击时政，他们提倡“经世致用”。比较著名的有林则徐、龚自珍、魏源等。其中满怀“愤忧”的“积感之民”[①]魏源更是写成《海国图志》一书，在书中他说：“是书何以作？为以夷攻夷而作，为以夷制夷而作，为师夷长技以制夷而作”。[②]魏源主张学习西方之技，用以抵抗西方之侵略，尤其强调学习西方的战舰、火器

① 魏源. 圣武记·叙//魏源集[M]. 北京，中华书局，1976：166
② 魏源：《海国图志·叙》

及“养兵练兵之法”。[①]为了鼓励人们学习西法，魏源提出改革武举考试：“今宜于闽粤二省艺试增水师一科，有能造西洋船舰、火轮舟，造飞炮、火箭、水雷奇器者为科甲出身……使天下知朝廷注意在是，不以工匠、舵师视在骑射之下。则争奋于功名，必有奇材绝技出其中。”[②]他认为西方侵略者长于水站，短于陆战。[③]认为我们的精兵巧匠对于西方之艺“一年而可习，二年而可精”。他把学习西方看成是一项策略性措施，在他看来一切都是为制夷而师夷。这也充分体现了魏源“经世致用”的思想。

正是在这种背景下，崇尚西方兵操的强烈愿望压过了传统武术。西洋体操开始进入中国人的视野，于是洋务派引进西洋体操，开始编练新式军队，创办最早的军事学堂，兴办最早的军事国防工业和民族工业，并向外选派留学生。在当时，“洋务派主要是从军事需要出发引进西学，纯粹是从增加军事力量出发”[④]所有这些都不过是为了练兵的目的，是以稳定和维护清王朝的封建专制统治为根本目的的。我们民族的心态是借他山之石可以攻玉的目的，是所谓的“师夷长技以制夷”。

晚清时期，面临内忧外患的社会环境，人人自危，社会的动荡不安使得人们都谋求一种自卫和互卫的方式，武术成了人们的共同选择，一些武术社团和民间组织得到发展，他们都本着忠勇义气的武德精神，在这种民族危难的关键时期，奋勇投身到抵抗外国侵略者的行列中，通过武术保卫自身安全和捍卫民族利益，这种以卫身为主导的价值观成为晚清民间武术繁荣发展的背后支撑。卫身价值观也成为那个时期的主流价值观，成就了武术在民间发展的短暂辉煌。

清末年，清朝统治者受到义和团的沉重打击后，对民间习武更加恐慌，“传授生徒不能如前之自由，须经绅商担保，方准成立。武术场教授普通人民，而在某巨宅秘传三五者，仍复不少，但较前之盛况相去远矣”。[⑤]因此，武术的发展在一定的范围内受到遏制。但由于社会动荡不安，基督教势力的扩展和民族矛盾的加深，人民需要一种安身保命的技术来保护自己，“带有秘密宗教色彩的

① 魏源：《海国图志·筹海篇三》

② 魏源：《筹海篇·议战》，《海国图志》

③ 魏源：《海国图志·筹海篇一》

④ 王岗. 民族传统体育的文化自尊[M]. 北京：北京体育大学出版社，2007.1：11

⑤ 成都体育学院体育史研究所. 中国近代体育史资料[M]. 成都：四川教育出版社，1988：11

练武组织，成为人民精神和组织方面进行自卫的有利武器”。[①]虽然朝廷禁止习武，但是“白昼不敢明习，竟于夜间潜习”。[②]就这样，武术之花在民间繁华盛开。

在研究义和团事件之后的武术的发展之时，马良曾说：“盖因义和团起事，惟持刀枪棍棒各器械，且平时操练，亦是武术，故政府即以为民间自由存置兵器，堪致巨变，遂严禁人民存置武器，武术因亦大受影响。……反此，各村镇庄乡，经此巨变，借武术之力得以保平安者，亦复不少。此等村乡对于武术教育，不惟不见退化，反以此更加进步”。[③]究其原因，这其中“既有秘密结社民间习武风习，也无疑与义和团运动中‘铺团授拳’的群众基础有关”。[④]在义和团运动时，“上至王公卿相，下自倡优隶卒，几乎无人不团”。[⑤]著名义和团首领赵三多所在的威县沙柳寨是梅花拳的集聚中心，同时也遍布红拳。山东冠县所习则多是红拳。1887 年冠县梨园屯爆发了反教会侵略的斗争。赵三多来冠县助战，从此赵三多所领导的梅花拳和阎书勤所领导的红拳在梨园屯并肩战斗，反教护庙，轰动了整个冠县。[⑥]也正是这种人人参与，在市井民间蔚然成风的习武风气的传承，使武术在那个特殊时期非但没有因为朝廷的禁拳衰败，反而更加繁盛。

在这种动乱的年代，人人自危，而“武术为自卫利器，非尚武无以自立”。[⑦]不论男女老幼，均习武卫身。河北一带流传的民谣唱到：大师姐、二师姐，耍起刀，快如飞。这是对女性练武的描述。又有描写实战练武活动的：“内练一口气，外练筋骨皮，逮着洋毛子，砍个脖子齐[⑧]。”18 世纪末，由于农村土地兼并和高利贷的分解作用以及城市商品经济的发展，农村中数量众多的农民，流入城市和工矿区集结成一个有势力的城市平民阶层。其中的手工业工人、运输工人、矿工等大都有自己的行会组织，并在工人居住区设有“武馆”，工人在工余时间习武，或请武术教师来馆教武艺。因此工人大都练得一身好武艺。[⑨]根据 1955 年的一份调查史料，当时随着农村人口流入城市，乡村练武传统也被带到工商业行

① 崔丽丽. 晚晴义和团运动对中国近代体育发展的影响[J]. 山东体育学院学报. 2012，28（4）：44
② 先锋后路左营卷//山东义和团案卷（上册）[M]. 济南：齐鲁书社，1980
③ 马良. 中华北方武术体育五十余年纪略[J]. 体育与卫生，1924，3（1）：21--22
④ 周伟良. 义和团武术活动简论[J]. 学术界，2011，8（159）：174
⑤ 柴萼. 庚辛纪事//中国史学会. 义和团：（一）[M]. 上海：神州国光社，1951：306
⑥ 廖一中等. 义和团运动史[M]. 北京：人民出版社，1981：66
⑦ 马良. 中华北方武术体育五十余年纪略[J]. 体育与卫生，1924，3（1）：21--22
⑧ 程英. 中国近代反帝反封建历史歌谣[M]. 北京：中华书局. 1962：448
⑨ 中国人民大学清史研究所. 中国近代史论文集 （上）[M]. 北京：中华书局，1979：212

会中："当时机行中的武术馆多至几十间，机行中每个人都学会一些武术。……工人闲暇之余，常请武术拳师到馆教武术，但学武是自愿的。各堂馆都立有规则。"[①]受当时义和团的影响，民间对义和拳的练习也是渗透到各行各业，在《拳事杂记》中记载："京城演习义和拳者，童子居多，无论士农工商，以至各行贸易之人，无不愿学"，"各巷设立拳厂者，不胜枚举"。[②]这些无一不是武术的卫身价值观在民众身上的极致体现。

在内向传播和人际传播为主的时代，再加之武术在民间又是秘密展开，这便导致了武术交流的不畅通，于是出现了不同的武术流派，随着一些有识之士的日渐清醒，认识到改革的必要性，以及慈禧太后也对新式教育表现出容忍的态度，一些为数不多的民间社团也开始公开授拳。比较有名的有，1900 年形意、八卦名家耿继善所创立的"北京四民武术研究社"，1911 年，由李存义发起，在天津成立的"中华武士会"，当然，最有名的就是 1909 年由霍元甲所创立的"精武体操学堂"。这些社团数量有限，影响薄弱，但无疑也为武术后来的西式发展埋下了伏笔。武术的民间传播成就了武术民间自发组织的武术团体的兴起。比较有名的比如大刀会。这一时期，由于外国教会势力日趋猖獗，许多贫苦农民、手工业者纷纷习练，以求保家防身。1896 年，刘士端、曹得礼等为打击教会势力，"以诛锄西教为本旨"，活跃于山东、河南、江苏、安徽交界地区，清代，严禁民间秘密结社，"凡传习白阳、白莲、八卦等邪教"、"以符咒惑人"，为首之人一律处死。官府调查后认为，大刀会"皆系乡民练习技艺，保卫身家"，并无不法行为，遂默许其存在。大刀会也与官府密切合作。起初，他们捕获盗匪，扭送官府惩治；后来发现官府"不能尽杀，众心不快，后遂获贼即杀，不复送官"。当地百姓听说大刀会"能避刀枪，可以保身家"，于是争相入会。人数多达数万人。7 月，刘士端、曹得礼被清军捕杀。其后，渐趋没落，有的改称红拳、义和、红门等会，继续活动于齐鲁地区。据河北的调查材料，在河北一带普及率较广的梅花拳和其他传统拳种中，仍然留传着"三盘法"和"八方步"等名称命名的一些武术技法。在河北邢台就盛传将武术套路和练气相结合而成的"文胜功"，是一种内家拳法。这种民间的武术拳种丰富了武术的内容，而且以地域为划分，逐渐形成了一些会党和教门组织如八卦教等，这些民间武术组

① 三元里人民抗英斗争史料. 广州工人参加三元里抗英斗争情况调查记录[M]. 广州：广东文史馆，1955：345
② 中国史学会. 义和团（一）[M]. 上海：神州国光社，1951：240

织对传统武术拳种的传播和传承有着不可低估的作用，也从客观上对我们了解清代武术的发展状况提供了一种思路和视角。在各类组织具体的习武过程中，出现了因受组织活动影响（包括传说）而促使拳种形成，以及某些拳种间相互渗透交融的现象。①

随着东西方文化的交锋加剧，自然科学的传入为武术的体育价值观确立起了极大的推动作用，武术在生理学、心理学、历史学、力学、美学、卫生学等各个学科的交叉研究中确立了西方体育价值观的地位。1919 年 4 月 16 日，《教育部关于采录体育咨询案办法咨》中，明确提出学校要“注重国技”，认为“夫一国之体育，必须具一国之精神。我国武术，实中华民族精神所寄，且种类颇富。其与生理原理相合者，务须选择加入，以为体育之基本”。②其中提到的“生理原理”，可以看出当时对西方生理学的参照的趋向。在当时，也有一些武术家开始参考体育图书，并按照生理学的基本原理，将具有健身价值拳种进行了不同的种类。比如分成“强健筋肉，发展体力”的拳术，有形意拳、八极拳、罗汉功等；还有“活泼肢体、敏捷思想”的拳术，包括查拳、红拳、花拳等各种长拳；还将少林十二式、太极拳以及各种气功类的一些拳术，划归到“流通气血、强健精神”这一类中。此外，他们针对不同的人群年龄特征和生理特点也有相应的分类。他们指出，年轻人“多好活泼又好繁华”，宜练习谭腿、查拳、翻子、红拳、少林等这些“绚烂猛烈之拳术”；而中年人因为“骨节不甚柔软、跳跃亦微觉困难”，所以更适合习练那些“手法既简单、步法又不费力”的拳术，比如像太极、形意等。这些借助生理科学进行的分类方式也拉近了中国武术与近代西方体育科学的距离。

新文化运动初期，由于国粹思潮在社会的影响依然强大，竭力的排斥和抗拒外来文化，于是引起了新文化派的批判与反对，特别是作为国粹体育的中国武术更是遭到了严肃批判。

鲁迅在《出了象牙之塔·后记》中就说：“幸存的古国，恃着固有而陈旧的文明，害得一切硬化，终于要走到灭亡的道路。”③鲁迅对“中华新武术”的看法可谓是对武术的一种否定。他认为现如今的教育家对武术的提倡跟在清王朝

① 周伟良.清代秘密结社武术活动试探（下）[EB/OL]. http：// www.wushu2008.cn.
② 中华民国史档案资料汇编（第三辑）：教育[M]. 南京：江苏古籍出版社，1991：857
③ 鲁迅. 出了象牙之塔·后记//鲁迅先生纪念委员会. 鲁迅全集[M]. 北京：人民文学出版社，1957

时，一些王公大臣们对武术的提倡如出一辙，虽然在地位上有所区分，但是他们的出发点都是一样的，他认为武术是一种"'九天玄女传与轩辕黄帝，轩辕黄帝传与尼姑'的老方法"[①]，他对青年学生习练这类武术或改编的"体操"是不提倡的，他非常反对要将"新武术"用于体育和军事上的观点，但我们也看到，作为一代先进文化人的代表的鲁迅先生，仍未脱离世俗偏见，一度偏激地否定武术。不过，后来他在《拳术与拳匪》中说："总之，对于中国拳术来说，'若以为一种特别技艺，有几个自己高兴的人，自在那里投师练习，我是毫无可否的意见。'……现在反对的便是：（一）教育家都当作时髦东西，大有中国人非此不可之概。（二）鼓吹的人，多带着'鬼道'精神，极有危险的预兆。"[②]从他的这番言论中，可以看出，他是怕有些人拿"鬼道"精神迷乱国人的判断力，"恐怕大家忘却了枪炮，以为拳脚可以救国"。虽然鲁迅对中国武术的批判存在有相当的片面性，但我们也不能否认鲁迅当年因中国传统武术的一些弊端而批判"伪科学"的部分，还是在一定程度上肃清了中国武术中一些迷信和鬼道的不好的东西，也在一定程度上肃清了人们对中国武术价值观的认识。

扬土贬洋的人士认为，西方体育不合中国国情，只有中国武术才是最适合中国人的体育之道。张之江在《致天津大公报社函》中就说："国术之用，不仅健身强种，且可拒寇御侮，既合生理卫生，又极经济便利，不拘性别老幼，不限于时间空间，富美感、饶兴趣，锻炼甚便，普及亦易。"[③]他建议将国术列为学校体育正课教材，并普及于全民。而天津大公社之前就曾发表言论，指出："夫欧美日本流行之运动竞赛，究之，乃有闲的国民游戏事也。中国多少年来……国家被侵吞，人民失生计……颠沛流离，救生不暇，安能学邻家之雍容消光。故时势至此，西式运动，中国既不暇学，亦不必学，且不可学……请从此脱离洋体育，提倡土体育！中国人请安于作中国人，请自中国文化之丰富遗产中，觅取中国独有的体育之道。"[④]在批判中国武术的人士大多是认为武术不是科学或难以用科学来阐释，他们认为："多半是非科学的无稽考的夸张之说，并且，还是充满了神话的虚幻之谈"[⑤]，对此的辩驳，支持国术的人士指出："一

① 鲁迅. 杂感三十七//鲁迅先生纪念委员会. 鲁迅全集[M]. 北京：人民文学出版社，1957

② 鲁迅. 拳术与拳匪[J]. 新青年，1919，六（二）

③ 张之江. 致天津大公报社函[N]. 大公报，1932-8-13

④《大公报》社论：今后之国民体育问题[N]. 大公报，1932-8-7

⑤ 田镇峰.太极拳讲义[M].太原：山西科学技术出版社，2011：3

般谈国术者，皆同为腐化不合科学之运动，近人则以数学、重学、力学、生理学、心理学估计国术之价值，则国术不仅含有科学性，而且完全科学化矣。”①

反对中国武术大力提倡发展西方体育的人士，他们则认为中国传统武术，未经受科学的洗礼，没有体育价值。他们认为：“近代体育的意义，并不限于养生之道与锻炼筋骨，那是增进人类幸福，提高工作的能率，使人格高尚趣味浓厚，并养成适应于文华社会的生活……对于我们国术一项，当视为含有多少的体育价值，应认有研究之必要，受过近代解剖生理卫生教育等科学的洗礼，方认为有用处，绝对的不许再说那丹田还气太阴少阴一派的儿话。我们所最痛心，国术至今多数当操在一般不曾受过科学洗礼者甚至目不识丁者的手里，且派别繁杂，不可究洁……至于费用极微，既断定健身之效大于西式运动，其流弊不过是武断与笼统，其害犹小焉者耳。”②

在土还是洋的争论中，在武术到底是该继承还是该取缔的讨论中，始终还是有一部分人持中立观点。他们“既不主张走开放主义的极端，媚洋排土；也不主张走关闭主义的极端，一味扬土拍洋。他们认为，就体育目标而言，因其本质为发达身体、陶冶品格及培养休闲技能，因此，这与洋土之间并无多大区别；就体育方法而言，其取撷之原则应从是否合乎人的生理、人的心理、人的个体与社会的需要加以考量，不应与洋土国界有关。”③

不可置否，在土洋体育的争论中，双方为了是自己的观点能得到更多的社会认同，在语言或者表现上都有些过于偏激。但是在极力推崇中国武术的传统派中，他们确实看到了中国传统武术激励民族自尊心的一面，但是也应该看到它的局限性，想要原封不动的保存和继承中国传统武术已经成为时代所不允。而崇尚西方体育的新文化派则一概否定传统，也有失偏颇。虽然最新的“土洋之争”研究成果表明，“土洋之争”乃是中国体育领导权的争取过程，但是我们也不得不看到，经历这场论争之后，武术确实在这种纠结与争论中，开始慢慢确立自己的价值，开始思考自己的长处和短处，并逐步的挖掘着自己的优良传统。不过在当时西方思潮大肆影响于社会环境中，武术还是始终没能摆脱西方体育文化的影响，还是开始慢慢的走进西方体育的语境中。在这场争论之后的

① 编者.国术漫谈（五）[J].国术周刊，1935（5）//释永信.民国国术期刊文献集成（第12卷）[M].北京：中国书店，2008：184

② 谢似颜.评大公报七日社论[J].体育周报，1932（30）

③ 吴蕴瑞.体育之国界问题[J].教育丛刊，1935（2）

全国体育会议上发表的“国民体育实施方案”中，对国术价值的阐述做了如下总结：“国术原我国民族固有之身体活动方法，一方面可以供给自卫之技能，一方面可作锻炼体格之工具，不独在民族史上有其固定之价值，即从近代科学如解剖生理等方面观察之亦未可厚非，发扬之，研究之，实为今日之必要。但学术无国界，人类之天性，中外无不同。凡不背科学为则及能适合人类天性之种种体育活动，均应按照国内社会状况一律提倡之，不应以其发源之地点不同而有所轩轾。故国术实为体育活动之一种，不能因其为我国所固有者而予以特殊之地位，以捐弃其他合乎科学及教育之体育活动也。另一方面言之，学术既无国界，则我国之国术固应力谋其在国际间之发展，不应以之为奇货可居。观乎日本之柔道，近且为欧美许多人士所学习，况我国国术之奥妙，远在其上乎。至于国内体育家对于国术应加以深切之注意与研究，而国术家对于近代体育及其基本之学科亦须有相当之认识，此实为发扬及研究国术之必要途径。”[①]从这段阐述中，可以明确看出，武术的体育地位得到了明确的肯定，武术的传统特色也得到了承认，在这种摇摆不定的价值观发展中，武术加快了与近代体育融合的脚步，在当时不论是土体育还是洋体育，大家争论的焦点其实更多的在于到底哪一个才能更好的激发国民之意识，锻炼国民之体魄。在争论背后，土体育更多的承载了爱国精神价值观的理念，洋体育则更多的承载了体育价值观的理念，但对于两者的争论和提倡都有激进之立场，“猛进的时代，常能遗弃了许多不前进的文化，而使他们失去了价值，所以固执地保持土体育，而疏忽他的时间性，也是不能使我国体育走上新途径。”[②]

在这种背景下，我们便开始对现代西方体育价值大肆宣扬，并不同程度地对自己的身体文化进行着运动项目的改造和革新。

当我们在看到奥运会大张旗鼓、如火如荼的在当今社会弥漫之时，我们也在思考我们的武术发展。由于“中国武术与西方体育本是两套符码体系和价值观念主导下的产物，并没有太多共同语言”。[③]因此，为实现中国武术能够和西方竞技体育尽快接轨，我们对我们的传统武术进行着改良，创造出所谓的“体育武术”，竞技武术套路也开始向“高、难、美、新”发展，它带来了武术套路

① 国家体委体育文史工作委员会.中国近代体育决议案选编（体育史料第16辑）[M].北京：人民体育出版社，1990：97

② 方万邦.我国现行体育之十大问题及其解决途径[J].教育杂志，1935（25）：29

③ 刘治，刘雇.武术体育化：重生与尴尬[J].武汉体育学院学报，2010，44（8）：43

技术发展的革命，于是便开始了中国武术的全面化体育化比照和改良，并在这个不断比照和改良的过程中，追逐着“奥林匹克运动”的模式，敬奉着西方体育的理念，不断否定着我们中国武术的价值，改变着中国武术文化自身构成的技术和价值体系。

1958年，我国仿照西方竞技体操的评分方法，起草了第一部《武术竞赛规则》，并于1959年颁布实施，这就标志着我国为了迎合西方体育而新生的现代竞技武术的正式诞生。1989年《武术散打竞赛规则》的出版标志着我国的武术散打也正式走向了现代竞技体育的行列。如此的规则制定，技术改变可以说是时代的产物，发展的需要。对“竞技武术”的盲目追求也使得中国武术越来越脱离中国传统文化的土壤，将中国武术栽植在西方体育的泥土中的中国武术会长成什么尚不可知。中国武术在追求西方奥运模式的过程中“越来越偏离民族传统武术的精神实质，异化为西方体育的另类形态”。[①]

伴随着历史的积淀，中国武术以强大的冲击力向科学化、国际化推进，武术“舍己从人”，为走向奥运，不断地改革技术、规则，这种激进的改革，过于追求速度与表演效果的不良苗头和舞台化、体操化的趋向显然是在逐渐泯灭中国传统武术的个性，而这却也是为了迎合社会大环境必须要迈出的步子。只是现在的中国武术显然步子迈大了，中国武术在西方体育语境中逐渐迷失自我，开始了“为了体育”的“以体变武”和“依靠奥林匹克”的“以奥变武”之路。但是“‘体育武术’的推介固然有一定的快捷性，但失去文化意义的中国武术输出显然是不具有生命力的。”[②]中国传统武术这个土生土长的“国粹”文化，在体育的场域中卑躬屈膝，以求生存，然而，中国武术在被剪枝之后嫁接在体育的大树上，却始终不能汲取体育这个大树的养分，注定这样的中国武术将走向灭亡。中国武术的削足适履不但没能穿上“奥运”“体育”这双西方的鞋子，还让自己的“文化之足”伤痕累累。

① 吕光明，罗代华. 对武术进奥运会的局势及决策分析[J]. 湖北师范学院学报，2000，2 0（3）：5--9
② 王岗. 中国武术传播的终极目的：文化第一[J]. 搏击・武术科学，2009，（6）：1

目　录

第一篇　历史的考量：从荣耀之身到尴尬之境

第一节　中国传统武术的文化之脉

中华民族跨越了漫长曲折的历史道路，经历了波澜壮阔的历史长河，在历史的进程中，虽然风云变幻，兔起鹘落，面临各种内忧外患的挑战，但他善于应变，激浊扬清，日臻完善，终于凝结而成精魄永在的民族精神。其中，胸怀天下的爱国气魄，追求和谐的民族品格，锄恶扬善的社会正义，奋发进取的自强精神，恪守信义的中华美德，无不成为炎黄子孙生生不息的血脉脊梁，无不成为世代相传的宝贵财富，无不对中国乃至世界的经济、社会和文化的发展发挥着重要的现实意义。然而，文化输出上“西强我弱”的现实状况让浩瀚的中华文化一度无地自容。推动中华文化走向世界，寻找中华文化之根，弘扬中华文化之源已经时不我待。

浸染着中华文化精髓的中国武术，不仅是中华文化的重要载体，也是一种独特的文化形态，它的命运折射了中华民族的兴衰起伏。因此，回溯中国传统武术的历史生成与发展，找到中国武术“从哪里来，要到哪里去”的历史本源及现实内涵，可以帮助更多国人了解中华文化的发展脉络，厘清中华文化的渊源，建立对中华文化“走出去”的自信与自觉。

一、儒家价值哲学奠定了中国武术文化的基础

儒家思想作为中国传统文化的核心，贯穿于整个中华民族的血脉之中，“仁”、“礼”、“和”等皆为其核心，并且一直以其高度的稳定性影响着中华民族的发展，并成为沉淀已久的民族文化心态和封建制度的精神支柱，儒学的“仁义”、“礼”和“天人合一”这些也对中国武术传统的形成与发展提供了丰厚的土壤。

（一）儒学之“仁义”与武术之“忠义”

春秋战国之后，以孔子为代表的儒家文化便开始兴起，其中，儒家学说的核心内容之一便是“仁”。从古代文献记载中便可见一斑，《中庸》讲：“仁者，人也”，孟子也曾讲到“仁者，人也，合而言之，道也”；在《论语·雍也》中说：“天仁者，己欲立而立人；己欲达而达人”；《颜渊》中记载：“克己复礼曰仁”；《孟子·离娄下》：“由仁义行，非行仁义也”；《论语·卫灵公》：“志士仁人，无求生以害仁，有杀身以成仁”等，这些无不透漏着儒家价值中以“仁”为本，宣扬“仁”为最高道德。儒家学说的另一个重要代表人物孟子将孔子的“仁”之思想扩展联系到“义”，在《孟子·告子上》指出“生亦我所欲也，义亦我所欲也”，若二者不能兼得，则“舍生而取义者也”。孔孟之道重仁重义的思想也影响了中国武术的发展，使中国武术制约在伦理道德之下，把武德作为习武的先决条件，并主张除暴安良，打抱不平，反对恃强凌弱，这些鲜明的特点都形成了武术的“忠义”的具体内容，因此，在历史的长河中，那些路见不平、拔刀相助的武者，总被看作是侠义的化身，流芳千古。

由于儒家思想在中国传统文化中一直占据着主导地位，因此儒家“仁义”思想一直成为一个传统，维持着中国古代社会的稳定，也正是这种思想塑造了中国人重气节、重道德、讲仁义的民族性格。以“仁义”为核心的伦理思想成为人们追求理想人格的价值标准，也就是古人所谓之“君子”。孔子以道德标准来定义“君子”，他认为：“君子喻于义，小人喻于利”①，恪守道义者便是“君子”。他甚至认为，“志士仁人，无求生以害仁，有杀身以成仁”②，也就是说如果为了实现道义，即便是牺牲个人的生命也是在所不惜的。因此，可以说，“中国的文化严格来说就是一种君子文化。君子在其深层意义上乃是中国‘和合’文化精神的体现，君子有‘勇’还得有‘信’，君子有‘仁’还得以‘礼’昭示于众，这样方能达至内圣外王的精神境界。”③深受农耕经济孕育的和平大一统文化影响的中国武术，在历史的发展中渗透了儒家仁礼观念，交融了追求天人合一、讲求中庸以及推崇和谐的民族文化，但是中庸和谐的文化指导下仍然可见世人所追求的一种君子精神。就像最能代表古代武术精神的剑，“表现的是一

① 《论语·里仁》
② 《论语·卫灵公》
③ 王岗，方国清. 中国武术：一种君子文化的新诠释[J]. 成都体育学院学报，2007. 4：28

种气节、一种精神。就像人坐着时挺立的脊椎柱一样，有一股浩然正气”。[①]就像古代的“侠士”，匡扶正义、除霸安良、济世扶弱。在冷兵器结束的时代，侠是一种失落的精神，失落可能是形式上的，它的那种审美以及对于道义的崇尚是永远存在的，它代表的是一种武德。武德修养体现习武之人的基本素质，体现浩然正气、仁爱谦让的君子风范。

“有了功夫并不意味着去打架，但关键的时候见义勇为，就会产生一种侠义思想……一个有功夫的人，他不仅有社会责任，还要有武道文化的责任，有高贵的品德，有侠义作支撑，这就是真正的武魂。”[②]其实，不管在什么时候，“人还是要有一种精神，这就如同钥匙一样，是启动的一种东西。作为一个人，如果他没有练过武术，血性没被激发出来，体格再健壮也会被人欺负。我们需要呼唤的就是一种精神上的力量，通过武术这种手段，激发出一种气质和精神，然后达到内外合一”。[③]

儒家思想的核心观念就是“仁爱”，把“仁”视为爱人之本，认为“夫人者，已欲立而立人，已欲达而达人”，而“仁”也被作为中国武术伦理思想的核心，使武术不仅仅是技击、健身之道，更成了精神修养、人格净化的途径。“中国武术舞动的技艺之弦不仅演绎出的是一种人体文化，同样鸣奏的是一曲以儒家传统文化为主旋律的君子之歌”。[④]这种所谓“君子”的精神品质，不正是儒家所推崇的仁义、勇信之本么？

至尊至圣至威的关云长可谓是“忠义”这两字最好的诠释。关云长与昭烈帝的妻子被关在曹营之时，始终以忠义之心保护着昭烈帝的妻子，并且面对曹操的金帛美酒，甚至被封为汉寿亭侯时，始终怀着忠义之心，正直之气，并不为其所动，这种大仁大义之德正是大侠之魂、武术之魂。另一位能“挽弓三百斤，弩八石”，精通五行、连环、及十二行等诸拳法的形意拳始祖岳飞，也一直为人们所津津乐道，在内乱迭起、外患频临的时代，岳飞怀抱救国安民的热情，孤军力战金兀术，勇擒金将拓拔耶乌，这种无畏无敌的勇猛精神，却是武术“忠义”的极明显的展示。

在以儒家思想为基础的封建伦理社会中，“侠”作为武术文化形态的具象存

① 张剑峰. 问道，寻访武林[M]. 西安：陕西师范大学出版总社有限公司，2012
② 张剑峰. 问道，寻访武林[M]. 西安：陕西师范大学出版总社有限公司，2012
③ 张剑峰. 问道，寻访武林[M]. 西安：陕西师范大学出版总社有限公司，2012
④ 王岗. 中国武术是一门教化之学[J]. 搏击·武术科学，2010. 6：1

在，影响了传统武术的发展和武术“忠义”人格的形成。称之为“侠”者，在传统的封建道德尺度下，追求着自己的独立人格，以“义”为基础，将忠、信、勇、死作为自己的人生观来贯彻他们事业的抱负，并一度成为民族危亡之际人们的精神依赖。1932 年 2 月在江苏创刊的“大侠魂”杂志，倡导“大道之行，天下为公”的要义，以修心、立命、匡人为宗旨，以达到“己立立人，己达达人”、“治国平天下”的目的，在时值“九·一八”事变之后，对国人精神的振奋确实起到了不可忽视的作用。

（二）儒学之“礼”与武术之“德”

在春秋时期，礼已经成为一种调整一切社会关系的准则。由《礼记》记载可见一斑：“道德仁义，非礼不成；教训正俗，非礼不备；分争辩讼，非礼不决；君臣、上下、父子、兄弟，非礼不定；宦学事师，非礼不亲；班朝治军，莅官行法，非礼威严不行；祷祠祭祀，供给鬼神，非礼不诚不庄。”[①]这种至高无上的地位也使得“礼”成为全社会普遍接受和认可的社会意识形态，成为孔子儒学思想的出发点和归宿点，也成为了中国传统伦理道德规范体系的核心观念。

在古代也早有关于武德的记载。武德一词的出现，最早见于春秋战国时期的《左传》。《左传·宣公十二年》中说“武有七德”，即“禁暴、戢兵、保大、定功、安民、和众、丰财”，这是第一次明确的阐述了习武者的武技行为在道德层面上的升华和对武技行为进行价值判断时应坚持的道德标准。[②]再如，《咏春白鹤拳·拳谱》云：“不信者不传，无礼者不教。”《昆仑剑·箴言》说：“人品不端者不传；不忠不孝者不传。”苌家拳曾如此告诫他的学生：“学拳宜以涵养为本，举动间要心平气和，善气迎人，方免灾殃。”[③]在明代，就有人提出“传拳授道，贵乎传人”，以德选徒已成为整个习武界的普遍认识。德行如何做好对作师父的也提出了相应的规范，比如戚继光就把习武者能否确立师道视为习武者能否有成的一大关键。这些戒律无不反映着武德是武术传承的基本要求。武术之“德”作为武术文化实践“由制人到制己”的变化过程的产物，成为武术人规制自己行为的一个准则，这对于“礼”待他人也是另一个角度的阐释。武术活动中最典型的“礼”术要当属“抱拳礼”了，“抱拳礼”外在形式表现为左

① 十三经注疏[Z]. 北京：中华书局，1980
② 杨向东，张雪梅. 中国体育思想史（古代卷）[M]. 北京：首都师范大学出版社，2008
③ 徐震. 苌乃周武学[M]. 太原：山西科学技术出版社，2006

脚上前一步，右脚跟上，并步的同时，两手环抱胸前，右手握拳，拳面向左手，拳顶对着左掌中指下端；左手四指伸直，拇指弯曲，两手手心向外前推。[①]这些都是武术之礼中的外显形态或形式。

然而，“礼”也并非人人可以学习，只有至情真性的人才可以学习，礼不光只存在于形式，更重要的在于内涵。在《左传·昭公二十五年》中对于将外在的形式当做礼的全部而忽略内涵的论列也有记载：“子大叔见赵简子，简子问揖让、周旋之礼焉。对曰：‘是仪也，非礼也。’。”这种虽然容貌仪表都装的非常像，可是一味虚伪装饰就距离真正的“礼”相去甚远了。在武术中也是如此，知礼学礼的人都是又真又善的人，这些人绝不自恃武功高强而恃强凌弱，也不狂暴怠惰，也没有自暴自弃之事，好功夫与好品行是离不开的，行武之人更应注重武德。即便是在武术简单的抱拳礼中，双方抱拳也只是形式，而“五湖四海皆兄弟”，拇指弯曲勿称大等内涵，也应是“形于中而发于外”，并不是无根之行为。这种互相之间发自内心的“敬”“谦”之礼“是礼也，非仪也”。这些都是仁义之礼演化而出的武术之德。

在中华民族发展的整个过程中，“礼”文化的观念或风俗习惯始终存在着，而且已经发展成为我们中华民族文化中最不可或缺的规范与原则。但是我们也要辩证的认识到，封建社会中产生的“礼”文化可谓是精华与糟粕并存的。古代中国是以血缘、地缘关系为纽带，以伦理为本位的社会，“三纲五常”是处理社会关系的基本准则。等级制度和以血缘关系为纽带的宗法家族制度成为儒家所倡导的的“礼”的基本内容，并一直以其高度的稳定性深刻的影响着中华文化的发展。中国传统武术也深深的打上了这种“礼”文化的烙印，有着森严的宗派观念和分明的师徒等级。谦让之礼、尊敬之礼、关爱之礼、友爱之礼等精华成分在武术活动中都有所体现，而等级名分甚重的糟粕之处也可谓是异常明晰。武术活动中贯穿的太多封建宗法思想成为了武术发展与传承的桎梏，武术活动中最讲究“师徒之礼”，“徒弟”见到“师父”要弯腰九十度鞠躬敬礼，“徒弟”对“师父”的“训导”也要绝对服从，这种过度的敬畏和盲从是与讲究民主的现代社会格格不入的。

① 蔡仲林，周之华. 武术[M]. 北京：高等教育出版社，2000：14

（三）“天人合一”与“内外兼修”

在中国古代哲学的漫长发展历程中，天人合一思想一直居于主导地位，影响着中华文化数千年的发展。就如同“上帝”是西方人精神信仰的追求来源一样，“天”成为了中国人自己的精神价值来源。“天”在中国人的心中占有着非常尊贵的地位，在封建社会时期皇帝称为“天子”，“天坛”的建设也是中国人对“天”崇拜的直观象征。在中国古代的哲人看来，天、地、人是相辅相成，和谐统一的有机整体，人是应“上下与天地同流”的。庄子认为：“天地与我并生，而万物与我为一。”[①]说的就是人必须遵循天的规律，顺从自然，与自然保持一致。张岱年先生提到的“物我本属一体，内外原无判隔”[②]，也是说明了天人合一的思想，宋代的张载第一次提出了“天人合一”这一词：“儒者则因明致诚，因诚致明，故天人合一”。[③]刘禹锡在《天论上》阐述了自己的天人关系理论，他认为天和人各有自己的作用，在不同的条件下可以相互制胜，但是二者又相互联系，他将其归结为：“交相胜，还相用”。他把天人合一的理论辩证的推到了一个更高的阶段。中国古代哲人对人生和自然境界的和谐观点，使人的精神境界得到了提升，也是中国传统文化的基本价值追求，只有“仁人之心与天地万物为一体，䜣合和畅”[④]，“与天地合其德，与日月合其明，与四时合其序，与鬼神合其吉凶”[⑤]，才能体悟造物之意义，陶冶情操。

“天人合一”思想贯穿中国数千年历史，对中国传统文化的影响和渗透是潜移默化的。作为典型中华文化代表的武术所追求的境界自然也受到“天人合一”思想的影响。中国传统武术既讲究对手眼身法步的习练，又要求内外一致，讲求对内心、精神、意志的修养。正所谓“外练筋骨皮，内练一口气”。形意拳中讲究“形断意连”，这里所谓的“气”“意”说的就是身体内在的气息运行、武术精神以及意志力。中国武术通过这种“气”和“意”的习练，将“天”与“人”统一同构起来，把心与物交融合一。再如，在《太极拳谱·清代杨氏传钞老谱·太极体用解》中讲到：“要知天人同体之理，自得日月流行之气”，就是说习武者要努力与大自然和谐相处，深刻认识天人合一，天人同体的道理，

① 庄子·齐物论
② 张岱年. 中国哲学大纲·序记[M]. 北京：中国社会科学出版社. 1982：6
③ 正蒙·乾称篇下
④ 答顾东桥书
⑤ 易传·文言传

在习拳的过程中要服从自然之道，求得内外平衡。根据不同的自然环境，吸取不同的“日月流行之气”，自然会得到不同的感悟和启迪，如此才能悟出武技的真谛。

“天人合一”的最高理想还追求人与自然各物的融合，就武术而言，“天人合一”的哲学思想决定了武术创作中技术动作与自然界各物的融会和渗透。最典型的莫过于武术中根据自然界中的各种动物形象或动作创编而成的“象形拳”，如：猴拳、蛇拳、鹤拳、鹰爪功、螳螂拳等，都是根据自然界中各种动物的形态或特点而研究出来的拳术；还有的拳术是根据人的生活习性和形态创编出来的，比如八仙醉酒、鲁智深醉跌、武松脱铐等。这些拳术都把功法形态演练渗透到自然之中，达到物我合一、天人无隔的境界。对天人合一的境界追求在古人的拳谱记载中也可见一斑，比如在武禹襄的《太极拳谱·武谱·太极拳解》中就对太极拳的技术要领表述为：“静如山岳，动若江河。迈步如临渊，运动如抽丝。蓄劲如张弓，发劲如放箭。”他把人的动作与“山岳”“江河”相论就是天人合一思想淋漓尽致的表现。

二、道家价值哲学丰富了中国武术文化的内涵

道家从自然论上肯定每个人的自我价值和本性自由，讲求自我修炼。“无为不争”、“道法自然”以及“守柔”思想都是道家哲学的核心，而中国武术在这种思想下也深受影响。武术在道家思想的熏染下，不再只是军事战场上杀敌的技能，而是更多了增添了“道”的意蕴。武术的“点到为止”“只可意会不可言传”“以柔克刚”等思想都密切对应了道家的哲学思想。

（一）道家“无为”与武术“修为”

道家倡导的“无为而无不为，取天下常以无事”，“夫唯不争，故天下莫能与之争”这里所说的“无为”不是一点也不作为，而是顺应常理，潜心修道，不能急于求成、操之过急，待功夫练成了，自然名和利也就不请自来了。道家的无为更多的追求的是一种内心的沉静，道家视生命价值重于外物。在《老子·三十章》中就强调“以道佐人主者，不以兵强天下”，反对以武力赢取天下。而中国武术在武术交流过程中也是强调“点到为止”“切磋”，在中国武术界，所谓“武功”的高低并不单纯指武术技能的高低，更多是武术“修为”的高低。“修

为”越高的武者常常将名利抛之身外，不以武力示人，更多注重自身的沉静和修道。而这与道家无为思想不谋而合。

在中国武术的拳种中，也是无不透漏着道家这种思想，著名学者邱丕相教授曾说：“太极拳的外显运动规律，是一种将击打、强悍和勇猛的收敛，是对战争和暴力的一种压抑。远离急躁、标榜内存、不显无为，这些成为太极拳的追求。”①太极拳中的“听劲”、“化劲”，其核心是教会人尊敬对手、全身心地观察对手，做到无我的境界，从而培养人高尚的道德和仁爱的思想。②这些都是对道家无为思想的很好诠释。

（二）“道法自然”与武术的“只可意会”

道家哲学思想是非常玄妙的。就像老子所云：“道可道，非常道”。道家的哲学思想也讲求“以形象感知来把握事物、理解事物”③。葛兆光也在其著作《中国思想史》中指出，中国的思维世界有一种感觉主义的倾向，并不那么在意所谓的“逻辑”、“次序”和“规则”。④正是中国这种独到的思维方式和重直觉的思辨方法影响着中国武术的一招一式，中国武术的招式之间讲求直观，拳术中的各种象形拳的创造都是来源于各种动物的自然模仿，这些模仿直观可见而且形象真实。而中国武术的这种直观表现却只能成为人们模仿和观摩的外在表象而已，真正的武术之道，武术招式背后所隐藏的道理和应用，或者说武术的真谛和武术招式背后深层次所能表达的东西，则是习练者和模仿者“只可意会”的。只有通过习练者自己不断的琢磨和思考，不断的在习练中倾悟和体验才能了解真正的“武术之道”。

道家价值哲学流传于世的经典著作《道德经》第二十五章中提到：“人法地，地法天，天法道，道法自然”，这里的自然之“道”说的是自然界万物存在和发展的规律，这种自然之“道”讲求的是循序渐进、按部就班、无急功近利之思想的成长过程。正如太极拳，讲求的是一种以平和的心态，运用阴柔与虚灵之力，通过身体各部位的调动，集中注意力，使气息流遍全身，让身心与周围环境合为一体，讲究的是一种过程的体悟和感受，追求的是内外双修。这与道家所讲“道法自然”不谋而合。

① 邱丕相.王岗.走进主流社会的中国太极拳文化[J].北京体育大学学报.2006（12）：1603-1605
② 邱丕相.王岗.走进主流社会的中国太极拳文化[J].北京体育大学学报.2006（12）：1603-1605
③ 旷文楠，中华武术思想简论[J].体育科学，1988（2）：11-14
④ 葛兆光.中国思想史[M].上海：复旦大学出版社，2010：47

（三）道家“守柔”思想与武术“以柔克刚”

“守柔”思想是老子宣扬的主要内容之一，他在《道德经》第七十六章中指出：“人之生也柔弱，其死也坚强。草木之生也柔弱，其死也枯槁。故坚强者死之徒，柔弱者生之徒”，认为人或草木等成长的事物是柔弱的，但因为具有强大的生命力，因而就有强大的力量，接近死亡的事物是坚强的，但因为它正在失去生命力，所以它也是脆弱的，老子常常以水来阐释柔弱胜刚强，它认为：“天下莫柔弱于水，而攻坚强者莫之能也，其无以易之地。弱之胜强，柔之胜刚，天下莫不知，莫不行”，老子在《道德经》第四十三章中还提到：“天下之至柔，驰骋天下之至刚”，在第七十六章中又提到：“坚强处下，柔弱处上”。老子对柔弱和坚强的辩证关系已经有了比较深刻的认识。

太极拳无疑是中国传统武术中非常有代表性的一门拳术，这种柔弱中蕴涵巨大能量的认识也是太极拳克敌制胜的不二法门。太极拳谱中记载说：“外操柔软，内含刚强，常求柔软之于外，久之自可得内之坚强，非有心之坚强，实有心之柔软。”讲求在轻松自然的状态下习练，最具代表性的两个动作就是“黏”和“化”。王宗岳在《太极拳论》中说：“人刚我柔谓之走，我顺人背谓之黏”，就是说的这两个动作。“黏”就是在双方交手之时，以手相黏，顺着对方使力的方向而运动，与对方保持一致，以此是对方无法使出力道。“化”是将对方的力道引导和转移，通过“圆柔”之力将对方之力在毫无防备的情况下化于无形。太极拳这种讲求柔的思想往往在面对刚强之劲时会取得意想不到的效果。而这与道家讲求的“柔之胜刚”是相呼应的。

三、佛家价值哲学扩充了中国武术文化的内容

两汉时，佛学流入了中国，魏晋得到了充分发展，到隋唐达到了鼎盛时代。“佛家思想是一种外来文化，当然它不是唯一一种外来文化，但是却是唯一能够得到中国民族文化认同的外来文化”。[①]佛家价值哲学是一种出世哲学，更多的是精神层面的追求，讲究的是内心的修炼，而中国武术在追求外在手眼身法步的练习后，更注重对武术精神、意志力的追求和感悟，这也深受佛家思想的影响。

① 张永远.儒道佛宽容思想比较[J].时代人物，2008.5

（一）“顿悟成佛”与“意在体悟”

禅学主张“直指人心，见性成佛，不立文字”，把整个修行程序归结于“顿悟”，以此把佛教修行导入不拘一格的路途，适合于各种人的修炼。①

长期生活在封建社会中的人们，忍受着统治阶级的压制，于是便形成了一种很深的抑郁性格。而武术作为一种身体语言，可以更为直接地表达人的深层生命的方式，于是被广大人民群众所接受。而武术原有的攻防技击作用逐渐衰落，于是“习武者便不自觉地将武术的最高目标技击，提升到了一种更高的境界，即对技击实效的超越，于是它获得了更大的自由发展空间。”②这种境界就是对武术精神的一种追求，对武魂的追求、对武之道的追求，也是武术中最重要的“修练”的过程。

在中国的传统文化中，“修”对于人性的培养过程要更加重要。“十年修得同船渡，百年修得共枕眠”，反映了中国人在对待爱情与婚姻时的同患难、共甘苦的态度；“修身养性”的理念培养了中国人谦谦君子的迷人风度，③而习练中国武术的过程是“永无止境、武海无涯”的，修习中国武术的过程，不仅仅是对生理的磨炼，更是对精神意志的一种锤炼，正如王如镇所说，“武术之道体现为技艺的最高境界，更表现为通过习武练拳获得一种超越性的生命价值体验和人生价值，以及对天道自然宇宙的生化之理的体悟和体验”。④

这就是说，习武者所追求的的应该是在习练过程中的感悟和修养，通过这个过程去实现心、技、体互为一体的境界，就像王岗教授所说：“习武本身就是一个不断超越、不断体验的过程。”⑤王岗教授告诫弟子说：“武不尽势，势无穷意，意在体悟，悟贵恒坚”，也是对武术真谛的深刻理解。只有在这种习练的过程中参悟其中的道理方能实现真正意义上的自我超越。不仅仅是身体机能上的超越，更多的是精神、意志力和内心的一种修行。这也正是佛家所追求的修炼。也能看出佛家思想对武术的极大影响。

① 史继忠. 佛教传入与中国哲学思想构架的改变[J]. 贵州社会科学，2000. 8：53-57
② 谷晓红. 武术精神的演进与发展[J]. 广东石油化工学院学报，2012. 4：80-84
③ 王岗. 习武是一种修行[J]. 搏击・武术科学，2010（5）：1
④ 王如镇，朱东等. 中华武术在构建高校人文精神中的优势探析[J]. 搏击・武术科学 2010. 9
⑤ 王岗. 习武是一种修行[J]. 搏击・武术科学，2010. 5：1

（二）佛家“皈依”与武术“教化”

自两汉时期，佛教传入中土，经朝代更迭与中国传统思想文化的冲突和融合，逐渐发展成为中国传统文化的重要组成部分。佛教的中国化与中国武术的发展轨迹相契合。在佛教文化中，“皈依我佛”是众多佛教修持者对不谙世事、不能自持的人的归化目的，它倡导“从现实的苦难世界进入彼岸的幸福世界”[①]，这是佛家思想以超越人类本位的立场和重精神解脱的价值取向对人的一种教化。而武术在习练过程中就将它所倡导的道德至上的理念融合与习武之人的生活当中，王岗教授就曾指出“张扬着‘厚德载物’、‘刚健有为’的民族精神，践行着‘道德至上’的行为特征，早已超越简单的实用技艺层面，而内化和提升为一种教化之学”[②]，武术的这种教化体现在常年坚持不懈的练习中，武术的习练锻炼的不仅仅是习武人的生理，更是在心理上、精神上引领习武者内心世界的自我实现，这与佛家讲究的重精神解脱的价值取向是不谋而合的。

第二节　荣耀之身到尴尬之境

一、中国武术：绵延千年的文化名片

中国武术具有十分悠久的历史，它是从古代战场上格斗中总结出来的技术，但是这种格斗技术是全球性的，在世界上任何一个地域同是如此，比如古代罗马也同样有格斗技术。这种格斗技术随着人类的进化，人对好坏、优劣的认识，通过人有意识的教化，对好的、优的进行继承和发展，而成武技。伴随着文化的分野，武技也由此分野，和各国的文化风土相结合，就有了自己的特点。

自秦以来至八国联军入侵中国之前的两千多年间，中国虽经朝代更替，分合交错，总体上，长期处于大一统的封建社会和自给自足封闭的农耕经济之中。在这一漫长沉郁的历史进程中，受儒、道、佛三家文化主宰和影响的中国文化，铸造了中华民族的独特的文明历史带和民族文化。[③]中国文化熏陶之下的武技，便形成了中国武术。

① 方立天. 佛教生态哲学与现代生态意识[J]. 文史哲，2007（4）：24
② 王岗. 中国武术是一门教化之学[J]. 搏击・武术科学，2010. 06：1
③ 邱丕相.中国武术文化散论[M].上海：上海人民出版社，2007.

（一）原始格斗术向武技发展

作为中国哲学具象化的中国武术必然纳入中华民族文化的轨迹，以乾坤、阴阳、动静、五行等哲学理念作指导。这从先秦时期的史籍的记载中可见一斑。最有名的莫过于在《汉书·艺文志·剑道三十八篇》中记载说："道有门户，亦有阴阳，开门闭户，阴衰阳兴。凡手战之道，内实精神，外示安仪，见之似好妇，夺之似惧虎，布形候气，与神俱往……"，又如《庄子·说剑》记载："示之以虚，开之以利，后之以发，发之以至"。[①]这里的虚与实、阴与阳、形与神都是中国文化的哲学范畴。此时的中国武术（武技）已然成为一种哲学的具象化，涵盖了中华民族对宇宙万物的认识。

到了秦汉时期，"角抵百戏"的兴盛为武术的生存提供了一个寄居处。但"角抵"是"以角技为义，兼诸技而有之"，是融技击、音乐、舞蹈、娱乐等因素于一体的艺术化的综合表现形式，而原始意义上的"角抵"，演变为场景中的武术表演，并成为主体，这种表演有很强的观赏性，也正是武术走向审美的雏形。在南阳出土的汉墓画像石中的一幅《击刺图》非常典型的表现了这一特点。由于百戏表演需要预习编排，演员的动作需要编排，这种有意识、有组织编排的运动形式，开始具备了武术套路的初型。

南北朝时期的佛教势力狂热发展。佛教在传入中国后逐渐与中国的本土文化相融合，并借助道家学说进行传播，在与中国传统文化的冲击、斗争、磨合、交融中形成了不同于印度佛教的中国佛教。佛教的中国化为武术的涵养和精神准备了基本条件，最具代表性的莫过于少林武术了。少林武术在这种特定的宗教环境中，接受了佛教的精神、教义，而且少林寺以其独特的政治地位和稳定的经济基础也为少林武术的发展提供了优异的环境保障，于是少林武术发展成为中国传统文化中的瑰宝。

（二）尚武精神的弘扬发展

唐朝时期，开明、兼容的文化政策"大量摄取外来文化的优秀成分，滋补、充实、发展了本民族的文化。但它始终没有成为"四不像"式的文化，仍然是堂堂正正的中华民族文化。"[②]，正是这种对文化事业的重视和开明兼容的文化政策，为武术的繁荣发展创造了有利的氛围，并且使得武术逐渐脱离军事实用

① 杨向东，张雪梅.中国体育思想史（古代卷）[M].北京：首都师范大学出版社，2008

② 刘修明，吴乾兑.试论唐代文化高峰形成的原因[J].学术月刊，1982，（4）.

性开始像表演方向靠拢，特别是剑舞得到了空前的发展，最著名的当属公孙大娘及其弟子李十二娘的剑器舞。诗人杜甫还曾为其做如下描述："昔有佳人公孙氏，一舞剑器动四方，观者如山色沮丧，天地为之久低昂"。这种文化氛围造就了武术由军事向娱乐的转向，也使得武术在民间得以流行。再加之，唐朝兵农合一的府兵制，使民间习武形成风尚。武则天创立的武举制更是使武人仕进有途而尚武。因为社会尚武风气的盛行，武在整个社会中的地位也异常重要，而且武术在军事上面的价值功能更加凸显，并且统治阶级利用其军事价值进行扩张统治范围。故此，尚武成为在整个这一时段中的一个普遍现象，张扬向外的民族精神与尚武精神也在此期间达到了很好的统一。

（三）武术流派的发展繁荣

到了两宋时期商业发展迅速，经济繁荣，原来的市井城镇也逐渐规模扩大，市民阶层自然而然的形成，使得武术发展又出现一派新的发展气象，"民间习武所固有的宗法性和地域性，有助于独特技术风格的形成；武艺社团的出现和武艺与表演的结合，促进了武术套路的形成，并进一步加快了流派的发展"。[①]存在于儒家文化为主导的社会文化坏境中的中国人的"武技"，则在一个追求内敛、崇尚伦理、倡导和平的社会文化环境中，开始走向"艺术化"发展阶段，形成了一种以"套子""花法"为核心表现形态的全新武技。君子风范、侠义精神、道德至上、崇尚艺术、推己及人、内圣外王、家国天下的儒家精神，开始主宰和规训习武人的灵魂。中国武术的这些文化要义，道德至上、追求教化、享受过程、艺术至上、和谐有度，则全面地反映和折射出中华文化的特征和我们民族的核心。[②]在如此文化背景与精神要义规训下的武术出现了多种流派和以擅长使用各式兵器而著称的各种武术技法。宋元时期武术在民间就出现了冠以名称的枪法。曾经自言"二十年梨花枪，天下无敌手"的农民起义军首领杨妙真就特别的擅于枪法，这个梨花枪就是被后人所推崇的杨家枪。除此之外，在南宋人利登的一首诗中也提到了张、朱两家枪法。这也说明在那个时期，枪法已经形成了不同的流派。在宋代不仅仅在枪法上呈现了多彩的发展，各种拳种也大量涌现，门派林立。戚继光的《纪效新书》、郑若曾的《江南经略》以及何良臣的《阵纪》等书，都记载了大量不同种类的拳种和武术器械的演练。武术流派

① 谭华.体育史[M].北京：高等教育出版社，2005.

② 王岗.中国武术：中华文化走向世界的文化品牌[N].中国社会科学报，2012年2月20日

的产生也成为宋代武术发展的最显著特点。

武艺发展到明代出现了不同风格的技术流派，拳术、器械都得到了发展，特别是在理论上总结了过去的练武经验，最具有代表性的著作就是戚继光所著的《纪效新书》和《练兵实纪》了。在《纪效新书·喻兵篇》中就指出“武艺不是答应官府的公事，是你来当兵防身立功杀贼救命本身上贴骨的勾当。你武艺高，决杀了贼，贼如何又会杀你？你武艺不如他，他决杀了你。若不学武艺，是不要性命的呆子”。[①]到了清朝统治时期由于满清贵族担心自己的统治地位受到威胁，一度限制练武，所以这个期间的武术发展远远比不上明代。但由于武术在民间已有广泛群众基础，而且越是镇压，群众的反抗心理越是强烈，也就出现了许多反清复明组织，群众基础丰富的各种流派更加纷呈于世。武术内容也更为丰富，已经出现了60多种拳路：拳术有少林拳、通臂拳、大红拳、小红拳等二十几种；刀术则有大刀、单刀、少林双刀、连环刀等十几种；还有空手进刀，单刀进枪、双拐进三节棍等对练武艺。武术套路日臻完备。

（四）武术的国术之名

“一种文化的意义生成和确立，关键在于社会主导意识形态对它的理解和阐释方式，以及阐释者的立场和角度”。[②]清政府对外不断地战败和丧权辱国，使革命者们意识到：除武器之外，国民的身体素质不如别人也是失败的重要原因。清末民初，孙中山先生多次提出“强国强种”口号，疾呼“强国必先强种，强种必先强身”，大力提倡全民健身，崇“尚武精神”。民国创立，武术备受提倡，武术社团的不断成立构成了这一阶段乃至社会发展的一道独特风景线，精武体育会成为了民国时期最有影响力的民间体育社团。武术也被称之为“国术”。

随着西方列强的侵入，带之而来的西方文化也强势进入中国，中国文化进入了一个蜕变与新生并存的新的历史阶段。在“土洋”体育之争以后，武术也从身传口授的师承之中开始了碰撞以后的第一次交融，并成为一种历史的趋势。而中国武术的存在形态已经不再是单一的拳种流派武术，也已经不再是一种完全意义上的草根文化，中国武术的形态出现了多元化的分界。

① 邹经.《纪效新书》、《练兵实纪》总说[M].北京：解放军出版社，1987.125-147页
② 张柠.2004·文化中国[M].花城出版社，2005.

二、中国武术：一脉传承的精神信仰

“民族精神是一个民族的生命力、创造力和凝聚力的集中体现，是一个民族赖以生存和发展的核心与灵魂。”[①]以爱国主义为核心的伟大民族精神在五千多年的发展历程中成为中华民族赖以生存和发展的支柱。而在传统武术的历史演进中，那些历来习武之人，都抱有强烈的爱国之心和民族责任感，把个人安危与国家存亡想融合。注重实现自我、超越自我的修行，讲求以武立人，厚德载物的教化，追求浩然正气、仁爱谦让的君子之风，而这不正是中华民族精神一脉传承的最佳诠释吗！

（一）实现自我、超越自我的修行之道

长期生活在封建社会中的人们，忍受着统治阶级的压制，于是便形成了一种很深的抑郁性格。而武术作为一种身体语言，可以更为直接地表达人的深层生命的方式，于是被广大人民群众所接受。而武术原有的攻防技击作用逐渐衰落，于是“习武者便不自觉地将武术的最高目标技击，提升到了一种更高的境界，即对技击实效的超越，于是它获得了更大的自由发展空间。”[②]这种境界就是对武术精神的一种追求，对武魂的追求、对武之道的追求。也是武术中最重要的“修练”的过程。

在中国的传统文化中，“修”对于人性的培养过程要更加重要。“十年修得同船渡，百年修得共枕眠”的理念成为中国人看待婚姻与爱情的金科玉律；“修身养性”的理念培养了中国人谦谦君子的迷人风度”，[③]而习练中国武术的过程是“永无止境、武海无涯”的，修习中国武术的过程，不仅仅是对生理的磨炼，更是对精神意志的一种锤炼，正如王如镇所说，“武术之道体现为技艺的最高境界，更表现为通过习武练拳获得一种超越性的生命价值体验和人生价值，以及对天道自然宇宙的生化之理的体悟和体验”。[④]

这就是说，习武者所追求的的应该是在习练过程中的感悟和修养，通过这个过程去实现心、技、体互为一体的境界，就像王岗教授所说：“习武本身就是一个不断超越、不断体验的过程，永远没有尽头，而这恰恰是中国武术的迷人

① 费孝通等.中国文化与全球化[M].南京：江苏出版社，2003.
② 谷晓红.武术精神的演进与发展[J].广东石油化工学院学报，2012.4
③ 王岗.习武是一种修行[J].搏击·武术科学，2010.5
④ 王如镇，朱东等.中华武术在构建高校人文精神中的优势探析[J].搏击·武术科学 2010.9

魅力所在，也是与西方体育最大的不同之处。习武是一种修行，一种领悟，追求的是一种人生境界，而这种境界是需要一生的时间去体认与参悟的。”而在这种参悟过程中正是一种实现自我、超越自我的修行之道。

（二）以武立人、厚德载物的教化之学

成长于中华民族传统文化之中的中国武术早已超越简单的实用技艺层面，“而是内含着着“厚德载物”、“刚健有为”的民族精神，彰显着“道德至上”的行为特征。已经内化和提升为一种“教化之学”，中国武术将这种道德追求融合到习武之人的点滴生活中，养成一种自律、自觉的习惯，形成了自成体系的道德约束模式。武林前辈们提倡“善养吾浩然之气”，主张从做人立身开始培养武德，认为“武以德为贵”，历来反对一味习武，不修德行。“武德至上”，是中国武术习练者最高的追求。主张“以德为先，德艺兼备为贵，无德而有艺，不足观也”，这就是关于武德的教化。①

（三）浩然正气、仁爱谦让的君子之风

“中国的文化严格来说就是一种君子文化。君子在其深层意义上乃是中国“和合”文化精神的体现，君子有“勇”还得有“信”，君子有“仁”还得以“礼”昭示于众，这样方能达至内圣外王的精神境界。”②深受农耕经济孕育的和平大一统文化影响的中国武术，在历史的发展中渗透了儒家仁礼观念，交融了追求天人合一、讲求中庸以及推崇和谐的民族文化，但是中庸和谐的文化指导下仍然可见世人所追求的一种君子精神。就像最能代表古代武术精神的剑，“表现的是一种气节、一种精神。就像人坐着时挺立的脊椎柱一样，有一股浩然正气”。③就像古代的“侠士”，匡扶正义，除霸安良、济世扶弱。在冷兵器结束的时代，侠是一种失落的精神，失落可能是形式上的，它的那种审美以及对于道义的崇尚是永远存在的，它代表的是一种武德。武德修养体现习武之人的基本素质，体现浩然正气、仁爱谦让的君子风范。

“有了功夫并不意味着去打架，但关键的时候见义勇为，就会产生一种侠义思想……一个有功夫的人，他不仅有社会责任，还要有武道文化的责任，有高贵的品德，有狭义作支撑，这就是真正的武魂。”其实，不管在什么时候，“人

① 王岗.中国武术是一门教化之学[J].搏击·武术科学，2010.6
② 王岗，方国清.中国武术：一种君子文化的新诠释[J]. 成都体育学院学报 2007.4：28.
③ 张剑峰.问道，寻访武林[M].西安：陕西师范大学出版总社有限公司，2012

还是要有一种精神，这就如同钥匙一样，是启动的一种东西。作为一个人，如果他没有练过武术，血性没被激发出来，体格再健壮也会被人欺负。我们需要呼唤的就是一种精神上的力量，通过武术这种手段，激发出一种气质和精神，然后达到内外合一”。①

儒家思想的核心观念就是“仁爱”，把“仁”视为爱人之本，认为“夫人者，己欲立而立人，己欲达而达人”，而“仁”也被作为中国武术伦理思想的核心，使武术不仅仅是技击、健身之道，更成了精神修养、人格净化的途径。“中国武术舞动的技艺之弦不仅演绎出的是一种人体文化，同样鸣奏的是一曲以儒家传统文化为主旋律的君子之歌”。武术所追求的君子精神品质，不正是儒家所推崇的仁义、勇信之本么？

“中国武术是民族文化的载体，融摄了许多中国传统文化的精髓，文化性是武术的灵魂”。②回顾历史，中国武术的形成和发展以及当代的文化内涵，则完全是一种中华民族人文思想的凝聚。一部中国武术史，就是一部中国文化发展的历史。中国武术在中国文化的浸染下熠熠生辉，处处闪耀着中华优秀传统文化的亮点。

三、中国武术：中西交融的尴尬境遇

五千多年绵延不绝的中华文明，构成了中华民族丰富深厚的文化底蕴，承载了中华民族文化渊源的基因，中国武术作为中华民族最为优秀的文化遗产，今天的发展已经进入了一个多元化的发展平台，并取得了颇为丰硕的成就。但是，由于近代以来的中国社会变革的发轫以及 30 年来中国体育现代化进程的不断深入，导致了整体意义上的民族文化的中国武术不断地被“体育化”和“奥林匹克化”，随着西方竞争机制和科技文化发展的推波助澜，奥林匹克体育文化主导世界各国体育文化成为一种历史必然，这种西方体育文化的强势入侵让武术不断边缘化，而武术最核心的文化内涵的不断被淡化使武术有体无魂。中国武术在追求国际化、奥林匹克化的世界之旅中，不管是中国武术的体育之殇还是舍本求末带给中国武术的文化割裂都让中国武术在历史抉择中凸显尴尬。

① 张剑峰.问道，寻访武林[M].西安：陕西师范大学出版总社有限公司，2012

② 邱丕相，马文国.武术文化研究和教育研究的当代意义[J].广州体育学院，2005，25（2）：1-3，8.

（一）中国武术的体育化抉择：削足适履导致技术偏左

近一个世纪以来，西方体育的全球化开展，使得“无论是内容形式还是世界范围内体育的形成，都深深地打上了西方体育的烙印”。19世纪末20世纪初，西方体育就开始传入中国，西方的体育思想在不断张扬的过程中，不断撕毁着我们民族体育传统的思想，改变着从传承方式、训练方式到方法，并促使武术文化理念更新。一个世纪以来，由于西方教育、科学、体育思想的影响，从20世纪初武术就被“改良和创新、异化”所鞭策，就被“游戏化、简单化、规范化”的西方体育原则所控制。现代意义的竞技体育在中国生根发芽，并且逐渐成为国人生活当中的主导体育意识形态，“中国人以新奇而蔑视的态度注视着随他们出现的西方体育活动。随着新军编练规模的扩大和新学的发展，西方体育活动逐渐与越来越多的人的生活发生了联系，西方体育观念与中国人头脑中固有观念之间的冲突随之而生，并且日益尖锐和扩大”。[①]就像一位著名的学者说的那样，“中国从未像现在这样对西方的技术，经济和意识形态的优势感到欣羡和慑服，也从未像现在这样为了现时的享受和满足而急于放弃前年的文化、伦理和政治遗产……从文化上看，中国人发现自己脱离了先前的想象和期待视野，脱离了先前的感情和表征方式，脱离了传统文学和艺术的宝库和地图……在社会方面，他们发现自己脱离了传统上熟悉的空间的、交流的、公有的、人际的语言、话语和关系。”[②]在这种背景下，我们便开始对现代西方体育价值大肆宣扬，并不同程度地对自己的身体文化进行着运动项目的改造和革新。

当我们在看到奥运会大张旗鼓、如火如荼的在当今社会弥漫之时，我们也在思考我们的武术发展。由于“中国武术与西方体育本是两套符码体系和念主导下的产物，并没有太多共同语言”[③]因此，为实现中国武术能够和西方竞技体育尽快接轨，我们对我们的传统武术进行着改良，创造出所谓的“体育武术”，竞技武术套路也开始向“高、难、美、新”发展，它带来了武术套路技术发展的革命，于是便开始了中国武术的全面化体育化比照和改良，并在这个不断比照和改良的过程中，追逐着“奥林匹克运动”的模式，敬奉着西方体育的理念，不断否定着我们中国武术的价值，改变着中国武术文化自身构成的技术和价值体系。

---

① 刘吉.新中国体育史优秀论文集[M].奥林匹克出版社.1997.3：68-77

② 李慧斌等.中国现实问题研究前沿报告[M].上海：华东师范大学出版社，2006.

③ 刘治，刘雇.武术体育化：重生与尴尬[J].武汉体育学院学报，2010，44（8）：43.

1958 年，我国仿照西方竞技体操的评分方法，起草了第一部《武术竞赛规则》，并于 1959 年颁布实施，这就标志着我国为了迎合西方体育而新生的现代竞技武术的正式诞生。1989 年《武术散打竞赛规则》的出版标志着我国的武术散打也正式走向了现代竞技体育的行列。如此的规则制定，技术改变可以说是时代的产物，发展的需要。对“竞技武术”的盲目追求也使得中国武术越来越脱离中国传统文化的土壤，将中国武术栽植在西方体育的泥土中的中国武术会长成什么尚不可知。中国武术在追求西方奥运模式的过程中“越来越偏离民族传统武术的精神实质，异化为西方体育的另类形态。”

伴随着历史的积淀，中国武术以强大的冲击力向科学化、国际化推进，武术“舍己从人”，为走向奥运，不断地改革技术、规则，这种激进的改革，过于追求速度与表演效果的不良苗头和舞台化、体操化的趋向显然是在逐渐泯灭中国传统武术的个性。而这却也是为了迎合社会大环境必须要迈出的步子。只是现在的中国武术显然步子迈大了。中国武术在西方体育语境中逐渐迷失自我。开始了“为了体育”的“以体变武”和“依靠奥林匹克”的“以奥变武”之路。但是“‘体育武术’的推介固然有一定的快捷性，但失去文化意义的中国武术输出显然是不具有生命力的。”[①]中国传统武术这个土生土长的“国粹”文化，在体育的场域中卑躬屈膝，以求生存，然而，中国武术在被剪枝之后嫁接在体育的大树上，却始终不能汲取体育这个大树的养分，注定这样的中国武术将走向灭亡。中国武术的削足适履不但没能穿上“奥运”“体育”这双西方的鞋子，还让自己的“文化之足”伤痕累累。

（二）中国武术发展的文化割裂：舍己从人导致文化偏右

由于中华文化向来具有浑元一气之特色，因此，武术在发展过程中，是与中国的军事、宗教、哲学、教育、体育、医学、养生等思想、技术、文化相互渗透的。这种渗透使武术之体育价值远远高于其他西方运动。然而，“由于近年来外来体育休闲文化的进入，新的体育项目的不断出现，武术作为中国人的锻炼、健身项目的选择率在急剧下降……扎根在社会民众阶层中的传统武术在日益丰富的世界休闲体育的威逼下，开始了极不愿意但又无法抗争的枯萎”。竞技武术在追求西方体育之后，虽然取得了一定成就，但这种文化很快消溶在以西

① 王岗.中国武术传播的终极目的：文化第一[J].搏击·武术科学，2009，（6）.

方为主的体育文化中。造成这一现象的最根本的原因就是“泯灭个性的竞技武术过多地模仿了西方的文化传统，而没有从传统武术文化这一巨大宝库中汲取更多的营养，从而导致武术丧失了民族特色和丰富的文化内涵。”①

在追求西方体育的过程中，武术的体育价值得到了极致的推崇，而中国武术自身最具特色的文化价值却遭到遗弃，中国武术越来越偏离中华文化的精神实质。中国武术是中国文化发展的重要载体，从历史的长河中走来的中国武术，一直作为我们中华民族身体文化区别世界其他民族身体文化的重要标志的文化形态，存在着、发展着。它是魂系我们民族的情感载体，它对提高我们的民族精神具有不可替代的价值和功能。我相信大多数中国人都有一种或多或少的武术情结，有一种“尚武”的精神冲动，因为在中国历史上，武术文化是一个不可或缺的重要部分。武术人的爱国情怀和自强不息影响着一代代中国人的成长。“文化交融是件好事，但不以过度地削剪自身文化内核为代价，来求得与另类文化的融合；武术本就没有第一，历史上没有，现在没有，将来也不会有，这与西方竞技体育相比是有本质上差别；武术讲比赛、讲形体和动作完美，但更强调个性与和谐性，比在武术中真实存在，也是武术最大忌讳。因此，一味舍己从人带给中国武术的文化割裂是在不断地将中国武术推向死亡的深渊。

在西方体育盛行的现当代社会，我们不难发现，武术的生存空间已经被严重挤压，西方的文化思维模式跟传统中国的思维方式的差异性导致中国武术无法在西方文化土壤中扎根发芽。我们不得不承认，无论在形态上、方法上还是思维观念上，中国武术在很多方面都已经脱离了飞速发展的现代社会，而在西方体育文化影响下的中国武术脱离了中国传统文化的土壤必将成为“空洞的乏味的肢体表演”。在武术的传播过程中，我们只是看到了热闹的景象，却总是缺乏能将之系统化的建议，想要传播正宗的中国文化，却又不想放弃“奥运会”这个香饽饽，商业还是文化？中国武术患上了选择恐惧症，最被武术摒弃的贪念和利欲此时却蒙上了武术的双眼，无法正视自己，只能尴尬的停留在丁字路口，彷徨踟蹰。

① 王岗，等.论竞技武术的强化、异化与软化[J].武汉体育学院学报.2007，41（7）：35--41

四、中国武术：和谐有度发展的应对策略

20世纪90年代前的武术发展图景也许正是武术与西方体育融合的最有“度”的阶段。但随之而来的武术运动发展却离武术自身特征的方向越走越远。很讲求“根”的武术，一夜之间“飘”了起；很讲求“精、气、神”的武术，变得只为动作的完成；很讲求“势势相随，形断意连”的整体武术套路，变得只追求个别难度动作的娴熟。西方竞技体育程式化的武术发展，本应是武术现代化和国际化的一种初级的形态，而非真正武术文化和中国文化传播的最终结果，但我们却弃本求源。其最终的结果，只能是过度的西方体育程式化的武术发展，损害、甚至摧毁着民族传统武术文化的生命力。找到中国武术和谐有度的发展应对策略才是当务之急。

（一）创新传统，保持武术的文化自信

中华文明之所以能够绵延不绝，正是因为中华民族在历史的发展中不断的创新，对各民族文化进行了吸纳和融合，自古百家争鸣成为学术交融的传统。孙家正先生认为，“中国文化是一个开放的体系”。正是中国文化的这种开放性使得我们的祖先能博采众长，不断丰富和发展自己。传统是我们今日生活和思想意识无形的源泉，对我们仍有重要影响，另一方面我们也须明确认识，传统并不意味着保守或一成不变，因为传统正是由我们做出取舍才可能延续存在，才可能保持其特性与活力。传统武术的守护者，不应该偏于一隅，固步自封，而应该以谦卑的态度、开放的胸怀和远大的目光，去真正认识我们传统武术的价值。

文明发展史证明，越是对外开放的文明，越是积极应对挑战的文明，竞争能力越强，越有生命力。接受多元文化是文化自信的表现。我们要看到，现在我们所生存的时代环境和古代环境迥异，发展到现在的中国武术无论在理念上还是方法上训练上已然有些相对落后的东西，还有与当今社会发展不能相符的内容，我们应该借助现在西方体育的优势，整合我们传统的优秀资源，借“他山之石”以优化武术的内容和实质。“我们应该有解构民族传统体育文化、武术文化的心理准备，但我们更应该承担民族传统体育文化、武术文化重构的责任

和义务。”[①]对于传统武术，我们绝不能一味守旧，应该有所创新，有所发展。要在充分尊重其本体价值的前提下，进行传承、丰富和发展，最终使其发扬光大。

（二）发掘传统武术文化资源的现代教育和审美价值

武术要实现自身的当代价值保持其文化性，就必须实现自身的重大变革。这种变革必须从“文化中心论”的情结中解放出来，展开多方面与异质文化交往的研究。在当今体育全球一体化的大背景下，武术应该有自己的区别于西方体育的追求！它的追求应该是建立自己独有的富有魅力的中国武术文化体系，应该使武术发展更具有中华民族文化精神和具有东方审美意识和审美价值，展示经典的东方身体文化特征，满足社会发展的需求。中华民族作为一个对美无限追求的民族，她所哺育成长的武术也从头到脚，从外及内，处处闪耀着美的光芒。美是武术的灵魂，美是武术的化身。武术更是一种美的艺术。正如王国志所说：“因为武术是一种文化，武术是一种艺术。是艺术就要讲究美，艺术是人的审美体验的物化形态，无论是从自身演练的角度还是从观众欣赏的角度，都要给人以美的感受和遐想。因此，审美变成了中国武术作为身体文化的不可或缺的一个重要部分。”中国的武术是一种身体文化，在动静之间，在刚柔之间，使人获得一种审美快感。“深受中国审美文化的熏陶，使其成为一种注重主体心灵自身建设，触及人的整个生命的全身心的活动”的中国武术带给人们的是无以言表的精神享受。然而，武术美并非一维的单向度的外在“形”美，而是内外美的和谐（或对内外美齐奏的价值倾向）的取向。在对内外双向追求中，它表现出与西方体育对外在表现追求截然不同的、更为倾向于对人体运动内在美的发掘和崇尚（求内而不重表，含蓄而不外露）的取向。其中的不可见因素，需要观赏者去想象。只有在继承传统审美思想的前提下，正视审美意识的现实，发掘出现代意义的审美价值，中国武术才能够获得和谐有度的发展。

此外，我们还要充分要发掘武术的文化教育作用，以武术为载体，将中国传统文化、传统美德、传统精神乃至传统的生活方式融入到武术的运动形态和教学过程中，纳入到各级各类学校课堂，让武术在培养中华民族的后继人的过程中弥补西方舶来课程中缺乏的教育功能。

① 王岗，邱丕相.中国武术：尴尬的境遇与发展的新策略[J].体育与科学，2006，27（4）.

（三）进行传统武术内容和表现形式的现代化转化

中国传统武术和西方体育“两者是在不同的文化背景下孕育成长，不同的文化背景造就了他们不同的文化品格，也造就了他们不同的内涵与外延”。西方体育注重向外探求，以取得客观成绩为途径，而中国武术多侧重于向内探求，研究心性问题，以完善自身人格为途径。也就是说，西方体育更讲究外在的技术表现形式，而中国传统武术更重视自身的体悟。放眼来看，我们“当代武术的发展直至今日依然只在技术层面进行，显然是武术发展遇到困难的根本原因。”武术在中华民族上千年的发展历程早已打上了中华文化的烙印，其自身的文化性也已然超越了简单的技击性存在，如果我们在追求西方体育的这种外表化改革而不能整体把握，必将造成武术发展改革的局限性。

中国古代哲学主张的，不是求得一种排斥异己的、完全相同的同一和单一，而是追求“和而不同”、“同中存异”，达到一种多样化之间的统一、和谐。传统武术面对西方体育的强势，已经难以在全新的社会生活中“原汁原味”地生存了。而众所周知，传统武术的内容十分庞杂，各个拳种流派各有特点，因此，我们应该在充分掌握武术本质属性、特点、功能的基础上，科学考察和印证各拳种流派的奥妙，在技术层面上，必须运用现代科学原理和方法进行分析和改造。取其精华，去其糟粕，完善传统武术的技术体系，对于一些带有迷信色彩，不符合现代文明发展的陈旧的东西应坚决摒弃，并借鉴西方体育的发展方式，研究出符合武术自身发展的武术内容和锻炼形式，制订出现代化的评价标准和方法，既要体现武术的特点、技击方法，又要简便易行，适于广大武术爱好者参与其中。

第三节　现代化发展中传统武术的困惑与选择

一、现代化发展中传统武术面临的困惑

（一）武术竞赛市场开发面临的困惑

1.计划经济是武术竞赛市场主要的运行模式

社会主义市场经济体制下，计划经济运行模式依然统治着武术竞赛市场。武术竞赛活动还没有实现真正意义上的商业化运作，基本上没有“造血功能”

或“造血功能”很弱，不能满足自身发展的需要；集资的方式依然靠企业的赞助，并且融资渠道单一。总之，武术竞赛市场的整个运作过程缺乏商业化调控，缺乏市场的调控。加之，武术竞赛本身也存在问题，比赛形式几乎千篇一律，缺乏创新性，观赏性较差。

2.武术竞赛的消费市场尚未打开

消费群体的大小决定某产业的市场占有率。但是转型后的我国武术竞赛表演业的宣传和开发力度不大，消费群体偏小，开发武术竞赛市场是转型后武术产业发展的一个重要任务。

（二）武术表演市场面临的困惑

武术表演实现市场化运营，就是以自身产品的优势、特色吸引一定的消费群体，扩大市场占有率。但是，转型后我国武术表演业在开拓市场方面陷入了困境。主要表现在：

1.武术表演自身特点引发的困惑

（1）从消费人群来说，由于大众对武术的理解停留在传统武术的概念上，或受一些武打影视的片面影响，作为“暴力”的代名词，和情感是对立的。而现代人观看一些表演节目时，往往很注重情感的挖掘，致使以单纯技术展示的武术表演消费群体减少。这和武术表演项目自身特点有很大关系。武术表演市场的开发，其突破口就是消费人群的增加，但是这种武术表演受众现状，却成了制约武术表演市场开发的瓶颈。

（2）从场景规模上来说，观看武术表演人群受限，一个很直接的原因就是舞台场景规模不够大。武术表演没有语言，仅仅靠肢体动作和观众沟通，向观众传达感情，但是，远距离使观众看不见演员细微精巧技术动作的发挥，也感受不到动作中所传递的情感，这就造成了尽管动作很优美但市场经济效益很一般的结果。

（3）从效果的刺激性来说，武术表演的动作有的很轻缓，即使是很强悍的动作，也不可能出现不可预知的“杀伤力”，武术表演的结果就是武术动作的完成，除此之外，别无其他。这些结果在观众欣赏之前或欣赏之中就已经获得，毫无新意，更谈不上刺激性。这在很大程度上造成了武术表演市场开拓的困惑。

（4）从观众的情感体验来说，武术起源于中国，经历了千百年的发展演变，传承着中国的文化和民族精神，这在外国人的眼里就充满了神秘的色彩，而随着对外开放，武术实行产业化经营，这种神秘感就被打破，缺乏情感内容、情节的武术演出、影视市场正在逐渐萎缩。

2.武术市场机制不完善引发的困惑

武术表演市场的市场经营机制也不完善，主要表现在：

（1）经营项目少。转型后我国武术表演业的主要经营收入是门票收入，而武术用品的销售、电视转播权、赛事冠名权的转让等没有完全开发。

（2）市场分布不平衡。一般说到武术市场开发，主要指城市市场的开发，范围比较狭窄。因为早先武术流行于民间，百姓对武术表演的感情要浓于城市，所以，武术表演市场的开发要全面，不能忽视民间这个大市场；还有就是套路和散打之间作为武术项目开发的程度差异较大。

（3）武术管理部门对武术表演市场的开发意识不强，商业性比赛较少，规模不大，宣传力度不够。虽然转型后我国已经进入竞技体育发展的黄金时期，但是武术始终没能走上国际竞技的大舞台，有关部门和人士尽管在努力争取，但是，还存在着许多不足。例如，虽然已经打出了“发展武术产业”的口号，也付诸了一定的行动实践，但是没有达到言行一致。

（三）武术培训面临的困惑

武术培训业的发展主要体现在武术学校的建立和发展方面。转型后我国的武术学校虽然发展较快，并形成一定的规模，但武术学校的发展还存在许多不足之处：

（1）从教师素质来说，武术学校的教师教学资格没有一个统一的标准，学历不等，但大都学历较低，缺乏一个标准的资格认证体系。

（2）从政府管理来说，缺乏对武术院校的扶持，甚至有些管理部门以各种名义向武校收取管理费用，使武校感觉不到政府的关怀。

（3）从办学条件来看，转型后大多数武校属于私人办学，所以追求利益在所难免，造成学校办学条件较差，各种配套设施陈旧、不齐全，学校面积不大，学生得不到很好的锻炼。

（4）从收费情况来看，由于各武校的条件差异较大，国家没有统一的管理，所以学校收费没有统一的标准，名气大的学费就高，反之就相对低一些，造成收费的混乱。

（5）从宣传方面来看，各大武校不实事求是，造成广告缺乏真实性，广告内容和实际不符，从而导致人们的信赖度降低，影响招收生源。

（6）从从业人员来看，武校的从业人员大都素质不高，管理人员学历较低缺乏管理经验和能力，从根本上造成武校经营的不利；还有对学生的武德教育关注不够，不能培养全面的武术人才，最终制约武术产业的发展。

总之，现有武术学校的规划、管理比较理混乱，教学内容、收费、广告等的适合性、实用性、真实性还有待进一步鉴别。培训的武术人才质量有待提高。规范、有序的市场是产业稳步和健康发展的前提和保证，起主要调节作用，但市场盲目性的存在，仍然需要行政的协调。

（四）武术娱乐业面临的困惑

1.武术娱乐业发展滞后

武术产业转型较晚，加上整体性的市场经济起步晚，规模较小，基础较差，致使武术产业发展相对滞后。武术器械、服装、设备生产业还没有得到广泛地开发，现代高科技在武术产业中也尚未普遍运用。以上种种造成了以武术器械设备为依托，利用现代科学技术满足人们身心健康需求的武术娱乐业发展滞后。与此同时，武术俱乐部虽然已经出现，但是就其规模、数量和提供服务的质量还远远不能与其他俱乐部相比。

2.缺乏有利的政策扶持

在我国产业化进程中，武术产业还是一个稚嫩的产业，处于起飞阶段，政府优惠政策的扶持是至关重要的，而转型后我国武术产业的管理体制仍然受到浓厚计划经济体制的制约。最主要的表现是，大多数武术比赛都是武术管理中心按照行政计划模式进行运作，即上面指令，地方承办。管理上层层报批，效率不高。

3.武术娱乐业开发经营传播方式落后单一

经济转型后我国武术活动比较吸引人的形式仅仅有武术节、武术表演等方式，形式过于单一保守。在武术产业开发过程中，宣传力度不够。媒体宣传对任何一种新兴产业的发展都起着关键作用，而媒体对武术的宣传无论在规模还是在范围、时间、形式上，都远远不能满足其发展的需要。这种宣传力度上的不足使人们普遍对武术的理解不够，甚至产生误解，远没有达到普及推广的力度。

（五）武术媒体业面临的困惑

武术产业的发展离不开媒体的支持，媒体业越来越成为发展武术产业的前提。但是转型后我国的武术媒体业发展缓慢，存在许多困难。

（1）电视经营者对电视转播权的商业意识不强。由于武术的健身和修身养性的价值，而且是雅俗共用，受到广大群众的欢迎，形成广泛的群众基础，转播武术赛事可以增加收视率，扩大电视台的影响，但是就是由于电视经营者看不到这个商机，往往造成举办武术赛事时还要向电视台贴钱。

（2）武术产业开发中对电视媒体的作用认识不够。武术产业对互联网的利用仅停留在网上售票、赛事宣传、广告招商等方面，互联网强大的商业功能在武术产业发展中尚未得到充分开发，网络营销、信息服务以及远程教育等一系列经营内容还都处于萌动阶段。

（六）武术旅游业面临的困惑

武术旅游产业是利用武术资源和当地的自然、人文资源相结合的优势建立起来的武术经营项目。武术旅游的市场运作可谓有声有色，但同样也存在旅游资源开发与环境保护、管理体制不顺得问题，缺乏强有力的组织、规划、协调机构，条块分割、各自为政现象极为严重，严重束缚了旅游事业的发展。同时还存在市场管理混乱，旅游开发规划不合理，对外宣传不够，旅游产品开发特色不强，旅游项目单调，管理体制限制太多等一系列的问题。

从转型后武术的发展来看，武术旅游业开展较好的只是武术胜地、武术名山、武术之乡等武术氛围浓厚的地域，在有旅游资源而没有武术基础的旅游景点或者只有武术渊源而没有旅游资源的地域没有得到合理规划，甚至没有引起高度的重视。

二、现代化发展中传统武术应该“向左走”还是“向右走”？

（一）体育化是近代社会对武术发展的要求

武术的发展不仅需要社会的和谐发展，更需要现代科技的研究成果和理论方面的创新。然而，现代武术与武术的初始形态是有有区别的，其中的选择更是两难的：承认武术是体育就要按照体育的要求改造武术，将武术中大量不被体育所接受的内容排除于武术之外；如果不纳入现代体育的范畴，武术真的就会“无可奈何花落去”，被列入“天演淘汰之列”。

在现代社会，“武术”一词早已脱离军事范畴，现代武术更强调的是它的健身性和文化内涵，从这一点来看，武术走的是武术是一种体育这条路。大家都知道，在武术的习练过程中，包含了大量的身体练习的方法、手段等体育的因素，通过适当地限定击打部位或采用一定的规则，将其中适合比赛的部分内容作为竞赛的形式，从而成为运动竞赛项目；另外一些内容，由于练习其能够带来较好的健身效果，而逐步变成健身体育项目。武术中的许多内容是通过竞技体育或健身体育的形式表现出来。例如，武术竞技套路运动、武术散打运动、竞技太极推手运动、短兵等。

武术为其他运动项目提供了素材的来源。武术具有极其丰富的动作内容，其中不乏展现运动的人体美、动作美和结构美，这些素材为其他项目所采纳，对于技术动作创新起到了巨大的推动作用。例如，艺术体操、健美操、花样滑冰等难美类项群动作的创新都多少借鉴武术的动作形式。

（二）传统武术在现代化发展中面临的尴尬

1.传统武术的文化流失

在全球一体化的进程中，西方的体育思想在不断张扬的过程中，不断撕毁着我们民族体育传统的思想，从而改变了武术的传承方式、训练方式和方法，并促使武术文化理念的更新。一个世纪以来，由于西方教育、科学、体育思想的影响，从20世纪初我国民族传统武术就被“改良和创新、异化”所鞭策，就被“游戏化、简单化、规范化”的西方体育原则所控制。回顾一个世纪的武术发展，民族传统武术文化中那些赖以生存的“感悟、修身、自娱”的“天人合一”文化思想被逐渐地舍弃，带之而来的是“锦标和利益”欲望的明显强化（王岗等《民族传统体育发展的文化审视》）。

从市场调查来看，跆拳道、空手道、剑道等外来武技项目在我国的发展势头较为强劲，究其原因，是因为这些运动项目简单易学，而且实用性较强，练起来也不单调乏味，相比中国传统武术而言，由于传统武术本身套路多，且不具有技击性，练起来难以把握其精髓，所以，中国传统武术渐渐走向社会文化的边缘地带。还有一个极为重要的现象值得关注和研究，那就是在竞技武术套路成为武术发展主流的今天，传统武术也受到冲击和影响，尤其在技术规范和风格上显得更为突出，本应属于传统精华的劲力和技击韵味被淡化或遗弃了，民族传统武术逐渐像竞技武术套路那样追求速度、难度和优美的造型。这一发展趋势将会对传统武术产生许多不利的影响，使传统武术在追求“体用兼备”的思想下陷入南辕北辙的危机，这些潜移默化的改变，应引起武术管理部门和研究学者的高度关注。

据调查，在我国大中型城市，由于工作、生活压力较大，所以人们参与体育活动的时间是越来越少，像民族传统武术，会的人是寥寥无几，更别说传承与发扬，即使有闲暇时间，年轻的一代大都从事篮球、羽毛球和乒乓球等运动，民族传统武术能够锻炼的人为数不多，除了少数老拳师在传授传统武术外，很多人已经淡忘，年轻的一代只是听说过，却没有练习过。虽然国家有关部门加大了对传统武术的保护力度和宣传举措，但由于受到西方竞技体育的影响，人们的观念还注重在技击上，对于既修心又健身的传统武术而言，它们渐渐失去了兴趣，所以，国家的这些举措尚未从根本上解决传统武术受到的冲击。实际上，传统武术不仅在城市发展空间上严重狭小，而且在农村也逐渐失去了市场。现代年轻人在追逐西方新鲜感官文化的同时对我们的民族文化显示了空前的漠视，更谈不上去通过学习传统武术来了解中国的传统文化。许多震撼我们的事实已说明，传统武术单凭代代相传和国家的一些举措，一些优秀的民俗文化根本不可能长期保留，像皮影戏、剪纸等民俗艺术，目前仅仅有少数老年艺人会，有些则已经完全灭绝，成为隐藏在百科全书中的一个词条或者民俗纪录片中一闪而过的镜头。

2.武术文化争夺激烈

在全球文化一体化的大背景下，民族文化不仅受传统文化的影响，而且还遭受着其他文化的冲击和争夺。在这个全球文化艺苑中，一种文化不仅仅是一个民族所拥有，而且其他民族也拥有这种文化，像端午节，不仅中国有，韩国也有。在这个文化更加繁荣、交流更加广泛和频繁的年代，文化争夺是愈演愈烈，每个国家和民族都在极力保护自己优秀民族文化的同时，还把其他民族的文化作为争夺甚至掠夺的对象。如 2005 年在各大媒体上争吵得十分火热的“端午节保卫战”，就可以看出文化争夺的硝烟正在弥漫全球，而且距离还是如此之近。韩国要向联合国教科文组织申请把本属于中国传统节日的端午节作为他们民族的传统节日。这些无不显示出文化，尤其是优秀文化对于一个民族的重要性。

在文化争夺愈演愈烈的年代，我国的民族传统武术不免也要遭受争夺，对此武术界应该有强烈的忧患意识，在传承和发扬民族传统武术文化的同时，更要通过政策和一些措施来极力保卫我们的武术不被争夺，以免成为别的民族向世界炫耀的文化财富。

三、全球化冲击下武术的自觉

（一）文化全球化是历史的必然

李翔鸿先生认为“文化全球化”指按照以西方文化为代表的人类现代文化的要求，来进一步推进中国文化价值系统的现代转化。

龚群先生认为“文化全球化”指全世界范围内的不同民族国家以及不同种类的文明体系在生活方式、生产方式和价值观念上的某种趋同化。

李宗桂先生认为“文化全球化”指世界上不同民族文化之间，在经济全球化的推动下，以信息全球化为依托，通过日益紧张而频繁的交往，相互学习、相互影响更新自身、发展自身的文化整合过程。众所周知，中国的四大发明早已走出中国，走向世界；拉丁文的使用几乎覆盖全球；不同地区、不同种族、不同的民族语言也可可以咫尺同存。现如今，麦当劳、肯德基几乎走遍全世界。多少年来尽管地球一如既往地照转，但时空却已不再从前，地球人之间的距离在不断地缩小，一张从毕达哥拉斯、柏拉图时就开始编织的数学化、理念化的大网正拉向整个人类世界，正如加速进行的经济一体化正把全球的经济活动连成一体那样，亚洲金融危机必然影响到欧美国家，纽约股市的波动也必然对世界股市产生影响，这时如果还意识不到“泉涸，鱼相处于陆”的危险去寻求生路而奢谈“21 世纪是中国文化的世纪”的话，将是危险致甚。中国的先人们早在百年前就意识到中国将面临“三千年未有之大变局”，这种生存危机就中华民族文化而言，今远甚于昔。总之，全球化不自今日始，甚至也不自近代始，而是自古希腊以来西方数学—科学—哲学的普遍化、观念化、对象化的基因成功扩张的结果与过程。

（二）文化全球化对中国武术文化的影响

面对文化全球化的发展形势，如何继承和发展本民族的民族文化，成为文化研究工作者普遍关注的问题，有些人认为，文化全球化在一定程度上意味着本土文化的中断，是西方的强势文明向世界其他地区的扩展过程。在现代社会里，文化全球化确实给人们带来了许多优势和现实享受，但同时也导致了传统文化、民族文化的危机。就拿中国的民族传统武术而言，民族传统武术作为一种与民族历史共存的本土文化具有不可否定的金戈铁马效应——从开天辟地到三皇五帝、从始皇统一到人类近代，它所创造的历史辉煌和铸就的民族优势曾让我们备感自豪，历代帝王开国建基中这项民族文化都有着功不可没的效应——从秦始皇六国统一到高祖伟业建立、从李世民洛阳平叛到赵匡胤河东操戈，无不是武术沙场鏖兵的效果。中国民族传统武术作为一种民族文化之魂，它印证了民族变迁的过程，函纳了本土文化的优势。总而言之，一种社会行为、一种传统文化的表现形式，在千百年的历史发展过程中已经渗透了民族传统的价值观念、知识、信仰、宗教、风俗习惯、生活方式和行为准则。因此，中国民族传统武术文化是植根于中华大地这块沃土之上，它集中国的儒、道、佛等多家文化于一体，体现着中华民族深厚的文化积淀，表现着独特的运动风格，包涵着博大的内容体系，拥有着复杂的功能结构，它的技击性是武术文化形态的基础，它的功能的多样性更折射出本民族文化形态的与众不同，它是中华民族按照自己的方式所创造的特有财富。

然而在文化全球化的冲击下，中国民族传统武术遇到了生存境遇，这主要体现在以下三点：首先，它赖以生存的社会结构不同以前。其次，它的基本价值趋向在人们生活中的影响不同以前。最后，它不再有过去严格意义上的传人。由此可见，在全球文化一体化的影响下，对中国的民族传统武术而言，在遭受近代西方体育文化的冲击下，中国民族传统武术在其形式和内容上已悄然发生改变，这些改变的内容甚至是我国传承了几千年的文化精髓。中国民族传统武术在面对时代发展的长风破浪中，逐渐感受着一种悲凉的文化含义，这不仅源自西方体育文化的强势推行，同样来自中国人近几十年来思想上和行为上的文化自戕。例如，有人大肆呐喊着给武术套上西式外衣，走所谓的“现代体育之路”，认为这样才是走出自己狭隘的空间，才是与时代接轨。殊不知，这种媚外的形而上学的观点维护不了我们传承了几千年的武术文化，其西化变异的结果只能是在未来的民族文化和世界体育中难见中国民族传统武术的踪影。我们不可否认的是，历史的车轮在不断向前发展，时代的潮流更是无法阻挡，我们在接受西方优秀体育文化的同时，应站在本民族传统武术发展的现实角度上，采取切实可行的措施来对本民族文化的民族性加以保留、维护才是我们的最佳选择。

（三）中国武术文化与西方体育文化的碰撞

众所周知，中国具有悠久的历史、灿烂的文化，在世界民族之林，世界上没有任何一个民族能像中华民族这样将自己的民族文化完整地、一脉相承地保存了下来，虽有糟粕，但更多的是传承了几千年遗留下的民族文化精髓。这些文化遗产和世界上万事万物一样都具有两面性。哲学家庞朴先生认为：从发展的角度来看，传统与现代是对立的。传统是过去的现代化，是今天的古代化，所以传统是一种惰性力量，一种保守力量，是现代化的阻力，是包袱。但是，发展不是与过去的完全决裂，它还有连续性的一面，在文化传承方面，传统与现代化又是同一的，传统给现代化准备了基础，现代化又给传统带来了新的发展空间。作为中国传统文化有机组成部分的武术，既是祖先留给我们的财富，也是祖先留给我们的包袱，因为过分地注重“今天的古代化”的传统武术，就可能使我们形成一种过于保守的思想方法和心态，进而影响武术在现代社会的发展。在面对西方近代的文化思潮，中国武术面临着艰难的抉择。

随着社会的发展与变迁，中国武术的传统内涵也在不断地丰富和变化，它早已不是在古墓中挖掘出来的文物，而是不断发展变化的、鲜活的文化遗产。中国武术的民族性是整个传统文化在其技术外显性的体现，其时代性是在各时期发展中新打上的时代烙印，如新编的 24 式、42 式、48 式太极拳，既体现了民族性又体现了时代性。否定发展，就是否定历史，也就是否定传统。因此转变人们的传统观念，正确认识传统是一个发展的范畴，正确地认识传统文化的时代性，对促使武术走向奥运是有着积极意义的。

（四）中国武术与奥运文化的相互交融与发展

目前，奥运会是全世界体育竞赛的主战场，在这里，比赛的不仅仅是运动成绩，更比赛的是一种文化。就拿跆拳道来说，表面来看是运动员之间竞赛成绩的比拼，而实质上是韩国文化与其他文化的一种较量。武术文化能成为全球性的文化内容之一，关键在于武术文化本身的广泛影响与通用性，它能为不同种族、不同语言下的人群服务。在社会历史进程中，武术运动文化只有与世界接轨，在不断地交流和碰撞中，才能充分地融合为特定地域的体育文化，才能使特定地域的武术运动文化走出国度、走向世界。诚然，中国是世界上人口最多的国家，武术又是中国影响最大、参与人数最广的体育运动项目，不仅在国内蓬勃发展，即使在国外，也深受世界不同语言和不同文化背景的人们欢迎。武术只有走进奥运赛场，奥运会才更具有代表性和世界性，才更能充分体现奥林匹克运动的宪章宗旨。奥运会的崇高追求和广泛影响，是各个国家传统体育项目正式代表了各自的传统文化走向世界而成为奥运会比赛的项目，是各个国家传统文化与世界大文化的融合。中国武术文化加强了竞技体育的精神价值，把武术运动的养生、保健思想、男女平等、武术运动的群众性、普遍性带进奥运会，更会使奥运会成为综合的、典型的、思想的、平等的社会运动和全球运动。

奥运文化是随着社会的不断发展和文化日益繁荣而日渐丰富和完善的，从奥运会初期到现在为止的奥运会，其运动项目是逐年递增的，每一种运动项目的加入，都是对奥运文化的补充和完善。我们相信，武术文化融入奥运大家庭，一定会使奥运会因吸纳人类传统文明而丰富和完善，使奥运文化更具有权威性和代表性。目前，中国武术虽然没有迈进奥运大家庭的大门，但中国武术迷人的风采受到了世界各国人民的喜爱和推崇。不难预见，通过武术奥运和奥运武术的互动发展，必将推动中国武术在全世界的进一步普及，使奥运在世界人民心目中和国际体坛上更具有代表性、权威性，让世界各国的武术健儿在五环旗下平等竞争，共同进步，不失为一种明智的选择。

四、现代化发展中传统武术的创新和转型

（一）国内武术的兴旺发展

1.传统武术的发展

我国经济转型后，1978 年在湖南湘潭的比赛还特邀民间老拳师参加表演，鼓励开展民间武术活动，挖掘传统武术项目。1979 年第 4 届全国运动会武术比赛继续特邀民间武术代表参加。至 1982 年的全国武术比赛，男女竞赛项目增加到 16 项，传统拳术分一类、二类、三类、四类，传统器械分单器械、双器械、

软器械三类，加之集体项目可以自选，如集体九节鞭、集体长穗剑等，内容十分丰富。

1979年国家体委在全国范围内掀起挖掘、整理武术的热潮。许多鲜见的拳种在南宁举行的全国武术观摩交流大会上做了交流表演。从1980～1986年，国家体委先后在太原、沈阳等地连续举办了7年全国武术观摩交流大会，对各地区流行于民间的传统拳术、器械、对练等进行交流，调动了对各地的传统武术进行发掘、继承的积极性，体现了国家对传统武术的高度重视。1986年起全国武术观摩交流大会改为每两年举行一次，这项工作又持续了将近十年。

从1979年国家体委派遣调查组进行考察，至1986年在北京召开全国挖整工作总结表彰会、展览会，这场在祖国大陆广泛开展的武术挖损整理工作，使很多濒危拳种得以抢救，包括全国各地编写的拳械录、录像资料、征集文物和古兵器等，硕果累累，并认定我国当时具有129个自成体系的拳种。这是不计重复的统计，是当代武术的一座丰碑。

挖掘整理和继承发展是相辅相成的。除了国家和地方花大力气挖掘整理，以及每年武术套路竞赛规程要求各运动队参报传统拳术、传统器械和对练项目等，传统武术的广泛继承发展还体现在植根于人民群众的武术活动中。1979年后群众纷纷自办武术馆、社、站，至20世纪90年代初，各地武馆、武校、武术辅导站星罗棋布，入校习武的青少年几百万人，参加武术活动的人口全国有数千万。1991年被国家首批授予“武术之乡”的就有35个。1997年开始实行“武术段位制”，从初段位、中段位到高段位共有九段。这对武术在人民群众中的普及提高是一项新措施。1999年国家还在浙江台州举办国际传统武术暨绝技大赛，使各类传统武术有机会再显身手，交流技艺。这期间国家还编制出版了一批传统武术拳种的竞赛套路书籍，为进一步推广和普及传统武术打下了基础。

2.竞技武术发展迅速

我国经济转型后，武术开始了历史发展的新局面。由于受国家政策以及国际体育化的影响，武术的工作重点由传统武术转向了竞技武术，从而使传统武术完成了向竞技武术的转型过程。这也决定了此后传统武术地位和发展空间的走向。特别是在1983～1986年，经历了由国家体委领导下的轰轰烈烈的“普查武术家底，抢救武术遗产”的工作后，传统武术除了几年一次的地方传统武术观摩交流赛外，基本上走向了没落，并内官方再次走回了民间，开始了缓慢无序的发展。而在传统武术自身基础上发展起来的竞技武术则走上了历史新舞台，开始了日新月异的飞速发展。

3.健身武术的发展

1978 年，邓小平为日本友人题写了“太极拳好”四个字，高度评价了太极拳的发展和作用，再一次对这项大众化的武术运动加以肯定和推广。这是一个信号，预示着太极拳将作为有特色的民族体育项目奉献给世界。20 多年过去了，太极拳在推向世界的过程中走出了国门，得到了进一步发展。在纪念邓小平题词 20 周年之际，北京天安门广场组织了万人大极拳表演，其规模之宏大、动作之齐整、服饰之美观、场面之壮丽震惊世人。它是经济转型后中国武术的一个缩影，通过媒体的传播，它向世界展示了健身武术的成就和太极拳锻炼人群的精神面貌。2001 年 12 月，香港举办了 15000 人参加的“太极大汇演”和国际太极拳科学研讨会，中国武术代表团和应邀出席的武术专家、体育科研工作者参加了这次盛会。

在实施“功在当代，利在千秋”全民健身计划和反对邪教、提倡科学文明健身的活动中，太极拳运动也做出新的贡献。2001 年 3 月，在海南三亚举行以“科学、健身”为主题，以“和平、友谊”为目标的“首届世界太极拳健康大会”，吸引了世界各国及港、澳、台地区近万名太极拳爱好者前来参加。这次盛会显示出这项健身武术不仅得到中国人民几十年来的发扬光大，而且受到世界各国爱好者的青睐。

除了闻名于世的太极拳外，木兰拳、木兰剑、木兰扇系列也深受中老年妇女喜爱，在国内不少大中城市及港、澳地区均有组织地开展起来。国家体育总局还专门组织编制了木兰拳系列的规定套路，以利国内外交流、推广和普及。这些健身武术项目已经跨越地域和流派，成为在中国最广泛流行的健身运动之一，在建设现代化中国的过程中，它和其他地区性流行的传统武术项目共同以其鲜明的特色为祖国人民的健康服务，为精神文明服务。

4.学校武术的发展

学校作为民族传统武术继承和传播的基地之一，在学校武术的开展和普及就显得极为重要。日本的柔道、韩国的跆拳道都在学校设有专门的课程。普通教育是每个人都要经历的，抓好了学校武术，也就从根本上抓好了武术的普及。

众所周知，中国武术在历史上主要在民间下层社会传播，在整个封建社会几乎没有学校武术，导致武术很难传播到上层社会。武术传播到学校后，会使许多潜在的社会名家接受武术教育，一些人将会在未来武术发展中起到重要的作用。现在教育很发达，几乎每个人在走向社会之前都要经过学校教育，因此，学校就是一个很大的传播阵地，人员集中，人数众多。许多成功项目的传播都是以学校为起点，逐步传播到社会上的。从足球到橄榄球的流行，从德式体操到军事学堂的兵操，大多数游戏在近现代以学校作为中介完成了向高水平竞技项目的过程。许许多多的民族体育，经过层层各式学校的推广、普及、训练、提高、完善，终于在体坛上崭露头角，成为全人类公有的体育文化财富。日本的柔道、韩国的跆拳道都是通过学校作为向青少年传播的主要渠道，并逐渐传播到社会，走向世界，最后为奥运会所接受。在竞技武术搞得轰轰烈烈的同时，学校武术却显得有些黯淡。武术健康以及可持续发展必须全面、真正地走进学校，成为广大学生喜闻乐见的体育项目。

5.武术的科学研究

经济转型后，武术科研的发展首先表现在多学科研究意识的觉悟上。1978年出版的体育院系通用教材《武术》第一册第二章根据武术的特点深刻指出："武术'内外合一'的说法，是符合矛盾的对立统一规律的"，"研究武术技术，解决'内外合一'的矛盾，应以生物力学、解剖学、生理学和生物化学为依据。因为人是有生命活动的统一整体。在分析武术中任何技术动作时，不能只注意肌肉工作的机械力学原理，还应该从高级神经活动的支配作用，以及呼吸调节、劲力变化等来分析武术动作"。这说明武术的科学研究已经不满足于运用一两个基础学科的知识解决某个问题的做法，而是需要运用多学科知识较全面地研究和认识武术。

20 世纪 80 年代以后，我国培养的历届武术硕士研究生，完成了一批具有较高质量的论文。这个时期研究生科研的最大特点是采用较先进的测试仪器和多种研究方法，尤其是采用了统计处理的方法和计算机建立数学模型的方法，使武术科研论文的价值和所揭示的事物的规律、所预测的事物的可信度，有了显著提高。

在国家体委武术研究院的主持下，1987 年首届全国武术学术研讨会展示了一批多学科对武术进行研究的科研成果和一支武术科研队伍。从后来陆续汇编、选编出版的历届学术研讨会的论文集中，可以看到这些书籍记载了当代武术为实现学术研究科学化、现代化所作出的努力。武术学术研究的热潮后浪推前浪，一浪高过一浪。体育院校学报上的武术论文和各种武术杂志上发表的武术学术文章，是体现武术科研工作蒸蒸日上的重要组成部分。许多研究文章向人们传递着科学的信息。有的从哲学的角度撰写，有的从争鸣的角度辩论，有的从历史的角度考证。总之，这些刊物所发表的论文，营造了这个时期的学术氛围，为武术的科研工作锦上添花。

20 世纪 80 年代以来是当代武术科学研究蓬勃发展的时期。空前的挖掘整理工作取得了丰硕的成果，为武术科研工作提供了丰富的资料，创造了良好的条件。在挖掘的基础上，国家体委确定了武术重点科研课题，由体育院校科研部门和地方行政部门联合承办，课题组成员由体院内外专家、学者组成。将这种协作攻关机制引进武术科研工作，较之个体式研究，是一个重要变化。这种协作机制及其做法在后来一些重大课题的研究中逐步体现出来，并发探了作用。入选巴塞罗那国际奥委会世界体育科学大会的一篇研究武术运动员负荷强度和耐力水平的论文，引起国外体育学者的关注。而这篇论文正是多学科协作攻关的结果，它使当代中国武术科学研究获得首登奥林匹克科学圣殿的成就。之后，武术的优秀学术论文又分别被亚特兰大、悉尼奥运科学大会、亚运会科学大会，以及相关国际学术会议所录用。

20 世纪末，国家体育总局武术运动管理中心设立的武术科研基地，围绕武术进入奥运会所设项目问题展开科学攻关。科研基地以博士生导师挂帅，以一批研究生为重要树研力量组成课题组，经过调研、统计、分析和论证，拟出若干设项方案。1999 年举行的全国武术论文报告台上，上海体育学院和北京体育大学的课题组宣读了论文，为武术进入奥运竞技体坛报了前期准备工作。武术科研基地以武术运动科学化训练为主要研究方向，结合为武术管理部门提供战赂性和策赂性理论依据而组织科学研究。其特点是以体育院校的教授、剧教授和研究生为攻关力量，研究生参与重大科学研究并发挥作用，已经成为活跃在当代武术科研前沿的生力军。

6.武术教育机构与人才培养

我国经济转型后，1986年成立了国家体委武术研究院，不久各省、市相继成立各省市武术馆（院），组织开展武术活动，培养武术人才。同时社会上的武术辅导站、武术训练班成了培养各类武术人才的场所。尤其是民办武馆、武校、拳社、武术之乡纷纷建立，吸引了成千上万不同层次、不同年龄及身体条件的爱好者，特别是武馆、武校，大量的青少年投入其中锻炼学习，使武术社会化又具有一层广泛的群众基础，并且教育培养了不少武术人才。

除了以上所述，国家仍旧就将武术内容列入中小学体育教学大纲，要求从小学、初中开始就学习武术基本功和基础套路，高中阶段安排单练或对练学习内容，在初、高中阶段还有武术选用教材。国家长期以来对武术教育十分重视。直至目前，我国高等院校的公体课仍需学习初级长拳第三路、初级剑术或初级棍术、简化太极拳等武术内容。初步掌握武术的基本技术和技能，是中国大学生必备的素质之一。这是国家在正规教育中十分珍视民族传统体育的一种做法，是教育部门从小学、中学、大学一贯制的体现。

我国社会化的武术业余教育和正规化的学校体育教育都贯穿着武术教学内容，而高等体育院校武术专业在培养专业武术人才方面则起了重要作用。

1978年、1985年、1989年、1991年和1997年陆续出版了两部通用《武术》教材和普修、专修各一部《武术》教材，还有《武术理论基础》教材。另外，《中国武术教程》也已审定出版。这些教材建设工作体现了国家对培养武术专业人才的关怀和对武术事业发展的高度重视。

经济转型后，武术被国家确立为专业，原国家体委属下的各所体院均先后成立了武术系（部）。20世纪80年代后期至90年代初，国家体委先后对武术重点学科进行两次专家评估。20世纪90年代后期武术专业拓宽为民族传统体育专业。

国务院于1982年首先批准上海体育学院具有武术硕士学位授予权，可以培养武术硕士研究生，继之，北京体育学院、成都体育学院的武术专业也具有硕士学位授予权。随后一些高等体育院校具备条件的武术学科也相继招收武术硕士研究生。1996年，国务院又批准上海体育学院的民族传统体育学学科具有博士学位授予权，可以招收武术博士生。从此，中国武术的高层次人才培养体系初步告成。从进修生、函授生、专科生、本科生、硕士生乃至博士生的教育体制，确保了武术人才的知识化、科学化、现代化。从20世纪70年代末开始，武术研究生招考制度正常化，其后研究生的质量逐年提高，20世纪末基本上形成了以研究生为生力军的科研攻关力量。20世纪80年代以来培养的一批硕士生已经在各自的工作岗位上成长为学术骨干。至2002年，我国已经招收了6届博士生，3届已完成博士论文，并获得博士学位。可以预计，今后高层次武术人才会层出不穷，为振兴当代中国武术而发挥他们的聪明才智。

（二）武术推向世界与世界接纳武术

1.竞技武术逐步走向国际化

自1982年全国武术工作会议制定了积极稳步地把武术推向世界的方针后，为了实现这一战略目标，我国在历年派出武术团队出访表演、扩大影响和宣传武术的基础上，以比较成熟的套路运动的竞技形式首先开展国际武术竞赛活动，并日渐活跃。

1985年，我国在西安举办了第1届国际武术邀请赛，竞技武术首先以主人的身份用请进来的方式打开了走向世界的大门。1986年又在天津举办了第2届国际武术邀请赛。这两届邀请赛影响和推动了亚洲和世界其他地区的武术竞赛活动，为竞技武术进一步加大对外推广的力度和实施国际化战略创造了良好的氛围。

从1987年起，在日本横滨、中国香港、韩国汉城、菲律宾马尼拉和越南河内等地先后举办了亚洲武术锦标赛。亚洲在中国武术的影响下，许多国家和地区的武术套路运动竞技水平逐年提高，成为世界上武术运动发展较快的地区。1990年在北京举行的第11届亚运会将武术列为正式比赛项目。1994年在日本广岛举行的第12届亚运会和1998年在泰国曼谷举行的第13届亚运会，武术都被列为亚运会常设比赛项目。1991年，北京举办了首届世界武术锦标赛，这是一次由40个国家和地区参加的世界性的武术盛会，它昭示中国的竞技武术经过近10年的筹措与努力，终于取得了由国际性的武术赛事向世界性的武术竞赛转变的阶段性胜利。这次比赛，中国的套路和散打同时被接纳为世界性的竞技运动。它说明在中国举办的武术赛事，套路和散打都将是并行不悖、代表当代武术的两种主要竞技形式，它们是统一的整体，是我国要贡献给世界的民族传统体育项目。1993年第2届世界武术锦标赛在马来西亚的吉隆坡举行，后来每隔两年，这一世界性的武术赛事又在美国、意大利、香港和亚美尼亚等国家和地区相继举行。

在武术推向世界的进程中，不仅在亚洲竞技武术的赛事频繁，而且杯欧洲举办的多届武术锦标赛上，套路和散打竞技都已成为赛制，法国、意大利、比利时、英国、德国、西班牙、瑞典等国都派队积极参加。此类洲际武术赛事，除了亚洲、欧洲之外，在各大洲武术组织的推动下，竞技武术在世界上产生了积极的影响。

为了向世界推广武术，国家体委组织专家编制出版了长拳、刀、枪、剑、棍、太极拳、太极剑、推手、南拳、南刀、南棍以及陈式、杨式、吴式、孙式和武式太极拳等各种竞赛规定套路，还举办了各类学习班，选派教练员援外推广这些竞赛套路。同时，为了适应国际竞技武术的发展，对纷至沓来的各国各地区的武术团体和个人，举办了外国学员培训班。随着国际性、世界性武术竞技运动发展的需要，我国多次举办了国际武术教练员和国际武术裁判员学习班，为各国、各大洲武术组织培养了一大批骨干，为竞技武术推向世界奠定了基础。

2.世界已经接纳武术

自1984年筹备成立由中国牵头的国际武术组织起，把武术推向世界的目标中已经蕴涵着进军奥运会的决心。在它的推动下，之后的14年间，各大洲的武术组织纷纷建立起来。欧洲武术协会、南美武术功夫联合会、亚洲武术联合会、非洲武术功夫联合会、大洋训武术联合会，这些洲际武术组织的建立，表明当代中国武术已经有组织地进入了世界范围的发展。

国际武术联合会会员数由1990年成立之初的38个发展到1993年已有57个，一年后被世界单项体育联合会正式接纳，两年后接近奥委会接纳的会员数，达到了75个。1998年国际武联已达到国际奥委会承认的基本要求。1999年国际奥委会通过决议接纳国际武术联合会，这表明世界竞技体育最有权威的机构正式承认武术的竞技地位，竞技武术在世界的传播和影响已不容忽视。

第二篇　历史的变革：传统武术的转型和嬗变

第一节　学校武术的发展与思考

武术是中国人体文化的结晶，是中国优秀民族传统问题的真实存在，武术教育是武术传承与发展的主要工具和形式，它伴随着武术的产生而产生，发展而发展，经历了一个历史进步的过程。它的发展既有连续性，也表现出一定的阶段性，这与我国发展历史的连续性和阶段性是紧密相关的。学校武术教育也不例外。

一、古代学校武术教育

（一）夏、商、周时期的学校武术教育

传说中夏朝就已有了学校，其固定形式为“序”、“校”、“痒”；商、周学校有文字记载，商代学校有“教”、“序”、“痒”、“学”等类型；西周的学校分为“国学”和“乡学”两种，国学设在国都，分“小学”和“大学”两个阶段，乡学设在地方，分痒、序、校、熟四级。《孟子·滕文公上》曰：“夏曰校，商曰序，周曰痒，学则三代共之。”

关于教学内容，夏朝主要是战争的经验和技能，西周的学校除了习射之外，还习御。在学校学习“五御”即“鸣与鸾，逐曲水，过君表，舞交衢，逐禽左”。“六艺”中的“礼”，有不少习武的内容；“乐”中的部分内容兼有武术套路的初影；“射”、“御”是当时车战中最主要的军事技能，“射”是射箭的方法和技巧，“御”是驾御战车之术，都是军事武艺的专门课程。

夏、商、周时期，武术作为学校教育的内容有重要的意义，在很大程度上促进了武术的正规化发展，并开创了武术通过学校进行传播的先河。但由于奴隶社会的学校是应统治阶级的需要而产生的，学校中的学生也只能是奴隶主贵族的子弟，因而在一定程度上限制了广大人民群众接受武术教育的机会，使武术教育活动不能向更大范围拓展。

（二）春秋至鸦片战争时期的学校武术教育

春秋战国时期，各诸侯争霸，战争激烈，养士成风，出现了“文武分途”。许多豪侠勇武之士未曾在学校学习过，而经过学校学习的文士则只重读经书而不重武艺。秦朝焚书坑儒，以法为教，以吏为师，没有了学校教育，也就谈不上学校武术教育。汉代虽然恢复了官学，但受“罢黜百家，独尊儒术”的影响，官学教育只以儒家六经为主，实际上取消了包括武术在内的体育教育内容。两晋南朝的“国子学”、北朝的“四门学”、南朝的“四学”、三国的“律学”、晋朝的“书学”、南朝的“医学”等都是官学，均没有体育教育的内容，更谈不上武术。隋唐是封建社会的鼎盛时期，教育相当繁荣，如唐设“国子监”，下辖六学：“国子学、太学、四门学、书学、算学和律学”。此外，还有医学、天文学、弘文馆、崇玄馆等专门学校，学校体制相当完备。但是所有这些学校的教学内容多以儒经为主，都没有类似武术的内容。虽然宋代以后官学入学等级稍微放宽，明代已无门第限制。但这些学校仍然只学儒经，不习武事，在很大程度上制约了武术的发展。中国武术大部分都停留在民间以“口传身授”为主的层次上，制约了学校武术的普及和开展。

宋代宋仁宗庆历三年五月创立武学。但好景不长，办学不到三个月就停了。直到 1072 年，宋神宗重设，分为上、内、外舍三个等级，等级之间通过考试可以实现递升。1102 年，宋徽宗建立州县武学：中央武学学制 3 年，学习内容为诸家兵法和各种军事技术与军事指挥，每年春秋两季考试马、步射等武技和兵法，合格者可参加殿试。地方武学考试优秀者可进中央武学。

明清武学在武术考试内容略有增加，但大致与北宋相仿。武学的开设，提高了习武人员的理论素养，促进了武艺与兵家谋略及阴阳家思想的结合，推动了武艺训练理论、武术思想的发展。它对武术在学校的开展有积极的意义。

（三）清末学校武术教育

鸦片战争爆发后，清朝部分统治阶级看到中国古老的弓箭、刀矛敌不过西方的坚船利炮，同时国内农民起义风起云涌，在这种“内忧外患”的情况下，为了挽救没落的王朝，清朝统治阶级开始学习西方的科学技术，兴办“西学”，培养科技人才，先后建立了一些学堂，如北洋水师学堂（1881 年）等。这些学堂按照外国的学校办理，聘请外国教官。由于指导思想是向西方学习和聘请外国教员，导致这些新式学堂没有开展古代武术教育。

1903 年，我国第一个新教育学制——《奏定学堂章程》正式在全国实行，称为“癸卯学制”。虽然它对学堂开设体操课的意义、任务、教材及课外体育活动等都作了明确的规定，但是体操课教材中仍没有武术内容。

二、近代学校武术教育

（一）民国时期

辛亥革命后民国建立，政体变更。南京临时政府教育部把制订民国新学制作作为重点，在 1913 年形成了一个全面完整的学制系统。1915 年，日本向袁世凯提出灭亡中国的二十一条，这一事件激发了社会各界的爱国主义精神。社会名流与政府要人纷纷提倡武术教育，主张通过中国武术教育培育国民的尚武精神。当时已有很多学校已经开始在体育课中增添了武术内容，如北京、天津、上海等大城市。1914 年，著名体育家徐一冰先生建议将武术列为高等小学、中学、师范学校的正课。1915 年，北京教育会受北京体育研究社许禹生等人的委托，在“全国教育联合会”第一次会议上提出《拟请提倡中国旧有武术列为学校必修课》议案。议案中三大建议引起与会代表的广泛赞同并呈报教育部。三大建议：第一、拟请于学校体操科内兼授中国旧有武术，列为必修科以振起尚武精神。提倡把小学体操科目改列为游戏、普通体操、武术；中学改列为普通体操、兵式体操、武术。第二、拟请教授武术者编定讲义，说明原理，用科学的目光唤起学生之注意。第三、拟请于师范学校内将中国旧有武术列为主课，以裕师资。这三点建议对今天的武术教育仍有借鉴价值。同年 4 月，教育部明令“各学校应添授中国旧有武技，此项教员于各师范学校养成之”。至此，武术正式被列入学校体育课程。同时也标志着中国传统武术正式进入学校课程教学，成为体育课程的一项重要内容。

自1915年后，教育部陆续颁布了中学、小学、师范学校和大学体育课的课程标准，其中对武术在体育课中应占的课时和内容都作了详细的规定，这些对武术在学校的推广起到了积极的促进作用，如1924年6月，北京体育研究社曾对全国四十余所中学以上的学校进行了武术活动的调查。调查显示，将武术列为正课的（含选修课）占52.5%，只在课外开展武术活动的占225%，既未列入正课，课外也不开展的占25%。很多学校反映，武术列入正课，学生颇感兴趣。同时，在各级学校运动会中还出现了一些武术表演和武术竞赛项目，1914年11月，江苏省召开的第一届省联合运动会（主要是以学校为单位参加）上，武术表演与比赛项目有潭腿、功力拳、刀术、柔术、大铁刀、雄刀以及其它一些拳技。1915年11月举行第二届时，竞赛项目中武术约占六分之一，水平也有所提高。

民国时期，经过武术界和教育界的不懈努力，学校武术教育出现欣欣向荣的景象。但随着旧中国的经济凋敝和文化的落后，特别是抗日战争的爆发，学校武术面临停滞的局面。

（二）革命根据地时期的学校武术教育

1931年到1934年在赣南、闽西建立了以瑞金为中心、包括21个县，面积五万平方公里，人口250万的中央革命根据地（又称中央苏区）。在共产党领导的革命根据地内，学校武术教育工作也有所建树。在根据地的各级各类学校中，武术活动开展地红红火火。小红拳、花枪、太极拳是各种军政干校的体育课内容之一。如中央苏区的列宁小学，学校每周3节体育课和2节游戏课。1930年9月，在闽、赣、粤三省的模范少先队总会操上，武术被列为主要项目，其内容有拳法和棍术。1940年在中国共产党领导下的延安中央党校，将太极拳、石锁等列为训练、比赛项目。解放区的中学，把小红拳、花枪等列为军体项目。1942年，延安的“九·一”运动会是抗战根据地规模最大的运动会，延安大学、晋西北八路军和新四军，均选拔队员参加武术项目的角逐。

三、现代学校武术教育

解放后，我国学校武术教育进入了全面发展的阶段，学校武术教育与新中国社会发展进程有着紧密的关联。

建国初期，经济发展速度缓慢，教育事业处于荒废阶段，党和政府为了确保优秀的民族文化遗产得到很好的继承和发扬，为了使学校武术教育能够顺利进展，将武术列为大、中、小学体育教学的内容和体育院校（系）的专、选课。为了使学校武术教育走向正轨有序化，国家将武术立为学校体育事业的一部分。（见表1）

表1　五、六十年代学校武术教育发展大事记

时间	内容
1952年	武术作为体育专业中的一门课程在高等院校体育专业中出现，原国家体委直属北京、上海、武汉、成都、西安、沈阳体育学院先后开设了武术专业课，随后陆续成立了武术系。
1956年	教育部编订并颁布的中国第一部全国通用的《中小学体育教学大纲》中就有关于武术方面得内容
1957年	一些体育学院和师范学院体育系把武术列入了教学课程
1961年	修订出版《全国大中小学体育教学大纲》，规定武术在小学体育课程中每学期为6学时，中学为8学时，使学校的武术教育机制列入正常轨道
1963年	北京体育学院开始招收武术研究生

尽管学校武术教育发展得到了国家相关政策的保证，但由于国家的各项发展都是处于起步阶段，导致学校武术教育发展缓慢。

文化大革命时期，也是学校武术教育发展的特殊时期，这一时期，很多武术老前辈丧生，武术运动本身也被披上了“传播封建迷信工具”的帽子，受到批判。学校武术教育发展受到严重影响。1967年至1971年学校被迫停止招生，正常的武术教学受到破坏。直到1972年，各体育院校（系）开始陆续恢复招生工作，武术教学才逐渐展开。1977年，随着高考制度的恢复，体育院校（系）的招生工作步入了正常化的轨道。由于很多教师遭到迫害，很多教学设施和教学工具也遭到了没收和销毁，在这一特殊时期，学校武术教育的甚至出现了倒退现象。

改革开放之后，学校武术教育发展开始复苏，学校武术教育的地位得到确定。1978 年 3 月国家颁布试行了全国统一的全日制十年制中、小学体育教学大纲。重新确定了全面发展的教育方针，确立了体育在学校教育中的地位和作用。1978 年 3 月教育部颁布《十年制小学体育教学大纲》和《十年制中学体育教学大纲》（试行草案），大纲中明确提出："在注意科学性和增强体质的同时，要保留武术本身的风格和特点"，并简化了套路技术内容，还首次规定从高一开始，除了学习少年拳外，增加单人或双人攻防动作。这套中小学体育教学大纲简化了套路技术内容，体现了武术的风格特点，对学生体质和健康是有着积极作用。

随着改革开放的深入，学校武术教育进入了蓬勃发展的时期。主要表现在以下三个方面：

第一，中小学武术教育的蓬勃发展：1987 年，国家颁布了《全日制中小学体育教学大纲》，大纲指出："武术是我国传统的民族传统形式和健身方法，是三至六年级的基本教材之一。"1988 年，再次修改《中小学体育教学大纲》，武术内容除教授武术基本功、基本动作、组合动作、套路和攻防动作之外，还增加了"五禽戏"和"八段锦"的教学内容 2000 年教育部颁布全日制小学、初级中学和高级中学《体育与健康教育大纲》，设有自编自选套路、短棍和其他器械套路。2001 年，国家又颁布了《体育与健康课程标准》，这一时期的中小学体育教学大纲有关武术内容（见表 2）

通过表 2 我们可以看出，2001 年体育教学大纲对完成课程目标所必需的内容和方法仅规划了一个大体范围，更加注重学生学习过程、方法和习惯的培养，这一规定为中小学体育教育工作者和学生提供出了更为广阔的选择和发挥的空间，但也给体育教育工作者提出了更具有挑战性的课题。为了落实 2001 年体育大纲的内容，各个地区积极响应国家号召，根据地方特色，不拘一格的进行学校武术建设。

表 2　2001 年中小学体育教学大纲中有关武术方面的内容

水平等级	运动技能的领域目标	水平目标	达到该水平目标时，学生将能够
水平一	学习和英语运动	初步掌握简单的技术动作	做出劈叉等简单动作
水平二	学习和英语运动	会做简单的组合动作	做出武术的简单组合动作
水平三	学习和英语运动	初步掌握运动基本技术	初步掌握一套简单的武术套路
水平四	学习和英语运动	发展运动技战术能力	完成一两套武术套路或对练
水平五	学习和英语运动	提高一两项运动的技战术水平（完成右列内容之一）	较为熟悉地完成一两套有一定难度的武术套路或对练
水平六	学习和英语运动	组织和参加小型体育比赛	学会一种自卫防身术

第二，高校武术教育的蓬勃发展：1982 年国家批准授予上海体育学院为武术硕士点单位，具有武术硕士审批权。当时全国各个学校培养的武术研究生，均要到上海体育学院过论文考试，合格者才能被授予硕士学位。1986 年 9 月北京体育学院成立武术系.此后，上海、武汉、成都、西安、沈阳等几所体育学院也相继成立了武术系，进一步确定了武术在体育院校专业中的重要位置。1988 年，国家教委颁布《全国普通高等学校体育本科专业目录》，在传统体育学类专业中设置武术专业。随后，上海体院、北京体院等六所部属体院单独招收武术专业本科生。1993 年 7 月，教育部（原为国家教育委员会）重新颁布了《普通高等学校本科专业目录》，武术（代码 040306）被列为适当控制设点专业与其它 7 个专业共同构成教育学科体育学门类（代码 0403）全部专业，1996 年 4 月，上海体育学院又被国家授予武术博士点授权单位。1998 年 7 月，国家教育部颁布新的《全国普通高等学校本科专业目录》，体育学上升为一级学科，下设 5 个专业，原有的武术专业拓展为民族传统体育专业，高校武术学科建设上的完善，为武术在高校的传播奠定了基础。同时，为了提高高校武术教学效果，很多教师都积极创新教学方法，如“一、二、三”节拍教学法。从此，武术成为培养高层次人才的学科，提升了武术教育地位。在这一时期，受国家体育方

针的影响，高校武术教育在竞技武术方面也取得了突飞猛进的发展。

第三，武术馆校的蓬勃发展：随着国家改革开放大门的打开，中国的电影文化事业得到了巨大的提高。在媒体的帮助下，中国武术被搬上荧幕，开创了电影界的奇葩——“功夫片”。1982 年拍摄的《少林寺》不仅捧红了功夫皇帝李连杰，更风靡海外内，至今仍脍炙人口。受《少林寺》的巨大影响和当时国家的大力号召，一时间，举国上下掀起一片“武术热”潮。武术馆校如雨后春笋，纷纷设立，报名习武人群数以万计。1982 年，全国第一次武术工作会议上，党和政府发出关于“各地可以根据自己的条件建立各种武术社、辅导站、业余体校、训练班等”的通知，在该通知精神的指导下，各省市区相继组建了不同形式和规模的武术馆校。1992 年在全国第 2 届武术工作会议上又提出了“力争到 1997 年使全国 1/3 的县有武馆、2/3 的大中城市有常设性武术馆校和训练基地”的目标，各地根据这一目标，使得武术馆校在原有的基础上得到更大的发展。1995 年，国家又颁布《关于开展全国名武术馆校评选的通知》，这一举措进一步促进了我国民办武术学校的快速发展，使得民办武术教育办学机构增加，规模扩大，水平不断提高。这一时期，由于国家各项管理制度还不够完善，武术馆校的发展过程中出现了一系列的问题，如生源不足、教师队伍人员素质差等。这些问题在一定程度上阻碍着武术馆校的发展。

四、学校武术研究现状和存在的问题

（一）学校武术教学研究现状

学校武术教育研究的领域还较窄，改革开放后，关于学校武术教育的研究虽然取得了很大的进展，但是在教育研究的大背景下，在社会文化发展的时代大背景下，对学校武术教育的研究主要集中在基础理论、应用理论等两大方面，具体的研究范式、研究方法和研究的学科都有相关涉猎，但是通过整理发现这些研究都存在着一定的不足和缺陷，需要我们总结并在此基础上反思。在空间上，只局限于学校，忽略了对于民间武术教育的研究，民间是武术赖以生存和传承肥沃的广大社会空间。在广度上，武术是中华民族文化中的一个重要组成部分，与人类文化、生活、思想等各个方面都是密不可分的。“武术不讲文化只讲肢体操作，只会越走越窄”，研究武术教育不能将其孤立，而是要着眼于社会历史环境，与社会学、人类学、经济学、文化学等联系，从多学科交叉研究的视角，探讨武术教育的社会价值和历史意义，将学校武术放置在多学科视域下，而不仅仅是在体育的视野下进行研究。不论是对武术价值观的研究还是学校武术的发展研究，都离不开对武术发展史的脉络整理。要从根源开始，从今天追溯到人类起源，从人类历史发展中更加准确、深层次地探寻武术传承和教育的真正意义。在范围上，因为高校中武术教学的开展更加学科化和专业化，所以对其的研究比较集中，而因为中小学基础教育中武术课的不系统让研究者研究起来可能更费时费力，所以关于中小学武术的深入的研究少之又少，仅有少部分是针对中小学武术课堂进行了一些浅尝辄止的探索。在内容上，主要集中于对武术的开设方式、教学内容、教学手段等进行了一定的探讨，而对武术的性质、历史、价值的探讨不太深刻，缺少针对武术教育终极价值的探讨，即武术对于人性发展的价值意义的研究。学校武术教育研究的方法还比较单一，理论思辨的研究是主流，多是文献资料法，问卷、访谈、观察等实质性的研究方法还很少见。并且，无法上升到哲学的高度，出现了理论研究多而空、应用研究匮乏的现象，缺少科学理论的支持和实践的指导。总体来说，学校武术教育研究整体水平不高。同时，问卷、访谈、观察等实质性研究方法的缺乏，在一定程度上使学校武术教育研究无法很好地指导实践，陷入多而空的尴尬局面。这是导致学校武术教学中内容、方法、模式改观不大，学生对武术课的兴趣、老师对武术教学的积极性有减无增的原因之一。因此，学校武术教育研究要遵循理论与实践相结合的原则，使理论能指导实践，实践反过来又能指引理论研究的发展方向。

正是由于武术理论研究较为落后，跟不上武术自身的发展，导致人们对学校武术教育定位的不准确。无论是教育教学理念的形成，教育模式的设定还是教学内容的选择，都套用了西方体育教育模式，使传统的民族文化在其中所占的份额越来越少，缩减了武术原有的丰富的文化内涵。在中华民族这块土地上，现有的学校武术教育模式无法发挥武术文化以及武德文化的教化功能，无法满足构建社会主义和谐社会的历史发展要求，表现出明显的落后性。

在学校武术教育中，教师与学生的交往产生了功利性。很多教师在教学过程中缺乏耐心、采取的是敷衍的态度，教育成为赚钱的机器。而随着信息网络技术的发展，学生学习武术的渠道增多，网络上的丰富资源逐渐提到了学校武术教育的传播作用。详细的视频讲解与演示，使学校的武术教师直接绕过武术的武德、礼文化、武术所蕴含的做人做事的道理等教学内容中比较深刻的东西，而只注重基本的技术教学和框架教学，这种单纯的知识的传授扭曲了学校武术的教育目地，对于学生来说，学校武术教育只不过是花钱换取的知识。师生之间这种交往的功利性，让学校武术的发展越发偏离健康的轨道。而且在教学模式的选择上，过分地注重教的影响效力，采用的是固定不变的“教师教，学生学”的课程模式，只关注教师的“教”而忽视了学生的“学”，忽视了学生学的反向影响效力。这种模式是不符合学习生态学普遍规律的，只能在一定程度上消除学生的无知，对学生的全面、自由发展是不利的。

虽然学生在学校学习和接触了武术的教学，但对于教学内容、教学精神的分享在家庭中几乎不存在，而反过来，家长在家庭的教育上也是有不可推卸的责任。众所周知，作为一个有机统一的整体，家庭、学校、社会是不可分割的，然而，当前市场经济体制的完善和家庭结构的重大变化，使家庭作为武术传播的重要场所的地位发生了巨大转变，武术教育的责任重担完全落在了学校的肩上。家庭教育的缺失，改变了武术原有的世代传承的模式，一些社会上技艺精湛、德高望重的传统拳师很难在学校里找到展现的平台，很多武术资源不断流失。武术在学校教育中本身所处的地位不高，开展和普及的效果并不理想，博大精深的武术教育只靠学校教育来承担，是远远不够的。

现在学校使用的武术教材虽然保持着不断发展的趋势，但所用教材更多的还是针对武术技术、武术动作、竞技武术等方面，内容也偏重于数量和难易程度的增减，有一些健身和攻防意识的涉及，但总体来看，大部分的教材都忽略了武术精神文化等重要内容，这显然对武术教师的教学侧重点有一个偏向的引导。

（二）学校武术教学存在的问题

第一，学校武术所开设的课程中教学内容较为单一和简单。学校武术的教学设置主要还是包括一直以来武术教学的基本功的练习图册、注释等，也有少许武术套路的涉及，总的来说，教学的内容显得过于简单、孤立，在时代不断发展过程中，没有对原有武术教学内容作调整和扩展，单一的教材内容与武术本身这个庞大的系统体系相比显得极不协调。同时，各个地区有本地武术特色，应该结合实际重点发展，但目前我国武术教材是全国或全省统一，教学内容也做了统一。这就使得一些具有地方特色的武术拳种失去了学习和传承的平台，这一方面，课题组在调研过程中发现，武汉市武当武术的开展就相当具有特色，是学习和借鉴的标榜。

现在的学校武术教育几近全部都用在课堂技术教学和训练队的训练教学上了，在课题组的前期23所调研学校中只有2所在教学的过程中相对重视武术文化的宣讲。武术作为中华民族文化的代表和缩影，其包含的内容博大精深。但是，现在的学校武术教育多注重体操化的技术学习，孤立进行武术技术教育，评价体系也以技术考核为主，学生掌握的是拳脚功夫。这种以套路为核心的教学，由于被统一化、标准化，追求的是功架和形神，在实用技术上并没有格斗的功能，忽略了武术的技击本质，成为实质上的“武术类民族舞蹈”。这种套路教学，符合竞技武术的运动规律，最主要的弊端就是“打”与“练”不能有效结合。在武术教学中没有认识到武术文化对学生的积极影响作用，还有一个非常鲜明的特点是学校武术的开展基本上只放置于体育的语境中，对体育文化的建设学校领导有所重视，而对武术文化的建设几乎没有，更不用提与学校文化建设相一致的问题了。

与其他运动项目不同的是，武术不仅仅是一项身体运动项目，也是一种文化形态。从传承的角度看，受中国传统文化影响的武术实质上是中国文化的一种载体，在教学过程中应遵循武术教学内在的规律，在传授学生武术技艺的同时，也使学生受到中国文化的熏陶。随着新时代的进步，武术文化内涵也需要与时俱进，不断注入新的内容。21世纪的世界文化将呈现既多元又趋同，既独立又共识，既冲突又和谐并存的交汇融合趋势。武术作为东方体育文明的典型代表，无论是思维方式、认知方式还是价值观、价值取向都有着质的差异。当前西方文化占主流，青少年“西化”明显，传统武术中的很多内容已于时代特点和青少年的需求不符，学校武术教育的课程设置显得陈旧而落后，不仅体现不出传统文化自身魅力，也无法使学生提高对武术文化的兴趣。

第二，学校武术教育过程中对武德和武术礼文化教育的忽视。武德是具有中国特色的传统道德观念，是在不断的历史发展中汲取的中华民族几千年的营养和智慧，特别是武术礼更是包含着特殊的优秀的民族精神，这些都应该是在社会活动中从事武术活动的人应遵循的道德规范和所应具有的道德品质。武德的思想内蕴极为丰富，许多优秀的民族思想都包含在内，需要继承。但是，当前学校武术教育基本上没有武德教育内容，只注重对学生技能的传授，这种只讲技术不讲武德的教育，与“自强不息尚武崇德”的思想不符，将传统武术文化进行了人为的分割，学校武术教育的完整性被破坏。

第三，武术教学过程中理论环节的开展和实践环节的实施存在一定的脱节现象。武术的本质特点是技击性，复杂繁多套路动作最终目的就是提高攻防性，在实战中击败对方。这也是武术吸引学生学习的一个主要因素，在本次调查走访中，有大约80%的学生是为了学点套路技术外加掌握些技击术、防身自卫术选择学习武术。但是目前很多武术教师在教学中一直力图使学生掌握套路技术，将目标锁定在学生对动作技术的掌握上，对于具有攻防含义的武术技术动作的具体实用性缺乏剖析，忽视了学生对武术实用性的追求与渴望，枯燥的单纯套路学习背离了学生学习的初衷，造成学生学习兴趣不高，较为被动。这种学习体验也给低年级学生选课提供了负面的广告效应，降低了学生的积极性。这种以套路为主的教学，造成了学校武术教育对教学大纲执行的不彻底，基本上都无法达到教学大纲的要求。长期以往，影响了学生对武术的正确认识和理解，造成武术教学的不良循环。学校武术教育的开展可以根据不同年龄段学生接受能力的差异性以及身心发展特点，根据武术运动的规律以及各个阶段的特点，各学段的目标制定应体现出一定的“学段差异性”，有区别、有重点地进行武术教育，以提高学生学习武术的积极性，更好地发挥武术教育的价值。学校武术教育可以借鉴跆拳道、空手道、柔道的成攻教育模式，以锻炼身体素质、追求自我价值为形式，以提升个人道德品行和社会伦理意识为目的，挖掘武术教育的深刻文化和思想内涵，使练习者不仅在比赛对战中，更在日常生活中展现人格风范和人文关怀。应彻底改变竞技武术的框架和思维模式，提高武术防卫技能的主体价值，淡化套路教学，使武术教育做到“打练”结合，使武术运动形式突出武术技击的本质，增强武术的实用功能。

第四，学科建设和专业发展与社会需求不相符。1997年国务院学位委员会确立了民族传统体育学作为二级学科之后，武术成为现代全国各大体育院校及普通高校体育院（系）的招生专业，但是，发展至今，从目前各高校的人才培养目标看，与社会实际需求存在一定的差距。受竞技体育的影响，当前武术训练和教学还是以竞技为主要目标，社会可提供的武术专业的就业岗位少之又少，极其有限的就业资源和武术专业招生的扩招导致大量的武术专业人才过剩。同时，民族传统体育专业还没有形成完备的学科体系，仍是以武术为主的学科专业。此专业的学生只是参加国家体育总局的文化考试，并没有参加全国高校的统一考试，文化素质相对较低。人才基础的薄弱，决定了高校很难在短短几年的时间内，培育出既具备专业技术技能，又具备高水平文化理论和教学基础的全面的高素质武术人才，无法胜任留校任教的工作，造成了我国高校武术教师匮乏的现象。武术专业毕业生自身全面素质不高，也是我国武术教学师资水平整体不高的根源。教师在教学中起主导作用，教师的整体水平上不去，决定了教学的手段、方法不能够吸引学生，无法更好地体现武术的攻防意义和武术文化内涵，也就无法提高学生学习武术的积极性，造成一系列制约学校武术教育发展的问题。

（三）学校武术发展出路

首先学校武术要为自己找准定位，虽然我国各级教育部门缺乏对学校武术发展的长远规划以及正确的定位，但在学校武术的设置中首先要找准发展方向，为学校武术教育正确定位。学校武术教育的发展方向既要关注和实施素质教育，还要从武术文化层面挖掘和塑造文化涵养，传承传统文化，弘扬民族精神。武术是中华民族传统文化的载体，学校武术教育要充分发挥武术的这一特征，塑造青少年学生的文化内涵，达到传承传统文化的作用。同时，在教育过程中，通过这一方式，不断提高学生的文化认同感和传承文化传统的使命感。费孝通曾指出："民族精神是一个民族的生命力、创造力和凝聚力的集中体现，是一个民族赖以生存和发展的核心与灵魂。学校武术教育肩负着弘扬民族精神、增强民族凝聚力的历史使命。"由此，学校武术教育的定位应该是在增强学生体魄，提高学生身体素质的前提下，将武术的文化和思想融合进去，达到"健身性与文化性统一"，培养出"德技皆佳"的武术人才。在学校的武术教学实施过程中，应该是尽可能多的选择丰富的武术内容，改变单一的运动形式，真正能让学生在习练武术的过程中体会到真实的技击体验和掌握攻防的基本技法和知识，并能将这些技法合理运用，有效地进行锻炼和防卫，并注重在习练过程中突出武德的修养，培养学生勇敢顽强、合作礼让的道德品质；在武术教学过程中，将中国传统文化和武术道德思想融入进去，树立武术作为教育的“文化意识”，使武术的文化传承大于技术传承，培养学生的民族意识和民族精神。

其次，完善学校武术教育体系，建立科学的武术教育系统。当前我国学校武术教育存在体系不完善的现状，需要构建学校教育体系，将学校武术教育教学从体育课体系中剥离出来，站在一个更高的文化层次上构建民族身体文化教育教学体系，从教学层次的衔接上、在教学内容的选择上、在教学目标的统一上、在教材的多样化上都应该建立开放式的体系，完整的系统的对其进行整合和规划，按照国家现行的体育教学大纲为基准，改革教材内容、教学方法与评价机制，加强武术理论教学，加强武术教师师资队伍建设，与社会各部门进行合作，充分发挥武术的功能和作用，使学校成为增强学生体质、弘扬爱国主义精神、培养民族自尊心的实践重地。并在教学质量评价体系上跳出呆板的管理框架，允许教师们在传授武术技术和武术文化上的多元性，加大对学校武术的教育监督体制。

具体实施办法包括：其一，改革教材内容。学校在武术教材、武术内容的选择上可以通过调查、问卷等方式选定青少年学生感兴趣、并适合在学校武术教育中开展的武术内容。结合不同年龄段学生的特点制定教学计划，进行内容的调节，并加以引导和教育，让学生在实践中逐步体会其强身健心益智的价值。同时，学校武术教材没有突出地域性特色，要鼓励各级各类学校根据各地各校特色，开发适合本校学生的校本武术课程，在不同地区的武术教材中加入本地具有特色的拳种内容，不仅提高学生的兴趣，而且继承了地方武术。同时，武术中包含着古人优秀的思想道德，即武德，这是武术的灵魂。学校武术教育要把武德融入到教学当中去，积极向学生宣传传统武德观念中的优良思想，塑造青少年学生高尚的道德品质和思想情操，弘扬民族精神。其二，改进教学方法。我国学校武术教育是以教师为主导地位的，教学方法比较单一，学生完全处于被动接受的地位，无法提高其学习积极性，更无法发挥其创造性。改进教学方法，就是尊重学生主体地位，重视学生自学自练、互帮互学等教学方法的运用，利用与学生与学生、学生与教师之间的互动充分调动学生的积极性，发挥学生的创造性。在武术技能教学，尤其是中小学校武术教育中，要注重提高武术课的趣味性和游戏性，使学生在娱乐中学会武术技能，并灵活运用。加强知识教学，增加关于武术文化内容的比重，注重武术起源、发展以及文化内容的传授，把武术文化教育与武术技术教育放在同等重要的地位，使学生更加了解武术，认识武术的魅力。其三，改变评价机制。学校教育在评价机制上存在严重弊端，虽然当前提倡素质教育，但反映在评价机制上，依然没有摆脱应试教育。在武术教育中，由于评级机制上只设置为技能的评定，忽略了对武术理论的考核，从而使教师在教学过程中将理论置于可有可无的地位。改变学校武术教育现状，就要建立起科学的评价机制，对学生体育成绩采用终结性评价与过程性评价、教师评价与学生自我评价，定量评价与定性评价相结合的评价方法，将武术理论列入评价机制当中，注重对学生武德的考察。

再次，要关注和加强学校武术师资队伍的建设。师资问题是学校武术开展和传承的首要问题，如何提高武术教师的师资力量是学校武术面临的首要问题，专业化的武术教师的培养和使用是武术教育过程的重要一环，是教学质量的保障。加强武术师资队伍的建设，首先，要增加武术教师在体育教师中的比例，体育院校需要扩大民族传统体育系的招生数量，以保证学校武术课程的数量；其次，要加强体育师资队伍的武术技能培训工作，着力培养武术专长教师，提高学校武术课程的质量；再次，要提高武术教师的地位，学校管理者和相关部门要加以重视，给予武术教学更多的关注。教师水平的提高可以带动武术教材、教学内容、教学方法以及评价方法的改革，同时应加强武术教师的交流，尤其是高校武术教育，需建立武术教师的培训交流机制，使教师在交流中开阔教育教学视野，获得最新的教学理念，从而使武术技术水平和理论水平得到提高，促进学校武术教育的发展和进步。

最后，要加强与社会其它部门的合作，转变学校武术教育理念。学校武术教育理念指引着学校武术教育的发展方向，指导着学校武术教育制定各项具体要求。要改变学校武术教育现状，解决其发展过程中遇到的问题，促进其健康有序地发展，就要转变学校武术教育理念，同时加大与社会各部门的合作，集聚合力。在解放思想，开拓创新中不断开发武术的教育资源和创新武术的教育方式，根据学生的情感和兴趣开发武术教学中具有趣味性、表演性的教学手段，并多渠道、多途径筹集资金，加大对武术场馆器械经费的投入，为营造一个现代化武术教学环境创造条件。

（四）学校武术教育的自觉

自觉即自知之明，费孝通先生提出“文化自觉”的问题是研究传统文化现代化的依据。文化自觉是指生活在一定文化中的人们对其文化的“自知之明”，明白它的来源、形成过程、所具有的特色和发展方向。由此我们可以看出，学校武术教育的自觉是指学校武术教育应该把握什么样的方向?应该采取什么样的策略?民族传统文化该在学校体育中如何传承和发扬光大?对这些问题深入探讨并找出合理的解决办法。

1.学校武术教育的现状分析

教材内容的呆板化、教材内容的单调、武术专职教师的缺乏、武术的体育化模式影响了武术的文化性在学校的传承。新中国成立后，受西方体育文化的冲击，武术选择了体育化的路子，走进了学校的课堂，教学内容、教法、组织形式等也按照西方体育的模式来装扮起来。在教材内容上，一直延续着三路初级长拳等现代武术内容，教材内容单一、枯燥、乏味，学生练习的积极性不高、主动性较差；师范院校培养的武术教师数量少，给学校武术教育的传播带来直接影响；特别是在武术的教法上，把武术本身的技术特征“西化”，使原本的武术技术如劲力、招法体现不出来，失去了中国武术的东方特色。

武术进入学校，给武术发展提供广阔空间。无论是民国时期的武术体操化还是建国后学校体育开设武术课，不仅使武术从民间走向课堂，成为教育的内容，而且提升了武术的地位。同时，也带来了传承文化的困境。武术的形成过程中，携带着众多民族文化的特征。中国文化的精神基础是伦理，中国文化是伦理文化，讲究重内、重血缘，表现在武术上，就是注重内外兼修、身心修养。武术的经久不衰，得益于它的文化内涵和健全的教育功能。学校武术教育自觉地承担起传承文化的历史使命责无旁贷。把武术课同戏曲、书法等传统内容放在一起，让学生从欣赏的视角来对待我们的传统文化，从而确立武术教育的地位。

武术具有直观学习的特点，通过对武术动作的理解与体悟，把嵌入在武术动作中的中国传统文化的思想、理念、民族性格和文化心态通过学习和演练转化为接受民族文化的教育过程，是今天武术教育自觉的出发点。

2.学校武术教育的定位

（1）突出武术文化的民族性传统文化

早在法国的思想启蒙运动中，伏尔泰等人就高举孔子人道思想的大旗，用于反对宗教神权，反对封建王权。17—18 世纪欧洲出现的“中国热”更加表明西方人对中国人以道德观念、戏曲艺术为主要形态的文化已经产生了浓厚的兴趣。即便是在现时代，中国传统文化依然有其世界性的意义。英国著名的历史学家汤因比说过，如果允许他自由选择国度的话，希望自己能成为公元 1 世纪的中国人。

民族文化是一个民族的标志物，如果没有了民族文化这一标志物，又如何知道“我是谁”呢?武术作为传承传统文化的一种载体，突出其民族文化特质，在学校中进行推广和教学，这是武术不同西方体育的根本所在。

（2）强调武德的塑造

古代的教育讲究启发式的教育方法，武术的传承也不例外。武术的身体教育在讲究“内外兼修”的同时，突出的体现重内的特点，师傅相当于雕塑家，把弟子雕塑成德高望重的习武者。武术的身体教育还强调对学生心灵的雕琢。面临文化竞争、文化侵略和文化霸权越来越激烈的局面，对于本民族的文化的传承和建设引起各个国家的高度重视。武术教育是非常好的一种传承本民族文化的手段，学校武术教育应在内容、形式，特别是在战略高度上要高瞻远瞩，把武术教育的文化教育平台搭建好，完成武术教育的历史使命，这将是新时期的学校武术教育面临的挑战。

（3）注重爱国主义精神的培育

爱国主义是千百年来固定下来的对自己祖国的一种最深厚的感情，是凝聚民族、国家、人民紧密团结的坚强纽带。在经济全球化、文化多元化时代，学生的爱国意识及爱国主义情感面临着前所未有的挑战与冲击，尤其是青少年学生在网络的虚拟和现实的交相辉映下，产生了错误的意识，认为讨论民主与民族已经过时了。因此，学校武术教育传承中应加强民族精神的培育，让学生感受民族的骄傲，接受民族文化的教育。

3.制约学校武术教育发展的因素

（1）社会和家庭因素

学校教育、社会教育和家庭教育是教育事业的三块基石，三者之间相互影响，相互补充。社会教育和家庭教育是学校教育的基础，前两者的有利配合是学校教育成功的垫脚石，否则则成为学校教育的绊脚石。

虽然说学校是教育的主阵地，但是社会教育也有不可估量的作用。社会文化和社会环境是青少年健康成长的大环境，影响着青少年的心理、行为，对其人生观、社会观、价值观等的形成有直接作用。

当前，社会上对于武术的认识和解读，制约了学校武术教育。首先，对于武术的认识不够科学，一些“武林中人”缺乏武德，同时使用武术技击技术时失范，起到了反面教材的作用；其次，习武人群严重“老龄化”，超过90%的武术比赛中，老龄化特征极为明显，给了青少年武术是老年人练习的错误印象，无法激发其习武动机和兴趣；再次，受外来文化的冲击，跆拳道、空手道、柔道、拳击、瑜伽、健美操等较为流行，大多青少年喜欢练习这些代表“时尚”的运动，尤其是城镇的学生。

父母是孩子的第一任老师，家庭是人生成长的重要环境，家长的品德修养、文化水平、教育方法以及家庭环境条件等对学生品德和心理成长以及各种观念的形成有直接而重大的影响，在教育系统工程中起着举足轻重的作用。

现代社会，大多数家庭都是独生子女家庭，很多家长不舍得自己的孩子吃苦，认为只要学好文化课，再会些琴棋书画之类一定会“成才”，忽视体育运动对孩子发展的重要作用，有的甚至采取抵触的态度。在相关调查中，只有14.1%的家长希望孩子业余时间参加体育运动，而希望孩子练习武术的家长则是少之又少。主要原因是练习武术不仅太苦、太累，还会占用很多时间，影响文化课的学习。这种忽视体育运动对孩子成长的积极影响的观念，与学校教育中使学生德、智、体、美、劳全面发展的目标是矛盾的，阻碍着学校武术教育的正常进行，制约学校武术教育的发展。

根据《中共中央国务院关于深化教育改革全面推进素质教育的决定》，学校武术的教学目标是“要树立‘健康第一’的指导思想；能够把培养学生的武术兴趣作为己任，为学生终生从事武术锻炼奠定基础，能够发挥武术爱国主义教育的作用，提高学生的爱国情怀，同时提高学生的公德。”要求培养学生“终身武术”的意识，至少会打一套拳，会练一种器械，掌握武术技能和规律，不断了解武术。但社会和家庭对武术认识上的偏离，导致学校武术教育在发展过程中出现了困境。

（2）教育体制因素

学校教育的体系、内容是由国家的教育机制决定的，武术作为中华民族传统体育运动，在学校体育中的开展问题一直很受国家重视。例如，1956 年，在国家教育部颁布的中国第一部全国通用的《中、小学体育教学大纲》中就有关于武术方面的内容。1961 年出版的《全国大、中、小学体育教学大纲》，将武术的学时在小学体育课中设为每学期 6 学时，中学为每学期 8 学时。也规定了教学的内容：小学从三年级起为武术基本功、基本动作、组合动作，武术操，初级拳；中学为初级拳二路、青年拳、青年拳对练等。1987 年颁布《全日制小学体育教学大纲》，明确把武术列为三至六年级的基本教材之一。2004 年 4 月中宣部、教育部联合颁发了《中小学开展弘扬和培育民族精神实施纲要》，指出“体育课要适量增加中国武术等内容。”

在这样的政策支持中，学校武术教育的发展却不尽人意。大量调查结果显示，大多数学校不重视武术课，学校武术普及率不高，场地设施配置不健全，师资力量严重匮乏，教学水平不高。这与教育体制的设置有极大关系，缺乏武术教育监督体制，致使学校武术教育监管力度不够，武术在学校的开展无法落实。

（3）武术自身因素

学校武术教育中存在的问题，也与武术自身因素有关。首先，武术自身特点制约了学校武术教育目标的实现。武术在练习过程中，对身体各个部位和器官的要求较高，学习时间较长，且见效缓慢，正如拳谚云：“练武练在日日功，一日不练百日松”，很容易使学生身心疲劳而放弃习练武术。在套路动作上复杂繁多，对动作的完成质量以及节奏、劲力、精气神的配合等都有较高的要求，套路动作的特点又要求必须经常温习，否则很容易遗忘。这种“难学易忘”的特点，使学生很难有信心和毅力学下去，学校武术教育的课时相对来说又较短，学生在一个学期的时间内难以掌握，无法提高学生的积极性。同时，武术“源流有序、拳理明晰、风格独特、自成体系”的拳种就有 130 种，拳种的繁多决定武术很难有一个统一的评价标准，这在一定程度上制约了武术多拳种的推广，无法丰富教材内容。同时在教学内容上，无论是以前的《中小学体育教学大纲》，还是现行的《体育与健康课程标准》，都规定“武术简单组合动作、简单的武术套路、一两套武术套路或对练”等，仅把武术本身作为一个整体对象，分割成各个阶段，并尽办使之串连有序。忽略了作为传播和发扬武术运动的“载体”，即人的情感、兴趣等，并且忽视了文化的支撑，使武术教育目标难以实现。

（4）教育体系因素

①评价因素

1993 年 2 月，中共中央、国务院制定发布《中国教育改革和发展纲要》，指出：“中小学要从‘应试教育’转向全面提高国民素质的轨道，面向全体学生，全面提高学生的思想道德、文化科学、劳动技能和身体、心理素质，促进学生生动活泼地发展，办出各自的特色。”1996 年 3 月，八届全国人大四次会议通过的《中华人民共和国国民经济和社会发展“九五”计划和 2010 年远景目标纲要》强调指出，“要改革人才培养模式，由‘应试教育’向全面素质教育转变。”1999 年 1 月，中共中央、国务院批转了教育部制定的《面向 21 世纪教育振兴行动计划》，明确提出了“跨世纪素质教育工程”。

当前我国的教育机制就是围绕素质教育展开的。2005 年 1 月，教育部公布了教育改革与发展的六项重点工作，其中之一是坚持“育人为本、德育为首，全面推进素质教育。”素质教育是指一种以提高受教育者诸方面素质为目标的教育模式，它重视人的思想道德素质、能力培养、个性发展、身体健康和心理健康教育。我们提倡素质教育，就是要使学生的身心得到全面健康的发展。

素质教育在针对应试教育提出的，与其相对应。但是，虽然历经十几年的教育改革，我国的素质教育仍然没有完全摆脱“应试教育”的惯性，应试依然被学校放在首位，评价一个学校优劣的唯一指标也是升学率。这种教育评价体系，导致学校过于重视“智”，与素质教育提倡的“德、智、体、美、劳”全面发展相背离。尤其是武术教学，仅仅依靠每年的体育达标数据，不足以对学校体育课开展情况进行全面的评估，由于缺少评价体系的制约，导致学校武术出现若有若无，有无均可的状况。中小学武术教育的严重缺失，对高校武术教育产生着极大的影响，在短短几年的大学时间里通过选修课的方式完成十几年的武术教育过程，显然是明显不够的。

其主要原因是现代教育评价体系过于重视，目前导致在学校教育中的发展极不均衡。仅就与“体”密切相关的中小学体育来讲，特别对于武术教学来说，很难依靠定量的数据评价教学效果。因而中小学武术课的现状对于高校武术教育应该是在延续中、小学武术教育的基础之上完成的，仅仅依靠两个学年的武术任意选修课来完成，其效果可想而知。

②教学因素

第一，武术教学内容设置缺乏开放性。

武术教学的内容设置主要有：手法、腿法等基本功的图解与注释，几个套路的图解与注释。教学的内容简单、孤立，在时代不断发展过程中，没有对原有武术教学内容作调整和扩展，单一的教材内容与武术本身这个庞大的系统体系相比显得极不协调。同时，各个地区有本地武术特色，应该结合实际重点发展，但目前我国武术教材是全国或全省统一，教学内容也做了统一。统一的教学内容和教材，使得一些地方特色拳种的失去了学校这个最大的推广平台。

学校武术教育不只是课堂武术教学和训练队训练教学，在进行技术教育的同时，武术所承载的有关中国文化也是武术教育的一个重要内容。武术作为中华民族文化的代表和缩影，其包含的内容博大精深。但是，现在的学校武术教育多注重体操化的技术学习，孤立进行武术技术教育，评价体系也以技术考核为主，学生掌握的是拳脚功夫。在武术教学中没有认识到武术文化对学生的积极影响作用，也没有把武术文化建设与整个学校文化建设有机的统一起来。

随着新时代的进步，武术文化内涵也需要与时俱进，不断注入新的内容。21 世纪的世界文化将呈现既多元又趋同，既独立又共识，既冲突又和谐并存的交汇融合趋势。武术作为东方体育文明的典型代表，无论是思维方式、认知方式还是价值观、价值取向都有着质的差异。当前西方文化占主流，青少年“西化”明显，传统武术中的很多内容已于时代特点和青少年的需求不符，学校武术教育的课程设置显得陈旧而落后，不仅体现不出传统文化自身魅力，也无法使学生提高对武术文化的兴趣。

第二，武德教育的缺失。

武德是具有中国特色的传统道德观念，是在不断的历史发展中汲取的中华民族几千年的营养和智慧，是在社会活动中从事武术活动的人应遵循的道德规范和所应具有的道德品质。武德的思想内蕴极为丰富，许多优秀的民族思想都包含在内，需要继承。但是，当前学校武术教育基本上没有武德教育内容，只注重对学生技能的传授，这种只讲技术不讲武德的教育，与“自强不息尚武崇德”的思想不符，将传统武术文化进行了人为的分割，学校武术教育的完整性被破坏。

第三，理论与实践的脱节。

武术的本质特点是技击性，复杂繁多套路动作最终目的就是提高攻防性，在实战中击败对方。这也是武术吸引学生学习的一个主要因素，相关调查显示，有大约80%的学生是为了学点套路技术外加掌握些技击术、防身自卫术选择学习武术。但是目前很多武术教师在教学中一直力图使学生掌握套路技术，将目标锁定在学生对动作技术的掌握上，对于具有攻防含义的武术技术动作的具体实用性缺乏剖析，忽视了学生对武术实用性的追求与渴望，枯燥的单纯套路学习背离了学生学习的初衷，造成学生学习兴趣不高，较为被动。这种学习体验也给低年级学生选课提供了负面的广告效应，降低了学生的积极性。

这种以套路为主的教学，造成了学校武术教育对教学大纲执行的不彻底，基本上都无法达到教学大纲的要求。长期以往，影响了学生对武术的正确认识和理解，造成武术教学的不良循环。

③培养目标因素

自1997年国务院学位委员会和原国家教委确立体育学一级学科下设有四个二级学科，其中之一是民族传统体育学开始，民族传统体育进入学校，并成为现代文化教学的组成部分，全国各大体育院校及普通高校体育院（系）开始单独招生民族传统体育专业人才。从目前各高校的人才培养目标看，与社会实际需求是存在差距的。

当前我国各省、市、县的运动技术学校或业余体校的武术训练还是以竞技训练为主，只需求少量的专业人才，而各高校对武术专业的人才引进有自定的条件。社会需求是有限的，这就造成了武术专业人才过剩的现象。毕业生就业渠道的狭窄，从另一方面直接造成了高校武术专业的萎缩，生源很少，有的院校只能少招生甚至不招生。

同时，民族传统体育专业还没有形成完备的学科体系，仍是以武术为主的学科专业。此专业的学生只是参加国家体育总局的文化考试，并没有参加全国高校的统一考试，文化素质相对较低。人才基础的薄弱，决定了高校很难在短短几年的时间内，培育出既具备专业技术技能，又具备高水平文化理论和教学基础的全面的高素质武术人才，无法胜任留校任教的工作，造成了我国高校武术教师匮乏的现象。武术专业毕业生自身全面素质不高，也是我国武术教学师资水平整体不高的根源。教师在教学中起主导作用，教师的整体水平上不去，决定了教学的手段、方法不能够吸引学生，无法更好地体现武术的攻防意义和武术文化内涵，也就无法提高学生学习武术的积极性，造成一系列制约学校武术教育发展的问题。

第二节　大众武术的转型与思考

一、群众体育的社会化发展

20 世纪 80 年代，在我国竞技体育优先发展的方针政策下，群众体育的发展呈现出了相对滞后的现象，为改变这种现状，体育决策层将群众体育的任务分到了社会各行业和社会、群众团体中，在 1980 年的全国体育工作会议上，王猛就提出：“我们是社会主义国家，体委作为政府的一个部门，有必要制定一些指令性的计划和采取相应的强有力的行政措施。但决不能单纯依靠指令和行政措施，而是要充分发挥体育总会和分会、产业等系统和基层的体育协会，以及单项运动协会等群众性体育团体的作用。”[①]在“全国一盘棋”大搞特稿竞技体育和奥运体育的情况下，如何照顾群众体育的发展、改革群众体育的发展思路成为国家体委需要解决的一个问题，于是，“群众体育方面的改革要有利推动各部门、各行业和群众团体认真搞好本系统的体育工作，使群众体育进一步社会化”成为解决方案。在 1987 年的全国体育发展战略研讨会上确立了“以青少年为重点的全民健身战略和以奥运会为最高层次的竞技战略协调发展”的方针[②]，1996 年的《关于群众体育改革》的文件也表明了同样的发展策略和路线：“群

① 动员起来迎接八十年代-王猛同志在一九八〇年全国体育工作会议上的工作报告。国家体育总局档案馆
② 1987 年全国体育发展战略研讨会纪要[Z].//中国体育年鉴（1988）.北京：人民体育出版社，1991：78

众体育要实行国家办和社会办相结合并以社会化为突破口，调动全社会多渠道、多层次、多形式办体育的积极性的方针。各行业、系统、部门的体育工作，由其主管部门负责。提倡、支持社会团体、集体或个人办群众体育。”这次群众体育改革方针的提出较之八十年代增加了集体、个人办体育的思路，也为这个时期武术馆校的兴盛提供了依据。

在这一指导方针引导下，1995 年 6 月 20 日国务院颁布了中国群众体育发展史上具有里程碑意义的《全民健身计划纲要》，纲要分三个阶段提出了到 2010 年的总体发展目标，并采取了诸多措施，如“一二一工程”“五个亿万工程”“全民健身周”等。1996 年通过的《中华人民共和国国民经济和社会发展“九五”计划和 2010 年远景目标纲要》中，在其中每个阶段都有推行全民健身计划和开展全民健身活动的要求，2002 年 7 月在《中共中央国务院关于进一步加强和改进新时期体育工作的意见》中再次强调“要把提高全民族的身体素质摆在突出位置”。显然“突出”位置的强调跟多的映衬了竞技体育主导的形式。2005 年全民健身与奥运同行的理念成为主流，虽说国家在意识上是把群众体育和竞技体育、奥运体育放在一个平台上，强调了群众体育的协调发展和重要性并逐渐加大了对群众体育的投入，但在竞技体育和奥运会为重点的战略影响下，群众体育的协调发展显然“不协调”。

二、武术之乡和民间武术馆校的兴起

1991 年初，国家体委评定并命名了 35 个县、市（区）为第一批“全国武术之乡”，1993 年 8 月在河南温县举办了我国第一届“全国武术之乡”的武术比赛，武术参照全运会项目设置设定了武术套路和武术散手两个大项。来自上海、天津、河北、内蒙古、黑龙江、山东、江苏、安徽、江西、福建、河南、湖北、湖南、广东、广西、甘肃、四川、贵州等 18 个省、自治区、直辖市的 34 个“武术之乡”的 400 余名男、女运动员参加了赛会。其中有老人、儿童、优秀运动员，也有业余爱好者。[①]从中也可以看出，当时武术在群众体育中的开展还算可喜，但是从比赛项目的设置可以看出，虽然是群众体育团体间的“民间”比赛，但是仍然没有脱离竞技武术的框架，这种竞技比赛模式和项目设置

① 国家体委武术研究院.中国武术史[M].北京：人民体育出版社，2014：444

也一直延续到2015年的第十二届全国武术之乡运动会，并且还将继续延续下去。武术之乡的设立本是对传统武术进行保护和发扬的一个有利措施，但在功利性的驱逐下，传统武术拳种也逐渐遭到竞技武术的渗透。

国家体委在实行了群众体育由社会各行业、各部门、群众团体、集体或个人来负责的方针后，各行业体育协会如雨后春笋般出现和成立。1989年行业体协共14个，筹备7个，全国基层体协达4000多个，全国有25个省、自治区、直辖市和310个县先后成立了农（牧）民体育协会。有926个县成立了体育辅导中心。[①]在这种国家大环境下，各省市的武术社团和馆校也迅速发展。到2009年，山东省在编或比较著名的武术社团共306个，其中，各级武术协会147个，武术俱乐部145个，武术研究会14个。[②]2003年3月，湖南省体育局对首批武术馆校的评定结果进行了公布。合格武术馆校共计31所，被评为省级武术馆校的有10所，市级武术馆校8所，县级武术馆校6所。[③]而截至到2008年，山西省共有武术社团118个。除山西省武术协会外，有省级单项拳种协会3个，地级市武术协会9个，地级市级单项拳种协会18个，县市区武术协会40个，县市区单项拳种协会4个。[④]特别是被评为全国武术之乡的乡镇中武术社团的发展数量可喜。据不完全统计，山东省菏泽市中，以国家、集体办、民办公助、集体与个人联办、个人自办等形式，组建有各类武术及社团1828个，其中学员在百人以上的武术馆校36处，较有影响的宋江武术院、曹州武术馆、东明县东方武术学校等招生都在千人以上。在湖北黄梅县，经考核审批的武术馆校有13所，在校学生达6000余人，先后向上级体校输送武术人才400多人。全县519个村已建武术队262个，涌现出大河镇赵家畈村、濯港镇柳名家村、蔡山镇曹坝村、杉木乡文沟村等一批以练武闻名的村落；职工业余武术代表队就有80多个；有近20万人经常参加以武术为主的体育健身运动，基本形成了学校、农村、机关、企业、社区近十万市民争习武的可喜局面。

固然，民间武术社团开展的数量可喜，然而在这些武术馆校的发展过程中，对中国传统武术的教授和对传统武术的传承所起的作用要另当别论。在山东省武术社团的武术教授内容选择上，太极拳、散手和套路分别占据了前三位的位

① 中华人民共和国体育史（综合卷）[M].北京：中国古籍出版社，1999：337-340
② 王磊.山东省武术社团的发展现状及可持续发展对策[J].曲阜师范大学学报，2009（2）：110
③ 孙军.湖南省武术馆校现状和可持续发展的对策研究[J].怀化学院学报，2005（5）：111
④ 王满福.山西民间武术社团现状分析[J].体育文化导刊，2008（4）：83

置，在山西省的武术社团中也大都以承办比赛和参加表演活动为主要发展方向。可以说是受竞技武术发展理念的影响非常深。

三、精英到大众的转型

（一）精英教育与大众教育

二十一世纪是一个以知识经济为主导的时代，人才与智力已成为重要的生产要素，国民素质的高低、人才数量的多少、创新能力的强弱直接影响着经济的发展、社会的进步、综合国力的增强。这关键在于教育，教育大众化成为应对知识经济时代的一项战略举措。

中国人都有一种精英意识，并且崇拜精英，古代的“罢黜百家，独尊儒术”；封建帝王对官员的选择都是“学而优则仕”，换句话说，这也是一种精英培养模式。科举取士的“精英模式”，使中国人的血液里面融入了“官本位”，“精英崇拜”等文化基因。精英教育托起的社会形态必然是一种精英社会，属于一定程度上的专制，是少数精英对多数普通公众的管制。

公民社会里，成熟的多元化市场经济和公民对平等权的追求，都要求公众素质的整体提升。精英教育走向大众化，使公民能够普遍的提高素质，成为一个个合格的公民，不再受少数精英的奴化、控制，这是历史的绝对进步。

教育要培养高素质的劳动者、专门人才、拔尖创新人才，三者缺一不可。因此要处理好均衡与优质、普及与提高、大众教育与精英教育的关系。要加大政府投入力度，帮助薄弱校尽快改变面貌，实现义务教育的均衡发展。要处理好普及与提高的关系，在普及的基础上提高，在提高的指导下普及。创新型拔尖人才的培养事关创新型国家建设的大计，是确保国家核心竞争力的重要举措。为了在国际竞争中占据领先地位，发达国家都非常重视创新型拔尖人才的早期培养，列入国家发展战略，通过立法或国家规划的形式推行。从我国现行的教育体制看，在实践和理论上还存在着严重的缺位，必须引起高度重视。要促进大众教育与英才教育的协调发展，不然将严重影响创新型国家的建立。

（二）精英文化与大众文化

精英文化是一个民族或文化区域里各类知识分子提炼的思想或制度、形成的文化特质和氛围，它具有系统性和指导性，由主导一个国家或民族的那一部分精英创造并欣赏的文化。大众文化是指“人民大众在生活方式、情感行为、文化心理和风俗习惯中所表现的种种形态和文化意识”，是大众创造并欣赏的一种普及文化。不论是精英文化还是人众文化，都反映了某一民族或区域共同的价值观和民族习惯。

精英文化与大众文化既有联系又有区别。

1.大众文化在某种程度上受精英文化的影响。首先因为中国古代的官僚体制将知识分子都网罗到其麾下，使得精英文化受政治的影响非常大，统治者为了便于控制民众，往往将政治化的部分精英文化通过提倡、鼓励甚至是强制的形式加以普及，使之成为大众文化；其次是因为精英文化的载体——知识分子，往往掌握大量文化知识，见多识广，并且对新事物的敏感度较强，容易发现异质文化的优点并加以传播，而大众文化往往是从精英文化那里认识了异质文化并加以吸收。

2.大众文化不完全依附于精英文化，有自己独立的特性。第一，大众文化具有多样性。它涵括了大部分的社会文化，尤其是一些世俗因素，而这些往往是精英文化中较少包含的.第二，大众文化的影响而较广。大众文化关注的是人们的日常生活，因而它最容易被大多数人所认识，也最容易影响大多数人。第三，大众文化具有不稳定性。精英文化关注的往往是人们的思想、观念、信仰等精神深处的东西；而人众文化则与现实生活息息相关，因而它受物质因素影响更大。

大众文化是社会最普遍、最基本的思想观念，其的主体是一般民众，代表着人们的普遍观念。而精英文化的主体是少数先觉的精英，大众文化是其思想产生的土壤和源泉。

（三）精英武术与大众武术

大众武术和竞技武术从文化的角度认识，分别属于大众文化和精英文化，因此竞技武术也可称为精英武术。大众武术与精英武术既有区别又相互联系。具体表现在：

1.从参与的对象来看，大众武术的对象主要是社会大众；竞技武术的参与对象主要是一些专业的、职业的武术精英，从事的是高、精、尖的项目.

2.从发展目标来看，大众武术主要是针对普及；而竞技武术主要是为了提高，争冠军，夺金牌。

3.从内容要求来看。大众武术具有更大的随意性和灵活性.要求“更协调、更和谐、更健康”；竞技武术有严格规定，要求“更高、更快、更完美”。

大众武术是竞技武术发展的基础，竞技武术是大众武术发展提高的必然结果。大众武术的发展有利于武术的普及，扩大武术人口，为竞技武术培养后备军；竞技武术的繁荣能够提高武术的知名度.为大众武术培养更多优秀社会体育指导员，从而更好地促进大众武术的开展。

四、体育成为人们的生活方式

生活方式是指在一定社会条件下，人们的生产、生活活动本质特征的总和。它包括人们的劳动生产方式、日常生活方式、精神生活方式、物质生活方式等各方面，而且它们之间相互影响、相互作用，其中劳动生产方式起基础性和决定性的作用。现代人类社会生活中的大量事实充分表明：体育已经成为很多社会成员生活方式中的一个重要内容，成为当代人类社会中的一种普遍的文化现象。而且经济越发达的国家，人们参与体育运动就越普遍。

体育进入现代人的生活，成为人们日常生活方式的一个重要内容。体育以它独特的方式锻炼人们的意志、品质，完善人们的心智，增强人们的体质，陶冶人们的性情。体育促进人类社会向前发展，体育像人体的血管一样，渗透到社会机体和生活中的各个部分。

（一）现代体育在民众生活中形成的原因

1.21 世纪的科学技术和生产力的发展都达到了人类社会前所未有的新水平。生产劳动过程中的脑力劳动起主要作用，科学技术含量以及在生产劳动中运用的程度大大提高，人们的体力劳动逐渐被脑力劳动所代替，并且还有不断发展的趋势。同时，它也带来了人们在生产劳动过程中紧张程度的提高和工作压力的加大，人们日常生活和劳动中的体力活动大幅度减少，从而给人们的身体健康和生产劳动过程本身也带来了诸多不利的影响。特别是发达国家，也包括中国在内，人们因体力活动减少而产生的多种多样的疾病和工伤事故的增多就是最有力的例证。

2.科学的发展，交通工具发达，人们步行的机会少了，生产自动化和家用电器的普及，体力劳动相应减少，这就导致大多数人运动不足，设法改变运动不足，乃是全体国民健康所必须解决的一个紧迫问题。对儿童来说，设法使他们不养成运动不足的习惯，就更加紧迫了。儿童易仿效父母的生活习惯，因此在儿童的生活习惯还未形成前让他们养成坚持体育锻炼的习惯，成为学校体育的重要任务之一。

3.信息技术的广泛应用，要求人们高速度、高强度、高效率的情况下进行工作，其紧张程度，要求人们有更加健康的身体。另一方面，工作时间的缩短和业余时间的增多，人们希望和需要进行丰富多彩的体育活动，来丰富和调剂生活。

4.体育锻炼有助于智力发展，消除脑力疲劳，促进工作和学习，提高学习和工作效率。这种认识使人们特别是广大青少年抛弃了那种体育锻炼耽误时间，妨碍学习的陈旧观念。在生产、生活、学习、工作“智力化”的今天，体育显示出了它特有的作用和活力。

5.当今各国政府都十分重视体育的社会功能，提倡和号召广大民众积极地从事体育运动，体育在学校教育中越来越引起重视等等，这些对民众积极从事体育活动起到了促进和榜样的作用。

6.体育锻炼是促进人们身体健康和改善健康状况积极而有效的手段。体育运动愉悦身心的过程等大量的事实，客观科学地论证了体育对增强体质，延年益寿和提高人们生活质量的特殊功效。最近的一项社会调查表明：“在现代社会中，45 岁以上的中老年人最关注的是健康问题。”

以上这些都是促进体育进入人们生活，与现代生活方式相结合的社会因素，是体育成为现代社会一种普遍现象的客观社会原因。

（二）体育改变了生活方式和生活空间

1.体育改变了生活方式

传媒和交通工具的迅速发展，加速了城市生活方式趋同的步伐。21 世纪，城市居民生活方式的多元化和消费层次化倾向日趋显著。消费是生活方式的具体表现，文化体育娱乐消费则是生活水平档次的一个重要标志。目前，人们在享受层次特别是发展层次方面的消费比重将大幅度提高，随着生活水平的提高，健康价值及重要性愈加受到城市居民的重视，拥有健康的体魄已成为大家的最大愿望；同时家务劳动时间减少，使人们工作之余从事休闲、娱乐健身活动的时间增多，有趣的体育活动吸引着更多的城市居民参与，许多居民养成了早、晚散步、跑步和从事其它健身活动的良好习惯。在体育生活方式中城市居民的活动更加群体化，比如参加旅游团、球队、舞蹈队、培训班等，在集体活动中寻求社会交往。为了躲开现代化城市的喧嚣、逃避“城市病”和“文明病”将更加频繁地外出活动如增长见识的名胜古迹行，渡假村里的休闲，都将与体育相伴，体育它改变了城市居民的生活方式。

2.体育改变生活空间

城市居民年复一年、日复一日在一定的狭小的空间里，在一张坐椅上度过每天的主要时光。人们迫切地需要走出城市，到大自然中去吸取新鲜空气，于是走出户外，去参加最适合自己的体育运动，与大自然对话和交流。此时，体育运动就开始向你招手，它让你站起来，舒张四肢百骸，活动五脏六腑，摆脱四平八稳的生活，充实自己固有的生活空间，使你的微观生活空间变得丰富多彩。体育运动动员人们到户外去，回到大自然的怀抱中去。人们可以登山、攀岩、探险、横渡、漂流……最大限度地显现出自己天真浪漫的本原。

目前，我国经常参加体育运动的人数达 2.5 亿，占总人口的 18%，并且有不断增加和发展的趋势。当城市公园里健身的人群越来越多，当各种各样的健身俱乐部纷纷兴起，当健身成为人们茶余饭后的谈资，体育就成为了我们的一种生活方式，我们是真正的体育参与者和爱好者。正如国家体育总局副局长冯建中所希望的那样：体育要拓宽人们的关注面，不要只局限在比赛上，而是要更多关注体育文化和内涵；此外，要开掘体育项目的深度，不要停留在表面。希望通过让更多的人去观看和参与，让他们养成一种新的生活方式，那就是：我运动、我健康、我快乐、我幸福。

现代体育以它独特的形式，特殊的功能，改变了长期以来人类社会对体育的一些固有看法，使人们对体育运动产生了新的情感、新的爱好、新的理性认识，并对体育在现代社会生活中提高人们的生活水平和生活质量的特殊作用做出了新的评价。

（三）大众武术成为最佳的休闲方式

纵观古今中外，人人都需要休闲，古人休闲，今人亦休闲；中国人休闲，西方人亦休闲。休闲与人的存在和内在需要相关联。

大众武术作为一种休闲方式可以放松身心，缓解疲劳，减轻压力，满足人们的身体和生理需要。人总是生活在现实中，要工作、学习和劳动，这些使人产生各种各样的压力和负担。特别日益激烈的竞争、繁忙的工作任务、家庭经济的拮据、下岗或失业的威胁、沉重的责任义务甚至日益膨胀的欲望、对生活期望值的提高等原因，往往导致人们出现身体和精力透支、生活和精神压力过重等现象。对于这些人来说，他们需要用休闲来调节疲惫的身心，缓解过分紧张的精神压力。参与大众武术活动能够放松身体，放松心情，给人一种“补偿”，再造身体能量，补充过度消耗的精力，是人们的内在需要。

大众武术作为一种休闲方式能够给人带来审美愉悦和精神享受，满足人们的审美需要和审美情趣的追求。精神愉悦和审美享受是休闲美的本体性规定所在，于光远先生曾指出：“是否属于休闲，是由活动使人愉快的性质所决定的。”换句话说，某种活动什么时候能够成为休闲，在什么人那里能够成为休闲，精神愉悦是参照物。

（四）大众武术是一种生态休闲

21 世纪，人们的休闲活动普遍存在着轻生态（自然生态、精神生态、人文生态等）现象。“生态式休闲”于是诞生了。

大众武术休闲首先关注自然生态，体现为人与自然关系的和谐。大众武术休闲所追求的是一种自然休闲、绿色休闲、原生态休闲，也是一种高质量休闲。太极拳就是典型代表，太极拳讲究“道法自然”，人身为“小太极”，自然为“大太极”。人们在练太极拳时，将自身融入自然之中，行拳走势，与大自然静静地交流，达到一种“忘我”的境界。现代充分依托自然资源和武术名胜开放的武术生态式旅游（如武当山、峨眉山等）生态休闲方式，都在一定程度上营造着人与自然和谐的环境与氛围，受到人们的青睐。

大众武术同时关注人文生态。体现为人与人之间关系的和谐。现代社会，人们生活在“铁的牢笼”中，人与人之间的关系是“熟悉的陌生人”，充满了隔阂、误解、竞争。生态式休闲的目的就是要把解放出来.恢复为人的本真和白由，增进人与人之间的沟通、交流和情谊，促进人际关系和社会关系的和谐。大众武术休闲活动,能够给人提供一个相互交流的平台.可以促进人与人之间的交往.拉近人与人之间的距离。大家聚在一起，不分职位的高低、能力的大小、贫穷还是富有，互相尊重，在休闲娱乐中获得关怀和被关怀，体现了人与人和谐相处的观念，促进了人与人之间的和谐发展。

大众武术休闲同样关注精神生态，体现为人与自身关系的和谐。人是“身体之我”和“精神之我”的复合体。应当在大众武术休闲中追寻着自身和谐，

五、时尚体育对武术大众化的冲击

（一）时尚体育

时尚体育是经过一段时间的凝固，被人们普遍采用、比较流行的，以健身、健心、健智、娱乐、休闲、社交为目的的社会体育项目。既包括各项竞技运动，也包括以个人活动为主的健身娱乐活动。时尚体育注重参与、交流；注重健身、健心、健智、娱乐、休闲和表演的效果，具有大众性、时代性、流行性、健身性、休闲性、娱乐性等特征。

1.经济发展水平是物质基础

时尚作为一种文化现象，它的出现是同社会物质生产及文明程度相关的。随着改革开放的逐步深入，社会经济发展，社会文明程度的提高，人们的收入水平、消费水平不断提高，精神状态、生活方式、消费观念也发生了深刻的变化。闲暇时间的增多，又令人们有时间和精力去尝试种种新颖的、个体化、多元化的时尚生活方式和行为方式。1992-1993 年是我国社会各种各样时尚的鼎盛时期，也是我国各种时尚体育兴起的热闹时期。从交谊舞到迪斯科，从滑早冰到桌球热.甚至当前如火如荼的极限运动，也是在那个时候萌芽的。

2.快速消亡与更新是生命形态

时尚消费者的普遍心理是喜新厌旧，时时寻觅奇异的新事物，而流行时尚也惟有保持一定的更新频率才能吸引追随者和参与者。流行时尚的更新具有周期性，周期分为上升、高峰、下降三个阶段。体育流行时尚同样如此，但体育又因其特殊性而与其他的一些流行时尚周期有所不同，即体育流行时尚会有一个较长时间的潮起期，经过了潮涨高峰和潮落后，不会出现绝对的静息。体育

作为人自我完善自我发展的手段和方法之一，它的参与主体一般具有较为稳定的审美价值取向，如高尔夫、龙舟、钓鱼、风筝、桥牌、国际象棋和围棋等历史都比较久远，但至今深受大家喜爱，仍旧可以列入时尚体育。体育流行时尚的周期也相应较长，如街舞、极限滑板、极限小轮车等在我国已有多年的时间，但目前仍处于良好的发展态势。

（二）武术大众化

大众化是指在当代人类社会中的普及程度和自愿参加体育运动人的数量不断增多，并在社会总人口中达到相当的比例。武术大众化是指武术在大众中的普及程度提高，并已成为人们的生活方式，自愿习练武术的人口数量不断增加，并达到相当的比例。

武术大众化具有不同于其他体育项目的特点，主要表现在以下几个方面：

1.广泛的群众性

任何体育项目的大众化，离不开群众的广泛参与。武术大众化的一个重要标志就是自愿习练武术的人口数量达到总人口的相当比例。

2.功能的综合性

武术讲求武德，武术受伦理思想的影响深远，武术不仅具有健身、防身、医疗、娱乐的功能，更具有修身养性的功效，功能的综合性更容易被大众接受。

3.项目的普及性

群众性表明武术大众化的参与面，普及性则就意味着广大的参与人群对武术项目的掌握程度。人们乐于接受那些容易掌握，易借易学的项目，并内化成自己的生活方式。

4.文化传承性

武术文化蕴含诸多中国古典哲学、美学、文学、伦理学、中医学、民俗学、艺术、宗教等内容。传承武术，不仅仅是武术的招式，更是传承其深刻的文化内涵。因此，武术的大众化过程同时也是弘扬中华传统文化的过程。

（三）大众武术是武术大众化的产物

大众武术涉及面很广，它不仅和政治、经济、文化、教育、医疗卫生等领域和行业有密切联系，还牵涉到社会各阶层、各职业和不同年龄性别的具体对象的切身利益。新中国在成立初期就紧抓武术工作，1950 年，中华全国体育总会在北京召开武术工作座谈会议。1952年冬，国家体委正式把武术列为推广项目，成立民族形式体育运动委员会领导武术。1971年开始青少年武术、群众性武术、学校武术都得到了发展。如1974年，无锡市很多职工每天清晨坚持打太极拳。此时的竞技武术与群众武术的紧密结合。1982年的第一次全国武术工作会议坚持普及和提高相结合的基本精神。1987年8月6日国家体委颁布了《国家体委关于加强武术工作的决定》，制定了新的历史时期武术运动发展的方针、政策和任务。1992年第二次全国武术工作会议提出了武术工作“三步走”的战略目标，力争到本世纪末使全国武术人口达到一亿。国家对武术普及推广的重视，促进了大众武术的发展。尤其是现阶段，人们健身意识的增强，武术健身成为时尚，更加促进了大众武术的开展。

（四）竞技武术的异化对大众武术的冲击

竞技武术作为时尚体育的一种，它是武术现代化的成果，具有鲜明的时代特点和独立性。经过一定时期的发展，也取得了可喜成绩。尤其是在2008年奥运会期间武术被列为表演项目。但传统武术的“健身、修身、养性”等价值在武术现代化中丧失了，武术现代化的天之骄子——竞技武术异化为运动成绩，金牌成为人和武术本质的替代”。这种专业化发展使竞技武术在发展中更加注重难度，忽视了技术。尤其是照搬其他项目中的难度，跳得更高、转的圈数更多。虽提高了观赏性，但其重难度的动作使得人们对其望而却步，最后导致很多人不选大众武术，从而影响了大众武术的发展。

（五）西方现代健身项目对大众武术的冲击

现代大都市里到处都可以见到某某瘦身俱乐部、健身馆等，但是在这些地方却很少看到“具有精深的哲学思想、系统的技击理论、完整的锻炼系统和神奇的健身与攻防效果”的武术的影子。大城市里跆拳道馆到处都是，而武馆却很少；家长送孩子练跆拳道的很多，学武术的却寥寥无几；年轻人追求时尚、品味而选择优雅的健身方式，如健美操、舞蹈、瑜伽等既健身又塑造形体，训练环境又优雅的运动；老年人也多数选择简单易学的健身项目，如交谊舞、秧歌等。

大众武术可以健身，与西方流行的健身项目相比，多数人不会选择武术；武术可以防身，但市场已经被跆拳道、空手道、柔道先入为主了；就欣赏价值而言，艺术体操、体育舞蹈的艺术性又远高于它。中国武术在现代社会面临着严峻的危机，西方文化的冲击和外来武技的影响，使武术在现代健身热潮中受到严重冲击。

（六）学校体育对大众武术的冲击

1984 年美国洛杉矶奥运会上，所有运动项目中，唯有武术列为学校体育教育的内容，可见武术在学校体育中有着牢固的根基。随着全民健身和“以人为本”、“健康第一”教育思想的提出，学校体育在武术的发展中作用更加重要。在学校体育较完备的今天，武术理所当然地应该成为学校体育的一项重要内容，所以学校体育应承担传承武术文化、弘扬民族精神的重任。学校是普及武术的重要阵地，然而武术在学校的开展却令人担优“学生喜欢武术，不喜欢武术课”、武术内容“入门难、空乏、枯燥”、“教学模式单一”等，影响着大众武术在学校的开展。

六、文化保护下的大众武术的普及

大众武术是随着我国经济的发展，人们物质生活水平的提高及体育健身意识的增强，受全民健身的影响，在武术中客观存在被大众普遍接受和参与的，在当今社会较为流行、健康的，以健身、益智、娱乐、休闲、表演为目的的武术项目群。

大众武术是在大众和武术的相互关联中生成和发展起来的更为深刻的东西。大众武术是在市场经济条件下产生的，反映社会大众日常生活、适应大众文化品味并在社会中广泛流行，具有大众性、多样性、娱乐消遣性等特征的武术。

（一）休闲时代是大众武术发展的背景

随着科学技术的迅猛发展和社会文明程度的不断提高，人们逐渐从繁重的体力劳动和贫困的生活状态中解脱出来，获得了较多的闲暇时间，人们开始考虑如何提高生活质量，休闲因此成为我们生活的重要部分，它作为一种社会现象和消费现象已经受到越来越多学者的普遍关注。传统的、纯粹的体育健身观念，已经向健身、运动形式的武术，不仅对人的身体健康产生影响，而且通过身体的运动对人的心理、意志、形神均产生影响，体现了现代休闲的理念。休闲时代的大众武术项目的多元化促进了大众武术以及参与大众武术人群的细分，满足休闲时代人们的身心需求。

（二）大众武术的多功能性，满足人们健康需求

大众武术具有强身健体、防身自卫、修身养性、休闲娱乐、社会交往等多元功能，满足了人们的不同需求。在参与大众武术的过程中亲近大自然、恢复身心疲劳、增进健康、陶冶情操、促进人际交往等。世界上没有任何一种休闲手段能像大众武术那样具有如此众多的功能，使参与者变得更加健康、健美、快乐、充实、满足、坚强，以更好的体力和心情迎接新的工作和生活。

大众武术是我国传统体育项目，内容丰富，拳种众多，风格各异，适合不同的人群演练；又不受场地、器材、季节、气候等条件的限制。时下，大众武术深受大众喜爱，它不仅能增强人们的体质、防身自卫、修身养性，而且还具有弘扬民族精神、娱乐休闲、以拳会友等功能。

大众武术旅游——特色旅游。21 世纪人类从工业社会进入信息社会，社会生产力的巨大发展大大降低了劳动强度，缩短了劳动时间，增多了休闲时间；同时，人们的工作、生活节奏加快，环境污染、生态失衡与营养过剩等导致各种现代文明病逐渐产生。因此人们越来越看重健康。老龄化社会的来临，引起了人们对中老年人健康的关注，因此回归自然的体育旅游应运而生。以健康为目的，以学、游结合为特色的大众武术专项旅游凭借其显著的健身疗效和独特的东方文化韵味成为健身市场的骄子。大众武术健身游可以很好的满足他们的这种需求，而且在相互切磋、观摩过程中，还可以提高大众武术健身技艺。

大众武术健身娱乐市场——群众基础雄厚。随着人们物质生活水平的普遍提高，人们开始追求健康的需求，使大众武术的健身功能越来越受到人们的重视，大众武术项目成为健身娱乐市场中受大众青睐的项目。根据 1997 年《中国群众体育现状调查报告》群众参与最多的前 10 位项目中，武术排第 4 位。2001 年第二次全国范围《中国群众体育现状调查》结果显示：2001 年我国城乡居民群众体育活动点所从事的锻炼项目武术占 44%，居第 2 位。

为了推动群众武术活动的全面开展。1984 年在北京召开了“千名优秀辅导员’表形奖励大会，在全国产生了强烈反响，充分调动了广大武术工作者的积极性，出现了群众习武的热潮。各地建立的各种形式的武术馆（站、校）就有 1 万多个。全国以武术作为健身主要手段的约 6 千万人，他们通过习武达到健身、强身、修身的目的，这是人民的愿望。1992 年开展了全国武术之乡的评选

活动，共有35个单位被评为首批“全国武术之乡”。1995年在山东召开了首届“社会武术工作会议”，在会上交流了经验，表彰了群众武术活动开展好的单位，进一步推动了群众武术活动的开展。1996年又进行了第二批武术之乡的评选；1997年开展了“全国先进武术馆校”的评选工作，达到标准的一批馆校，受到了表彰。武术只有全面进入大、中、小学才能实现真正意义上的普及。凡有条件的地方，特别是“武术之乡’和争创“武术之乡”的单位，应率先将武术推进中、小学校。

为了贯彻落实“全民健身计划”，武术运动管理中心，还组织了群众性竞赛活动如：“全国武术之乡”、“全国武术馆校”、“革命老区”、“少数民族”等形式的武术比赛。从1997年开始，国家正式推行“中国武术段位制”，使得广大习武者更有浓厚的兴趣从事武术活动。2001年《中国群众体育调查报告》中显示：2000年我国城乡居民群众体育活动点所从事的体育锻炼项目依次为：1.健身健美操，占52.0%；2.武术，占44%；3.秧歌，占43.1%；4交谊舞，占33.3%；5，广播操，占23.3%；6.羽毛球，占19.5%；7.气功，占14.9%；8.门球，占11.2%；9.网球，占2.9%。与1996年比较，武术上升了两位，说明参与大众武术活动的人数在不断增加。

（三）大众文化背景下的大众武术

武术不仅具有精深的哲学思想、系统的技击理论、完整的锻炼系统和神奇的健身与攻防效果，而且与多种文化形态均有着相互渗透的密切关系。大众武术文化是具有显著民族特色的中国文化，它根植于中国文化系统当中，必然会受到其他文化的影响，包括大众文化。大众武术具有满足大众和社会发展需要的实际效用，这种实际效用是大众武术存在的前提，也是大众武术发展的根本动力。认识大众文化背景下的大众武术，首先要了解大众武术对大众的价值。大众武术作为一种社会现象，内容丰富多彩，形式多种多样，能够满足大众不同需要。

人是精神与身体的结合体。就精神方面而言，大众武术运动是人与人的社会交往、感情交流的重要手段。在大众武术的练习当中人们能得到归属群体的崇高感、亲情之间的伦理感、服从规则道德感、相互关怀和沟通的信任感和对新鲜事物追求感和美感以及形成强烈竞争意识、协作意识的独立人格。这些对于全面发展、健全和调节现代人的心理起着至关重要的作用。

就身体方面而言，身体健康是人类生命活动和社会活动的基础。一个人的发展，只有在其精神和身体的需要不断满足的条件下才成为可能。对社会而言，也需要对其成员进行身体练习，才能有效地从事生产活动；而对于个人来说，每个人都有保持高水平生命活动的需要。而且这种需要将随着社会的发展、生活水平的提高。随着科学技术的发展，社会竞争日益激烈、人的精神高度紧张、人际关系理性化，这给大众带来了诸多的疾病。诸如人体机能下降、心理疾病增加等。另一方面，随着社会生产力的迅速发展，人们得以从繁重的、长时间的体力劳动中解放出来，闲暇时间增多，人们追求强身健体和娱乐身心的体育运动已经成为一种生活时尚。大众武术既具有强身健体、防身自卫、娱乐观赏、竞技表演、交流技艺、修身养性等多方面的功能，又不受场地、器材、季节、气候、性别、年龄等各方面条件的限制，因而能够满足大众的多种需要，这就促使大众武术与大众文化结合在一起。

第三节　竞技武术的变革与思考

一、竞技武术发展的背景和动因

（一）国家体育发展战略的转向

1976 年全国性的揭批“四人帮”运动，是人们对“文化大革命”期间的“左”倾政治的反思和批判的开始，并且逐渐在官方、文化界、学术界和民间等各个阶层和领域展开，拨乱反正、平反昭雪成为当时政治反思的实践成果，对改革开放之初的社会转型，有学者指出：“中国社会变化最为深刻的还不是经济领域，相反是留给人变化不大印象的政治领域。从政治变化既是中国经济领域变化的推手又是经济发展的引力来看，中国的现代变迁总是由政治发挥决定性作用的。”[①] 这种政治反思的转向多次体现在邓小平的思想和言论中，在 1978 年的东北视察工作时，就指出要适时结束揭批四人帮，把工作重心转移到四个现代化上，还多次强调“经济工作是当前最大的政治，经济问题是压倒一切的政治问题。”[②]中国

① 任剑涛.政治的疏离与回归——近 30 年中国政治观的演变与动力//潘维，廉思.中国社会价值观变迁 30 年（1978—2008）[M].北京：中国社会科学出版社，2008：275

② 邓小平文选[M].北京：人民出版社，1994：194

社会出现“以阶级斗争为纲”向“以经济建设为中心”的价值转向，在1979年的中共中央工作会议上，李先念提出的“调整、改革、整顿、提高”八字方针，成为全国各行各业工作重点调整的指导方针。

国家战略的转向也给体育工作的开展指明了方向，体育工作的重点也不再是抓政治、搞政治运动，而要转移到体育的业务发展上来。在1978年的全国体育工作会议上讨论的《全国体育事业发展规划纲要（草案）》就明确指出：“到本世纪末，我国实现‘四个现代化’，我们一定要使城乡体育大普及，人民体质大增强；主要运动项目接近、达到和超过世界先进水平，创造一大批世界纪录，在全世界大放异彩，成为世界上体育最发达的国家之一。”①1979年的全国体工会会议上指出：“全党工作着重点实行战略转移，体育战线也具备了转移的条件。一定要及时地、果断地结束好揭批林彪、‘四人帮’的群众运动，把注意力集中到高速发展的体育事业上来，努力攀登世界体育高峰，为加速实现四个现代化服务。”②在这一时期体育战略方针的指引下，把竞技体育作为重点，建设体育强国的愿望成为普遍共识，有在国际赛场和奥运会上夺取金牌才是体育强国的价值观的人不在少数，他们认为：“体育强国最突出、最鲜明的标志是运动技术水平达到世界第一流。有些国家体育相当普及，场地设施也不错，但在奥运会上拿不上几块金牌，就不被承认为体育强国。”③他们甚至把进入奥运会并取得优异成绩上升为关乎国家荣誉的政治问题，王猛在1980年的全国体育工作会议上作报告说：“现在我们将纳入奥委会，攀高峰的任务更加紧迫了。……我们一定要加强责任感，奋发图强，艰苦作战，打好这八十年代的第一仗。一九八四、一九八八年奥运会上更要要求创造优异成绩，力争总分名列前茅才行。这是关系到我们国家、民族荣誉的政治问题，体育界人人有责，各级体委领导更是义不容辞，应当奋勇当先。要充分发挥各级体委和各有关部门的积极性，全国一盘棋，着眼奥运会，广开才路，择优拔尖，组织强将精兵到奥运会去，为国争光。”④这种对体育强国和奥运价值的倾向促成了竞技体育成为体育战略发展的优先选择，“在奥林匹克运动

① 全国体育事业发展规划纲要（草案），国家体育总局档案馆
② 一九七九年全国体育工作会议纪要，国家体育总局档案馆
③ 张彩珍.建设体育强国的立足点[Z].论体育.北京：人民体育出版社，1990：47
④ 动员起来迎接八十年代--王猛同志在一九八〇年全国体育工作会议上的工作报告，国家体育总局档案馆

会上名列前茅，大多数项目达到和接近世界水平”[①]成为具体指标。

竞技体育优先发展、侧重奥运主导先行的战略方针，为竞技体育的举国体制发展带来了空前的繁荣，我国竞技体育水平迅速提高。特别是奥运主导先行下，我国竞技体育在国际赛场上都得到极大的提高和发展，这从奥运会成绩就可窥见一斑。自1984年洛杉矶奥运会上中国实现奥运金牌零的突破后，在此次奥运会中拿到15枚金牌8枚银牌和9枚铜牌的成绩给国人带来极大的自豪感，激发了我国人民的爱国热情，更加坚定了举全国之力发展竞技体育，“冲出亚洲、走向世界”的道路。进入90年代后的第25届、26届和2000年的27届奥运会上中国代表团分别以16枚、16枚和28枚稳居金牌榜前四的位置，到了2004年的28届奥运会上中国在金牌榜上超越俄罗斯排名第二，到2008年在中国北京举办的第29届奥运会上，中国代表团在自己家门口以金牌榜第一的成绩将竞技体育的奥运之行推到最高峰。

（二）武术走向世界的诉求

经过文化大革命的破坏，建国初期确立的竞技体育的组织管理体系得到瓦解，竞技体育工作无法开展，致使我国竞技体育距离世界舞台越来越远，当1979年国际奥林匹克委员会在瑞士洛桑批准恢复中国奥林匹克委员会的合法席位时，我国体育发展开始正式面向世界，在中国武术界人士的不断努力下，在全球化发展的背景下，武术的发展也开始追逐体育的脚步，开始向世界展示武术，向奥运推销武术。

20世纪80年代，武术作为体育项目的比赛更加频繁，而且比赛项目越来越多（如表3所示），并开始走向亚洲舞台。1985年8月，第一届国际武术邀请赛在中国西安举行。有18个国家和地区的100多名运动员参加比赛。比赛内容为3类9项，即拳术、短器械、长器械3类；长拳、南拳、太极拳、形意拳、八卦掌、刀术、剑术、枪术、棍术9项。1986年11月，第二届国际武术邀请赛在中国天津举行。来自五大洲20个国家和地区的145名武林高手参加了比赛和表演。比赛内容分3类9项，同第一届；并另设有表演项目。1987年9月第一届亚洲武术锦标赛在日本横滨举行，来自亚洲10个国家和地区的代表队参加了比赛。1987年11月在广东东莞举行的第六届全国运动会上，武术被列为全

① 国家体委.国家体委关于进一步开创体育新局面的请示[Z]//体育运动文件选编（1982--1986）.北京：人民体育出版社，1987：5

运会正式比赛项目，设金牌16块。1988年，在汉城亚奥理事会全体会议上正式通过武术为亚运会的比赛项目。1988年10月，第三届国际武术邀请赛在中国杭州举行，有28个国家和地区的运动员正式参赛和表演。1989年12月，在香港举行了第二届亚洲武术锦标赛，参赛的国家和地区有14个，共104人。项目设置：个人全能、拳术类（包括长拳、南攀、太极拳）和器械类（包括刀术、枪术、剑术、棍术）。从1989年起，散手列入全国武术正式比赛项目，多次举行国际武术散手擂台邀请赛。

表3　20世纪80年代，国际武术赛事一览表

时间	事件	参赛国家或人数
1985年	第一届国际武术邀请赛	18个国家和地区的100多名运动员
1986年	第二届国际武术邀请赛	20个国家和地区的145名
1987年	第一届亚洲武术锦标赛	10个国家和地区的代表队
1988年	第三届国际武术邀请赛	28个国家和地区的运动员
1989年	第二届亚洲武术锦标赛	国家和地区有14个，共104人

20世纪80年代，来华学习者渐多，武术竞技水平逐渐提高，以竞技武术为主要形式的国际性武术比赛得以全面开展。从表2中，可以看出，在期间举办的三届国际武术邀请赛和两届亚洲武术锦标赛参赛国家和参赛人数呈逐年上升趋势。从侧面反映了那个时期武术对于在全球范围内开展的诉求得到了一定的实现。

到了90年代，武术以竞技武术的身份开始了西方体育化的追求和选择。而国际武术联合会逐步得到世界体育组织的认可（如表4所示），从另一个侧面也印证了武术的国际化地位逐步被得到承认。1990年10月3日，国际武术联合会在北京正式成立，以较高的起点和姿态亮相世界舞台，标志着武术走向世界的新历程。1990年，第十一届亚运会上武术项目成为新增亚运会正式比赛项目并成为亚运会比赛常设运动项目之一，这是武术进入世界体坛高层次比赛的重要标志。1994年国际武术联合会正式成为世界单项体育联合会的会员，从而进一步确立了竞技武术在国际体坛的地位。但是，武术的西方化模式发展，并未在国际正式比赛中得到展现，于是，在1996年，国际武术联合会提出奥运发展目标。到了1999年6月20日，国际武联的地位得到了国际奥委会的承认之后，武术在追求奥运的道路上又前进了一步。2001年，北京奥运会的成功申办让国人极为振奋，国际武联也将其作为一个向奥运会推广武术的不可多得的契机，在同年向国际奥委会再次提交了入奥的申请，其中共包括男女两个套路项目，有男子的长拳、南拳、刀术、棍术和女子项目的长拳、太极拳、剑术、枪术等，可以说，武术界人士和管理人员都对武术进入奥运作了非常大的努力，然而这种努力与结果并不成正比，武术在多次申请进入奥运未果后，开始反思走过的西方体育化道路。

表4　20世纪90年代，国际武术联合会发展历程一览表

时间	标志性事件
1990年	国际武术联合会在北京正式成立
1994年	国际武术联合会正式成为世界单项体育联合会的会员
1996年	国际武术联合会提出奥运发展目标
1999年	国际奥委会承认了国际武联

西方竞技体育程式化的武术发展是特定时期下的历史选择，不论他是先进的还是落后的，不论他对武术的发展是推进还是倒退都是那个时期人们对武术的核心价值观认识的一种现实展示。“走向世界，为国争光”、“冲出亚洲、走向世界”、“建设体育强国”的价值理念是占主导地位的价值观，武术寻求更高的国际化舞台展示自己是社会价值观的实践产物，是武术历史发展的需求和必然。

二、竞技武术的确立和发展

（一）武术竞赛模式的正式出台

在运动会中制定详细的比赛规则、设定比赛标准，以比赛项目的形式出现是西方体育运动的一大特点，中国武术在新中国成立后，按照这个标准，不断进行着体育化的探索。1953年，全国民族形式体育表演及竞赛大会在天津举行，设置竞赛项目、表演项目以及特约表演三种类别，武术为表演项目。这次比赛是对传统武术运动的一种发掘和呈现，也是对新中国武术运动发展的一次检阅，对以后的武术发展起到巨大的推动作用，翌年，新中国的第一支国家武术队建立，各种武术组织和竞赛表演活动迅速在全国范围开展起来。1956 年，武术被正式列为全国竞赛项目。[①]在规则的制定上，中国武术也是迈出了向体育化发展的第一步。1959 年，原国家体委对奥运会体操比赛方法和竞赛规则进行参考和借鉴，制定了《武术竞赛规则》，而后相继出台了武术团体与个人锦标赛和单项比赛的竞赛制度，完善和建立了教练员、裁判员、运动员技术等级制度。这是建国以后第一次也是影响力最大的一次武术规则，为我国武术发展起到统领、导向和规范的作用。20 世纪 60 年代初，国家体委明确提出了“难度大、质量高、形象美”的武术技术发展方向。1959 年，中国武术协会参考和借鉴相对成熟和严谨的竞技体操规则，第一次起草制定并实施中国第一部《武术竞赛规则》，标志着武术竞赛规则的诞生，对此后的竞技规则起到了奠基和导向作用。1960 年的武术比赛在长拳、太极拳的基础上增加了南拳项目，从此奠定了套路运动以长拳、太极拳、南拳为主的竞赛格局。20 世纪 60 年代初，武术技术的改革方向开始偏向“难度大，质量高，形象美”的特点，国家体委也是鼓励鼓励教练员、运动员在动作、组合、难度、布局等方面进行改革和创新，特别是对套路的组合结构新颖、动作展示造型优美、动作腾空高度等方面进行加强，这种武术套路的竞技化改革一时之间成为各运动队竞相追求的目标。

竞技武术的改造朝着舞蹈化、艺术化、技巧化的方式进行。著名武术家蔡龙云先生在 1958 年对武术的观点看法认为：“武术运动发展到今天，已是技击、舞蹈、体操三者结合为一的体育运动了，而技击、舞蹈又都是为体操服务的。”[②]这种观点也能看出，在当时社会背景下，一切以竞技运动为标准的运动改革导向。这种价值观的确立，对传统武术的发展无疑是毁灭性的，传统武术的文化特质在改造过程中被无情舍弃，在运动场上看到的只是类似于体操的身体活动表演，当然，所有的一切都与体育政治化的社会背景是离不开的。我们不能保证在那个特殊的历史时期，在以阶级斗争为纲的极左路线及其思潮下，传统武术传承人都能对传统武术的发展和改造可以按照自己的意愿保存和发扬，但不能否认政治对文化的强大干预力导致了武术的结构性变异，以“长拳”“套路”为风格的竞技武术沉陷在政治化的漩涡中，并且越陷越深，当去政治化后的很长一段

① 方方.武术套路竞赛规则的回眸与思考[J]. 成都体育学院学报，2011，2：71-74
② 蔡龙云.琴剑楼武术文集[M].北京：人民体育出版社，2007：72

时间内，竞技武术本质的异变已经远离传统武术的根本，无奈下的竞技武术只能在竞技化的道路上孤独前行。

（二）武术竞赛模式的正式推广

建国初期，百废待兴，国家大力发展生产，国家期望国民身体健康，希望增强体质为劳动生产和社会主义建设出力，希望青少年“身体好、学习好、工作好”。在1954年发布的《关于加强人民体育运动工作的报告》中明确指出：“改善人民的健康状况，增强人民体质，是党的一项重要的政治任务。”在当时的以体育推动外交、树立形象和增强体质为劳动生产的主流思想贯穿这一时期。自然，像全运会这种竞赛活动的开展有利于群众体育的普及，更有助于培养优秀运动员以参加国际比赛，为树立新中国的大国地位起推动作用。在1955年的全国体育工作会议报告中就指出：“加强竞赛活动，尤其是要注意开展基层的各种竞赛活动或举行单项竞赛，以便通过竞赛活动，使群众性的体育运动更加普及，在普及的基础上发现、培养优秀运动员，提高运动技术水平。”[①]时任国家体委副主任的荣高棠也指出：“经常举行运动竞赛和运动会，对于普及体育运动并使之不断提高有着重要的作用。”[②]于是在建国10周年之际的1959年召开了中华人民共和国第一届全国运动会。

1959年9月13日至10月13日期间在北京召开了新中国成立以来的第一届全国运动会。在此届全运会上，共设置了足球、篮球、排球、乒乓球、网球、手球、棒球、女子垒球、水球、马球、田径、公路自行车、体操、技巧运动、举重、游泳、跳水、赛艇、武术、中国式摔跤、射箭、中国象棋、围棋、赛马、障碍赛马、射击、摩托车越野、摩托车环形公路、无线电收电报、航海多项、航海模型、滑翔、飞机跳伞、伞塔跳伞、航空模型，共36项正式比赛项目，设置了赛车场自行车、击剑、自由式摔跤、古典式摔跤、国际象棋、水上摩托艇等6项表演项目。从项目设置可以看出项目大致分成了以奥运会项目为基准设置的竞技体育项目、中国传统体育项目和以国防体育为特色的项目三大块，跟这一时期体育为劳动生产和国防建设服务的基调是相吻合的。武术在这届运动会中以《武术竞赛规则》为标准设置了长拳、太极拳、长短器械和团体等五类

① 中央体委党组关于召开全国体育工作会议的报告（摘录）[Z]//中华人民共和国体育运动文件汇编（1949-1981），人民体育出版社，1982：23

② 荣高棠.为国民体育运动的普及和经常化而奋斗[J].新体育，1952（21）：17

比赛，其中上海拿到长拳和太极拳的金牌，吉林获得长器械的金牌，山东拿到短器械金牌。到了1965年的第二届全运会，项目设置从第一届的36向缩减为足球、篮球、排球、乒乓球、网球、羽毛球、水球、田径、自行车、体操、举重、击剑、游泳、跳水、摔跤、射箭、射击、摩托车、无线电收发报、航海模型、飞机跳伞、航空模型等22项，武术成为唯一的表演项目。在这届全运会中，武术表演共260多项，武术在追求竞技体育向奥运会靠拢的形势下被列在外，竞技武术的改革并未得到认可和展示。

武术参赛性质的设置上，由第一届全运会的正式参赛项目到第二届全运会中成为单独的表演项目，也与当时国家体委对体育发展战略的选择有重大的关系。在1960年，国家体委确定了“在当前形势下，体育工作的重点，应当放在运动训练工作上”要“对群众体育的规模、运动量、运动竞赛的次数，仍应根据不同情况分别加以适当的控制”[①]，在这一指导方针下，各行业体办，除火车头体协保留外，全部撤销，就是在这种控制和重点转移中，作为非奥项目的中国武术成为了“列边站”的项目之一，而足球、篮球、田径、游泳、排球、举重等项目成为重点项目得到更多的发展，这也是我国社会主义初级阶段历史发展的选择。

当冷战结束，国与国之间武力冲突淡出之后，国家与国家之间的竞技体育比赛成为国家威望和声望树立的新的平台，重大国际比赛的实际意义已经远超出体育比赛本身，特别是发展中的中国，体育比赛本身只是一个象征符号，而政治因素的意义更多占据了主导。这也是发展中的中国在那个历史时期的社会选择。所以，武术的发展自然也逃避不了国家和政治的诉求，但是武术在那个时期并没有任何正式组织和竞技运动训练的经验可以借鉴，只好是在西方现有的体操等类似项目上进行改编，同时也在学习和借鉴体操的发展目标向着“高、难、美”的方向发展，从此，竞技武术套路越来越花哨，并开始一步步失去传统武术固有的精神和文化价值。所以，不论是竞技武术的改革还是一味追求武术进入世界比赛的舞台，都不应该成为人们刻意而为之的行为，顺其自然就好。相反，越是追求刻意的发展，削足适履，带来的往往是更深的疼痛。

① 中华人民共和国体育运动文件汇编（1949-1981）[M].北京：人民体育出版社，1982：144

三、竞技武术的变革之路

（一）竞技武术的变革意愿

改革开放政策的实行必然带来东西方文化的价值观冲突和交融过程。作为一种独特的文化形式的奥林匹克文化，经过历史的沉淀和发展，是建立在多种文明互融的基础上发展起来的，他是基于平等尊重、公平竞争的精神，以文化的多元性对其他异质文化的兼容和认同，作为开放的跨国度、跨民族的世界性文化体系逐渐发展起来的，正是奥林匹克文化的这种特质让中国武术在发展过程中成为努力追求的目标。在当时国家刚刚经历文化大革命的浩劫背景下，国民也亟需一种精神力量的支撑，“力争让奥运会有一个中国项目”成为武术人努力的方向。1982 年召开的新中国成立以来的首次全国武术工作会议上提出“武术要开展国际交流，积极稳步地向外推广”的方针，表明了武术界向世界推广武术的愿望。而作为全世界规模最大、项目最多、流行最广的奥林匹克运动会便被认定为实现这种愿望的最有效捷径。不少专家学者和管理者都为武术进入奥运会寻找一切可能做出努力。这一时期，更多的专家学者把武术进入奥运看作武术发展的唯一出路，并且形成一种共识：武术作为一种传统的技击格斗手段，他与现代体育项目的可比性要远远降低，足球、篮球的风靡在武术身上无法看到，在原子时代中，武术已处于淘汰边缘，这是武术发展到今天应该正视的现实，他认为武术如果再向传统武术的发展那样追求技击价值“只能是一条死胡同”[①]，它只有在全球化的奥运会大家庭中寻找自己的定位，充分发挥自己在“健身”“体育”的价值功能才是武术发展的正确道路。当然或许这些言论现在看来未免有些过于绝对，不过对武术进入奥运的出发点却是那个时期武术人的共同愿望。当然面对奥林匹克的强势和全球化发展，处于发扬中华民族传统体育项目的目的，武术“如不能汇聚在奥林匹克旗帜下”似乎与世界体育的发展格格不入，竞技运动已经是现代体育的主流，传统武术的多样性难以找到一个固定的规范和标准进行统一，这也似乎在某种程度上意味着被排斥在现代体育的大门之外是一种必然，这不得不说是一个“不满足、不圆满的遗憾”。因此，对武术竞技化改革，满足竞技化体育项目的要求，符合奥运会的进入标准，成

① 古柏.社会的需要与武术的发展[J].武魂，1989（2）：首页

为“中国武术保存的出路和发展的契机之一”。[①]时任国家体委主任和党组书记的李梦华在1985年的全国体委主任会议上要求“各级体委都立足本地区、面向全世界，为奥运会做贡献”[②]成为“人们自觉地或不自觉地遵循着‘竞技体育优先发展’的工作指导方针”[③]，在全国上下都为“走向世界，为国争光”的时候，“竞技体育在我国现代化进程中的作用突出体现为‘窗口作用’。可以说，在我国，竞技体育的强大已超越竞技体育本身。”[④]而促成武术成为奥运项目也成为我们“向国际推广武术所要完成的一次飞跃”成为“竞技武术发展的最高目标”[⑤]在奥运会大张旗鼓的发展背景下，武术申奥的呼声可谓是一浪高过一浪，武术人甚至认为“一旦我国荣获承办奥运会的资格，可能武术进入奥运会容易得多”[⑥]，武术入奥俨然在当时成为了一项国策，势在必行。

随着2001年北京成功取得2008年的奥运主办权，中国武术进入奥运大家庭的呼声就一浪高过一浪，当时，国际武术联合会第一时间就向国际奥委会提出了申请，国家体育总局甚至还专门成立了“武术争取进入奥运领导小组”，2002年4月29日，北京奥组委再次向来访的国际奥委会2008年奥运会协调委员会表达了让武术进入奥运会大家庭的愿望。中国武术一直没有停下申奥的脚步，直到2013年国际奥委会执委会在俄罗斯圣彼得堡投票表决，将棒垒球、壁球和摔跤列为2020年夏奥会临时大项的备选项目，而武术等其他5个候选项目出局。这才引发了国人对武术到底该不该进奥运的反思。入奥发展的中华武术发展声音是对中华武术的热爱，是发扬武术的价值诉求，这在现代竞技体育发展的全球化开展中对武术推广的方式之一，是体育价值观发展的最大化体现，但削足适履的做法显然是得不偿失。

（二）竞技武术依照奥运标准的不断细化改革

奥林匹克运动会大张旗鼓的在全球化的开展在这一时期给中国体育界带来极大的影响，中国体育亟需在世界国际赛场上证明自己，奥运会恰恰提供了这个平台，因此，在奥运上争取金牌和推广自己的传统体育项目进入奥运会成为

① 程大力.关于中国武术继承、改革与发展的思考[J].成都体育学院学报，1998（1）：16-19

② 李梦华主任在1985年全国体委主任会议上的总体发言//体育运动文件汇编（1982-1986）[M].北京：人民体育出版社，1990：52

③ 谢亚龙.论社会主义初级阶段我国体育事业发展的竞技优先原则[J].体育科学，1989（1）：10-13

④ 杨桦.坚持和进一步完善我国竞技体育举国体制的研究[J].北京体育大学学报，2004（5）：577-582

⑤ 记者.政协委员通过提案加强武术申奥工作[J].中华武术，2002（4）：91

⑥ 吕光明，罗代华.对武术进奥运会的局势及决策分析[J].湖北师范学院学报，2000，20（3）：91

那个时代的主旋律。在这种主旋律下，相当一部分武术界人士和武术决策层领导对武术进入奥运殷切期盼，也在这种价值观驱动下对中国武术不断进行着各个方面的“奥运化”改革。

对奥运化改革的影响更容易明显的反映在赛制的改革过程中。1989 年国家体委将全国武术比赛改为全国武术锦标赛，实行分级赛（团体赛和个人赛分开进行）和升降级制（甲、乙级队的比赛）。为了培养人才，武术竞赛体制中还设有全国少年“武士杯”比赛、全国体育学院武术比赛和以武术馆校为对象的比赛等。竞赛体制的升级和多元化对夯实武术竞技运动的基础起了积极的推动作用。而 1985 年，国家体委颁布实行《武术运动员技术等级试行标准》，这个标准有力地促进着广大武术运动员刻苦训练、争取优异成绩，是提高套路竞技水平的激励机制之一，同时也是套路竞技水平提高的另一个重要标志。武术的赛制改革和运动员技术等级的制定为竞技武术的全国推广奠定了基础，也为竞技武术的进一步改革奠定了基调。

随着对奥运会追求的愿望越来越强烈，对武术的奥运化改革也越来越深入和细致。1996 年，国家体育总局出台了第 7 套武术竞赛规则，这是我国武术套路竞赛规则史上突破性改革。规则中对指定动作和创新难度的规定，以及对动作质量和演练水平的评判裁判各司其职的做法很大程度上提高了竞赛评分的准确度和区分度。对这次规则的改革可以看出，其中引用了西方体育中体操、跳水等项目的评分标准和办法，特别是对量化指标的具体细化作了明确规定，首次采用了“切块”打分的具体办法，对动作的难度和创新有了详细的说明，在引导教练员、运动员向“高、难、美、新”的方向的道路上又加了一把推动力。2000 年之后，随着竞技武术套路竞赛体系的成熟与完善，以及国家申奥的成功，武术为了向奥运会靠拢并适应国际化发展，竞技武术套路规则也进行了高密度改革尝试，形成了 2003 年版的武术套路竞赛规则，迎合了西方竞技体育（体操）的评级体系：对动作难度（如平衡动作、腿法动作、跳跃动作和跌扑动作）以及连接难度（如：旋风脚 360 度+马步、旋风脚 360+提膝独立、旋风脚 720 度+马步、腾空摆莲 720 度+马步）进行分级与分数量化；难度动作由指定向开放式转化，运动员可以根据自身特点，任意选择和编排比赛动作，激发了教练员和运动员的想象力和创造力，提供了更大的自由发挥空间；评价方式也更加人性化，对完成被确认的创新难度实行加分（B 级 0.2 分，C 级 0.3 分，超 C 级 0.4 分）。增强了评分的准确性和客观性以及规则的可操作性。[①]

今天看来，“当‘举国体制’崛起以后，对‘金牌效应’的随众心理又驱使‘竞技武术’陷入对高水平竞技体育的体制性迷恋之中”。[②]竞技武术在奥运脚步追求的过程中只能是对武术的动作数量、时间、难度等依照西方体操的考量标准进行技术上的不断改良，这对以饱含文化价值的武术来说无异于“捡了芝麻，丢了西瓜”，博大精深的中国武术把自己文化内涵弃之一边，仅留下可以进入“特定的笼子”的“躯壳”，追逐着虚妄和浅薄的“幻想”。

（三）全运会武术竞技化的深度发展

1978 年召开的十一届三中全会，掀开了我国改革开放的历史新篇章，同年，我国在国际奥委会的合法席位得到确认，我国体育事业发展也逐渐与奥运会接轨，全国上下，开始了竞技体育发展的热潮，作为我国最大型体育赛事的全运会其比赛理念、项目设置也逐渐向着奥运会的方向转变。

1979 年的第四届全运会是我国改革开放后举办的首个大型体育赛事，在这届全运会中，共设置有 34 个大项，其中新增奥运项目手球和击剑，一些国防项目如航海模型、航空模型等少数得到了保留，表演项目为《新的长征》也衬托了当时我国体育事业发展的新起点。武术在此届全运会中被设定为正式比赛项目，分为男子项目和女子项目，共设金牌 21 枚，是作为正式比赛项目在全运会上最多的一次。在这届全运会中，为竞技体育改造的武术散打项目正式在全运会中亮相。

1983 年在上海举办的第五届全运会是受“为国争光”“奥运主导”影响较深的一届，这届全运会中共设置了 25 个项目，这 25 个项目全部参照奥运会的竞赛项目进行设置，武术作为表演项目留在此届全运会中。共设置了 32 个项目，同样也分男子和女子项目，在此次表演中加入了传统拳术和传统器械的表演。虽然是表演项目，但在本届全运会中参照《武术竞赛规则》进行了“比赛排名”。

1987 年的第六届全运会中武术作为正式比赛项目参与其中，并设置金牌 16 枚，设置自选长拳、太极拳、南拳、自选刀术、自选剑术、自选棍术、自选枪术和对练等男女 16 项，并参照武术运动员等级标准将在此届全运会中获得不同

① 方方.武术套路竞赛规则的回眸与思考[J]. 成都体育学院学报，2011，2：71-74

② 马廉祯.论中国武术的现代转型与竞技武术的得失[J].体育学刊，2012（3）：119

成绩的运动员对应颁发不同等级的运动员称号。

1992年国家对奥运的追求正值高峰，并规定今后的全运会不再设置非奥运会项目，所以1993年的第七届全运会中，中国式摔跤、中国象棋等非奥项目正式推出全运会舞台。武术项目虽作为中国传统项目得到保留，项目设置也以竞技武术为主，武术散打正式以比赛项目的身份进入全运会，武术套路比赛也分为长拳、太极拳和南拳系列。

1996年，在第三次全国武术工作会议中确立了武术套路朝着“高、难、美、新”的技术发展方向，并制定了严格的评分规则，所以在1997年的第八届全运会中，武术比赛参照了此标准，按照同年颁布的《武术套路竞赛规则》进行评分。

进入21世纪以后，随着北京获得2008年奥运会举办权和武术进入奥运的呼声开始响起，武术顺应奥运会规则发展的道路也一步步深入，从2001年的第九届全运会到2009年的第十一届全运会，竞技武术比赛项目设置也分为武术套路和武术散打两大项，在第九届全运会中设置18块金牌，其中武术套路12块，武术散打6块，在本届全运会中，武术散打开始参照西方竞技模式按照体重级别进行项目设置，分别进行了48-52公斤、56-60公斤、65-70公斤、75-80公斤、85-90公斤和90公斤以上等小团体分类；在第十届全运会中，设置19块金牌，较第九届全运会增加女子散打团体一块金牌，这也是女子散打项目首次进入全运会，也按照奥运会规定的进入奥运会项目需有男女两个项目设置要求来进行改革。武术套路项目设置更全面，男、女分组更详细，男子散打对级别进行了改革，分成了50公斤级、58公斤级、67.5公斤级、77.5公斤级、87.5公斤级、+87.5公斤级；2009年在山东举办的第十一届全运会同样设置了19块金牌，对女子散打也进行了52、60、70公斤级的小团体划分，竞技武术借鉴奥运会模式和原则的发展到了白热化阶段。

随着武术入奥的不断失败，武术人更多的开始思考竞技武术的发展之路带来的武术之殇。2008年北京奥运会举办过之后，国家经济实力的不断提升，国家大国地位的确立让竞技体育的“金牌效应”带给国人的刺激逐渐减少，再加之，在全球文化发展大背景下，开始反思竞技武术在追求西方化改革的同时对传统武术文化的丢弃给武术带来的危害，更多的人开始意识到文化的重要性，人们对竞技武术的发展不再“感冒”。2013年的全运会，竞技武术金牌被缩减为 12 块，比赛过程也更加追求武术动作的创意和气氛在其中所占的比重，或许这也是竞技武术开始向传统武术的回归或又一次转型的开始吧。

回顾武术在改革开放之后的全运会发展历程（如表 5 所示），我们发现，在举国体制大力发展竞技体育和奥运项目的前提下，武术受其影响也在不断进行着竞技化的改良和改革，武术在全运会比赛项目的设置上也由原来的传统项目为主一步一步发展到为进入奥运会而专门改革的套路比赛和散打比赛为主，这种改革也印证了武术“为奥运重竞技”价值观的优先地位。到了 2013 年全运会武术比赛中对动作创意的裁定比重使得武术的文化内涵逐渐得到显现。

表 5　改革开放后武术在全运会比赛中的发展历程一览表

时间	届	参赛性质	项目设置	标志性事件
1979 年	第四届	正式比赛	传统项目为主	散打正式亮相
1983 年	第五届	表演项目	传统项目表演	比赛项目全部为奥运项目
1987 年	第六届	正式比赛	套路为主	依运动员等级标准颁发不同等级称号
1993 年	第七届	正式比赛	套路为主	武术散打正式以比赛项目进入全运会
1997 年	第八届	正式比赛	套路为主	参照《武术套路竞赛规则》裁判
2001 年	第九届	正式比赛	套路、散打	按体重级别进行项目设置
2005 年	第十届	正式比赛	套路、散打	女子散打首次进全运会
2009 年	第十一届	正式比赛	套路、散打	女子散打也进行了分级比赛
2013 年	第十二届	正式比赛	套路、散打	金牌数缩减、注重武术动作创意

（四）武术竞技化在其他方面的渗透

学校武术的竞技化发展是“为奥运重竞技”价值观的一种体现。随着竞技体育运动在我国得到大力支持和迅猛发展，学校武术也不例外，并且“随着高校武术活动的普及和技术水平的提高，出现了高校之间的各类武术比赛：有区域性高校比赛，如 1979 年上海市举办的上海大学生武术比赛；有专业系统比赛，如 1985 年国家中医药管理局在沈阳举办的全国首届中医学院系统武术比赛，目前已成为常规性比赛。这些比赛反映了学校武术与竞技武术相连接的一个发展新特点。”[①]在 1972 年举办的全国武术表演大会中，就有专门的体育学院代表队参加表演，1974 年在西安举办的全国武术比赛大会上，体育学院代表队正式参赛，竞技武术在高校的开展和参加全国性的武术比赛情况是与当时竞技体育先

① 周伟良.中国武术史[M].北京：高等教育出版社，2003：129

行的主导思想是一致的。在这种以竞技武术为主导的思想意识下，更多的体育院校开始追求高水平运动员进入学校，以便代表学校争金夺银，提高知名度，所以虽然学校进行了学科的建设和人才培养体系的改革，但在这种竞技体育主导的社会意识中，足球、篮球、排球、乒乓球等奥运项目和竞技项目的开展更受学校的欢迎，学校传统武术的开展和武术教学都受到极大冲击。

对武术管理机制的改革是武术“为奥运重竞技”价值观的另一体现。国家体委对体育管理机制的改革是出于符合现代竞技运动发展规律的目的，在以奥运会为最高层次的发展战略指导下，这种改革“在竞技体育投资体制上，将体育部门的财政拨款集中于运动水平比较高、市场分析开发难度比较大，但能够在重大比赛中争创佳绩、为国争光的运动项目”，而对于“未列入奥运会、全运会，社会关注低，具备一定群众基础的运动项目，全面推向社会，由单项协会进行管理和投资”，①这为竞技武术在社会的发展提供了渠道。自 1972 年 2 月 17 日，国务院和中央军委联合下达了《关于国家体委改由国务院领导的通知》后，国家体委的工作关系开始理顺。②进入 20 世纪 90 年代，在“为奥运重竞技”价值观的引领下，开始借鉴西方的体育化管理机制，武术自然也开始这种机制改革。1990 年 4 月，国家体委下发了《关于中国武术协会实体化的通知》，确立了中国武术协会既是中华全国体育总会团体成员又是国家直属事业单位的双重身份。1994 年设立国家体育总局武术运动管理中心，虽属总局直属事业单位，却带有部分行政职能，一直对武术运动项目行使着全面管理的职能，为武术的发展奠定了基础，通过中国武术协会“实体化”和实施会员制度、段位制，以社团形式组织开展全国武术工作，并代表中国参加国际武术活动，逐步建立健全了全国武术管理的组织体系，作为中国武术协会常设办事机构，做出了历史性的贡献。

四、竞技武术面临的困惑与问题

（一）奥林匹克的异化阐释

异化是指主体在一定的发展阶段，由于自己的活动而产生了自己的对立面，这个对立面又变成外在的异己力量，并反过来反对主体本身。奥林匹克的异化

① 杨桦.迈向体育强国的制度框架和思想基础[M].北京：学习出版社，2012：115
② 杨祥全. 艰难前行——新中国武术史之三[J].中州体育·少林与太极， 2012，5：1-6

主要表现为奥林匹克精神的异化。奥林匹克精神的异化指受政治、经济、文化等社会因素及个体心理因素的影响，奥林匹克追求的人性与教育性淡化，对竞技性、经济性的追逐意识膨胀，导致了一系列社会问题的产生进而阻碍奥林匹克运动自身的发展。

1.奥林匹克精神异化的根源

奥林匹克精神异化的产生是一种必然社会现象。首先，奥林匹克是社会的缩影,大社会中的各种异化现象以不同的方式折射到奥林匹克这个小社会中来。其次，参与奥林匹克运动的各利益群体（国家、民族、地区、单位、集体、个人）因利益的追逐和分配产生种种矛盾。有的利益单元采用一些不合法或合法而不合理的方式谋求利益，便产生了异化。再次，因竞争性驱动，奥林匹克运动是一种极不稳定的文化形态，它的技术方法、管理体制，乃至价值观念都在不断更新着。

2.现代奥林匹克的异化现象

现代奥林匹克运动是在奥林匹克主义指导下，以体育运动和四年一度的奥林匹克庆典为主要内容，促进人的生理、心理和社会道德全面发展，沟通全国人民之间的相互了解，在全世界普及奥林匹克主义，维护世界和平的国际运动会。在和平与发展两大发展主题下，奥林匹克运动蓬勃发展，一片繁荣。但是由于政治的干预、过度商业化、彻底职业化和滥用兴奋剂等这些不利因素的负面影响，使得奥林匹克运动逐渐背离了当初发展的准则，摒弃了“公正、和谐、公平”的体育道德原则，走向歧途。

（1）政治干预的异化

政治是一定阶级和阶层的政党、社会势力在国家生活和国际关系方面的政策和活动。人类自从进入阶级社会后，政治作为经济的集中表现，便开始在人类的社会生活中起着中枢调控作用，并渗透到社会生活的方方面面，奥林匹克运动也不例外。

尽管人们期待现代奥林匹克运动不再受政治的干扰，以保持其“世界和平盛典”的纯洁性和政治上的独立性，但在现实社会中，这仅仅是一和美好愿望。100多年来的现代奥林匹克运动史已经证明，作为社会性、文化性产物的奥林匹克运动一天也脱离不开政治的制约，深受政治的左右。即使是现代奥林匹克的创始人顾拜旦也没少考虑过是否要奥林匹克运动脱离政治。英国体育社会学家麦金托什认为奥林匹克运动不可能脱离政治，特别是当今社会，政治家们越来越认识到奥林匹克运动潜在的价值时，国际上各种政治力量对奥林匹克运动的利用更是不可避免。现代奥运会的“升国旗、奏国歌”仪式，无不体现了浓浓的政治色彩。金牌就代表着国家的荣誉。为了履行“为国争光”的社会职责，有时需要运动员牺牲个人局部的健康以满足社会的需要，运动员承载荣誉的同时，更多是承载压力。在压力的背后，则是一些官员和教练员仍然在把金牌多少当作“政绩数字”。“为国争光”的口号依然涂在训练馆的墙上，这些禁锢了选手们的思想，不能使他们轻松地去实现自我、展现自我，原本轻松的奥运比赛变成了严肃的国家工程。这样的确可以造就更多的金牌选手，但是“参与比取胜更重要”的口号就成为了纸上谈兵。

①欧美中心主义的异化

在奥林匹克运动的决策机构中，存在着比较严重的欧美中心主义的异化现象。国际奥委会中占主导地位的大多数是发达国家。以 2000 年为止统计，欧美和北美成员在国际奥委会中的代表率高达 72.09%和 66.67%，而亚洲和非洲仅为 33.33%和 36.54%。倘若将各大洲拥有委员数与国家和地区数相比较，其结果存在着明显的差异

国际奥委会承认的国家和地区奥委会已达 197 个，其中非洲 52，亚洲 48、欧洲 43，美洲 39、大洋洲 12，但其中只有 86 个拥有国际奥委会委员，仅占总数的 43.65%，在现任的国际奥委会委员中，欧洲委员占总数的 44.6%。而占世界人口一半以上的亚洲却只有 16.1%的委员。

奥林匹克虽强调世界性，但仍摆脱不了“欧美中心主义”的桎梏，对东方文化的吸引远远不够，正是由于这股势力的异化阻碍了中国取得举办 2000 年奥运会的入场券。此外，奥林匹克运动的活动内容始终以西方体育为主，在项目设置上也存在着欧美中心主义。比如 2000 年悉尼奥运会，除柔道和跆拳道是亚洲项目外，其余项目也都是欧美体育项目。在奥运会项目膨胀的今天，某些几乎重复了的西方体育项目仍能进入奥运会，比如铁人三项和蹦床，而中国体育项目进入奥运会的历程却极度艰难，如中国的武术，这是西方强大政治势力所导致的欧美中心主义异化的结果。

②参与的异化

参与的异化是政治干预异化的结果，致使运动员和运动爱好者参与奥运会的权力和机会被剥夺。这种异化结果在奥运会时有发生，在 1980 年第 22 届莫斯科奥运会上，为了制裁原苏联侵略阿富汗，以美国为中心的西方国家联合抵制了这次奥运会。作为报复，1984 年原苏联与东欧诸国又一起抵制了在美国举行的第 23 届洛杉矶奥运会。另外，由于政治过分干预的原因，北朝鲜等 7 个国家没有参加 1988 年的汉城奥运会。

受"国家主义"和"锦标主义"的影响，现代奥运会比赛成了扬国威的绝好场所。各国政府试图通过奥运会竞技比赛取胜后达到提高国际威望，唤起民族自尊心，增强凝聚力等政治目的。各国政府高度重视高水平竞技运动，并对其投入大量的财力和物力。最后导致大量经费用于只有少数有机会参与奥运会精英身上，把广大的竞技运动爱好者排除在运动场馆大门之外的异化现象。对于某些奥运会选手们来说，能有机会参加奥运会这样国际大赛或许一生只有一次的机会，但由于政治带来的负面影响，运动员们经过多年的训练准备和盼望已久的参加国际大赛的机会被剥夺了，运动员们成了政治的牺牲品，他们参与奥运会的权利和机会被异化了。

（2）商业炒作的异化

奥林匹克运动要发展、要壮大，当然离不开经济的运作，不能不实现商业化，而过分的商业化又必然会为奥运本身带来负面影响。过度的商业开发使奥林匹克运动背离其崇高的思想目标。以追求最大经济利益为目的的资本主义商业化，不可避免地与奥林匹克运动的崇高理想发生冲突。过度的商业化严重干扰奥林匹克竞赛活动的正常进行，当奥运会的比赛和商家门的利益发生冲突时，商家们会毫不犹豫地牺牲前者而最大限度地追求他们自己的所谓"利润"。为了电视转播的需要，赞助商们可以任意改变比赛的时间。为了收视率，赞助商们有可以随意删减运动项目转播。这严重背叛了奥林匹克运动理想，奥林匹克运动理想和目标与经济的目标之间发生了差异和冲突，奥运比赛本来是较为简单的对象化活动，而过度商业化使得奥运会成为企业家、商人等有利可图的工具，商业化的过度操作把奥运会比赛变为复杂的对象化活动。商人们绞尽脑子进行炒作，无形中又把金牌的价值大大的提高，这又为竞技的职业化拓宽了道路，为奥林匹克运动异化的产生提供了条件。

（3）奥运会超大规模的异化

尽管现任奥委会主席罗格在为奥运会做“瘦身“手术，但是我们从现代奥运会的参赛国家数、参赛人数和比赛项目来看，比赛规模还是呈上升的趋势。

第一届现代奥林匹克运动会只有13个参赛国家的311名参赛选手，2004年，奥运会的参赛国为202个，其中共10500名运动员。虽然2004年雅典奥运会参赛人数比2000年悉尼奥运会略有所下降，但从参赛国和比赛项目来看，还是呈上升趋势，规模还是不断的扩大。

（4）暴力行为与恐怖活动的异化

暴力行为是指人们在奥运会竞技运动对象化的全过程中，所发生的对身体、精神、物休等的弧制力和侵害行为。当今国际体育赛场上，特别是在奥林匹克运动会这全世界盛会上，正当体育健儿们在奋力拼搏摘金夺银的时刻，人们为选手呐喊助威、欢呼胜利之时，恐怖分子也在时刻威胁着奥运会的安全。体育暴力和恐怖的侵袭令人们触目惊心。

1988年，在汉城奥运会的拳击比赛中，由于对裁判的不满，发生了韩国的教练和队员殴打裁判员的暴力事件。1996年在亚特兰大奥运会期间发生在奥林匹克百年纪念公园的爆炸事件，当场炸死4人、炸伤100多人。当恐怖分子把血腥的暴力和恐怖活动强加给了这个追求和平、友谊、充满爱的盛会时，同时也给奥林匹克运动的发展带来深深的灾难。奥林匹克运动产生的这些暴力行为和恐怖活动的异化原因有很多：如狭隘的民族意识、严重的地方主义思想、金钱利益、腐化、比赛中的不公平现象（如：“黑哨”、裁判误判、各种“暗箱”行为等）。因此当这些因素出现在奥运会赛场上的时候，暴力行为和恐怖分子也会侵袭而入，给奥林匹克运动的发展带来深深的灾难。

（二）竞技武术面对的种种问题

竞技武术的产生是武术进入现代的一个重要标志。它是我国竞技体育的重要组成部分，竞技体育是以体育竞赛为主要特征，以创造优异运动成绩、夺取比赛优胜为主要目标的社会体育活动。由于社会和自身工作经验等原因.武术竞赛形式单一，规则不够完善，制度也不够健全。

1.市场化运作不够

在商品经济的推动一下，武术市场运行机制收到了一定成效，但是与各大球类市场相比，我们的国粹还相差很大。经济开发力度不够，市场管理体系不太健全，人们的武术消费意识淡薄，武术就业门路太窄。以武术竞赛为例，武术竞赛还没有摆脱官办民主的竞赛模式，比赛时间短，媒体介入少，观众寥寥无几。造成武术市场落后的原因有以下几个方面：

第一，武术市场起步较晚。由于整体性的市场经济起步晚，规模小，经济文化基础差，武术的器械、服装、设备生产业还没有得到更好地开发，现代高科技在武术产业中尚未普遍运用。

第二，宣传力度小。媒体宣传对任何一种新兴产业的发展都起着关键作用。而媒体对武术的宣传无论在规模还是在范围、时间、形式上，都远远不能满足其发展的需要。这种宣传力度上的不足使人们普遍对武术的理解不够，甚至产生误解，不利于普及推广。

第三，缺乏武术市场经营管理的专门人才。21 世纪的竞争是人才的竞争，武术产业发展缺乏大批懂武术懂经营会管理的专门人才。

2 套路缺乏观赏性

目前，全国共有 6500 多万武术习练人口，武术比赛观众应该像球类比赛一样甚至比球类比赛有更加火爆的场面。然而事实并非如此，竞技武术套路比赛看台上的观众少得可怜。像世界武术锦标赛这样的大赛观众也寥寥无几，甚至还没有教练员和运动员的人数多，对于我们的国粹来说，这是多么的令人心寒。经研究表明，其主要原因就是因为套路缺乏观赏性。

首先，动作缺乏刺激性和悬念性。日本柔道和韩国跆拳道是两两直接对抗的运动项目，而且比赛中双方很有可能是身材、体重相差悬殊，那么到底鹿死谁手，这样的比赛给观众以悬念和刺激。而武术套路缺乏直接的人体对抗，只是一个人在那里表演，再加上套路运动员一般身材苗条，个头不高，更没有谁打败谁这样直接的输赢带给观众的刺激，而且套路运动员表演的动作大多雷同，虽然像田径项目里的跳高和跳远动作单调但却很受观众喜爱的。究其原因，发现就是因为跳高和跳远都有一个可以量化的标准。跳高有一个竞争的高度，跳远有一个竞争的远度，也就是有一个人体的极限在那里。足球篮球等项目具有较强的竞争性、对抗性、激烈性、悬念性，有时可以在最后几秒内扭转乾坤，这就是球类比赛观众火爆的原因。同样，武打影视也受到很多人的青睐，八十年代一部《少林寺》的播映几乎是万人空巷，武打影片之所以受到众人的青睐，是因为功夫片不仅有主人公精湛技艺的表演，而且片中含有众多的对抗片断，把一个个伸张正义，身怀绝技的热血儿展现给观众，让观众融入到起伏跌宕的故事情节中。

其次，套路比赛内容太繁杂。目前武术套路比赛内容太多，少则十几项，多则三四十项，让人看了感觉就像是一个大杂烩。而且运动员表演的内容都大同小异，导致观众视觉上的疲劳，这使得竞技武术套路观赏性大大降低。中国武术博大精深如果在同一个自选项目中融会各家之长，那将会更能适合观众的胃口。因此，竞技武术套路要想赢得观众，就必须精简项目内容。

再次，媒体宣传的不利因素。随着高科技的发展，现在的武打片过多地采用特技镜头，让观众感觉武术就是飞来飞去的神功，这给武术蒙上了一层神秘的色彩。这对武术的宣传很不利，我们需要的是像《少林寺》这样真打实战的功夫。

最后，动作的技击意义缺失。武术动作的取材及编排没有很好的保留武术的技击意义。在人们看来，武术跟艺术体操、舞蹈等没有什么区别，没有了个性也就没有了吸引力，大大降低了观众对武术的兴趣。

3.赛事运行机制有待完善

受传统计划经济体制的影响，武术赛事运行机制僵化，长期停留在“权责明确、管办结合”的理论认同层面。武术赛事过程中政府部门扮演着“管、办”的双重角色，政府行政部门的民主性、社会性职责是制定规章制度对社会体育行为起着监督、管理、协调等宏观作用。而实际情况是体育行政权利过度进入市场，使社会普及度极高、民众基础最牢固的武术赛事成了名副其实的“国字号”产业，而与“社会”、“群众”产生阶层、机构方面的距离。因此，竞技武术发展急需武术赛事向大众化、社会与政府协办以社会为主的运行机制改革，这种状况影响人们参与武术热情，降低武术消费动机。

4.缺少法律规章制度作为政策保障

竞技武术作为我国竞技体育的一个重要组成部分，当前急需相关法律规章制度的政策保障。长期以来，一直依赖早期颁布的《体育法》、《全民健身计划纲要》等实施弹性较大且约束力较弱的政策性法律文件。然而，随着武术竞赛表演市场、健身娱乐市场、武术文化资源保护与管理等方面的问题日渐突出。武术比赛的公平性、公正性，越来越多地受到诸多外部因素的影响，其公信力遭到质疑。

5.宣传力度不大

目前国际武术联合会已经拥有100多个会员，在2009年举行的高雄世界运动会上，武术作为邀请项目参加比赛。但是，真正的武术人口与武术的发展规模还不相吻合，很多会员国都是名存实亡。武术在世界的发展并不均衡，欧洲最早成立了洲际武术协会，竞技武术的发展仅次于亚洲，而在美洲、非洲、大洋洲地区，武术的发展还处于一种无组织的状态。论难度和观赏性空手道都不及武术，但是空手道在世界的影响要比武术大得多，目前有接近180个会员组织，而且在在国际奥委会项目委员会的项目评估中，其地位也排在武术的前面。日本人和韩国人他们所使用的最有效的手段就是充分利用媒体的作用，尤其是电视；三大球类比赛几乎是家喻户晓，每天的广播电视及报刊杂志上都能有所闻有所见，而且拥有众多的球迷。相比之下，竞技武术套路比赛还没有充分利用各种媒体加以包装与宣传。京剧有戏曲栏目，国画有国画栏目，而同样是国粹的武术在电视宣传这一方面做的工作却比较少，因此，媒体的冷淡不利于武术的宣传.另外在学校教育方面，日本、韩国都把本国的民族传统体育项目柔道和跆拳道作为大中小学的学习科目，而我们的国术武术并没有在学校中开展起来，很多学生根本就没有接触过，就更谈不上宣传中华武术了。

6.竞技武术的理论研究水平与技术发展水平不协调

任何一个体育项目要发展，要推向世界，就必须具有一整套完整的理论体系，现代科学的一个重要的衡量标准是“可重复性”，即科学理论必须具有可重复检验性。竞技武术是近代西方体育思想的产物。竞技武术在形式、内容、规则、规范要求上都继承了近代体育的基本范式：竞技武术套路的改革尽限于“四击八法，十二型”的传统规范向规则量化方向努力；而武术散打完全效仿拳击，跆拳道的竞赛模式进行改革实施。竞技武术开展几十年却出现“知者不能言”的尴尬局面，武术理论研究与技术发展严重脱节，偏重于武术技术的教学和教学方法的研究，而轻于进行武术的机制理论的研究；在对外交流上，也只重于传授技法而不注重推广理论；武术科研缺乏集体合作和系统性。

7.与传统武术的关系问题

在相当长的一段时期内，人们经常以传统武术的眼光去看待竞技武术，以竞技武术的标准去衡量传统武术，结果使两者认识不清、区别不明。传统武术与竞技武术的关系问题，不同的学者、专家进行了研究，观点各异。有些学者认为，传统武术与竞技武术两者之间存在差异，主要表现为：一、产生的文化背景不同，一个是东方文化的产物，一个是东方文化的异化果实；二、两者表现方式不同；三、修炼的形式与目的不同；四、评价方式与衡量标准不同。有的学者认为，传统武术是竞技武术的源泉，竞技武术的发展依赖于源源不断地吸取传统武术的精华。现在的竞技武术套路为了迎合奥运会的要求，为了追求高难美新，一味的削足适履，一味的西化，导致套路动作的技击含义愈来愈偏离技击这个核心，这样，竞技武术走上了与传统武术相异的发展道路。没有传统武术作基础，仅在武术上下工夫，必将导致竞技武术脱离大众，使其发展受到制约。

五、远离传统的竞技武术

我们把中国武术分为传统武术和竞技武术，传统武术是由古代战争和街头打架所发展出来的徒手和器械格斗术，其内容有踢、打、绊、拿和柔术等等。传统的中国武术又称之为国术。竞技武术则是在继承传统武术的基础上受西方体育影响，在统一标准下进行演练评价并有一定的量化标度，受规则限制，有一定的实利目标并具有特定表现形式的一种竞技体育。但随着竞技武术的日益发展，其与传统武术的距离也越来越远了。具体表现在以下几个方面。

（一）理论依据上

传统武术以传统中医的阴阳五行说、经络学说、脏象说等为基本练功的理论依据，讲究“精、气、神”的相互配合修练以增加内力。如太极拳以阴阳学说为原理，强调“动静相生，刚柔相济、上下相随、内外相合”，从而达到对人体脏腑经络功能的协调，使其处于一种自然和谐的境界。而竞技武术则是以人体的肌肉、骨骼、神经、血管为研究对象，运用生理解剖知识去对某块用力肌肉进行训练，以使其达到某种程度。它用一种直接、武断，甚至是残酷的训练以达到功力的增长。如竞技武术中的散手运动便是依据生理机制、心理功能、思维能力等的知识对人体进行训练，以达到力量、速度、耐力、抗击打性等各项身体素质的提高，以便取得胜利。

（二）表现形式上

传统武术的表现方式便是传统套路运动。传统套路中吸收了大量攻防格斗的技术内容，并且各家各派的独门技术也是以套路的形式保存下来的。这些套路将一定的传统战术理念融入具体动作招势中，且经过无数次的修改补充已形成固定的招式，这样做便于武术的传授、观摩、文流，使练习者产生兴趣，更有益于武术的传播。而竞技武术中虽也有套路比赛，但这些演练的套路中大多是“竞艺性”的。以“长拳体系”为代表的虽有技击格斗动作，但大多是表演性质的，带有浓厚的主观倾向，竞技套路成了创编者和演练者主观的“意想技击”,失去了传统套路中的注重技击的终极目标,与真正的技击格斗是貌合神离，成了名副其实的件花拳绣腿。

（三）目的上

传统武术是一个长期的终身修炼过程，目的并不很明确，只是个人在默默的练习过程中以期达到想象中的高度。传统武术是一种满足自身精神需要的一种高级活动.认为武术的最高境界是一种“和谐”，一种“平衡”。而竞技武术修炼时间短，讲求功利，注重实际，有明确的目标，讲究效率。是一种有功利色彩的纯竞技体育的运动。传统武术讲究防身、健身、修身，竞技武术只追求夺冠，受当前竞技体育发展的影响，这一点越来越突出。

（四）特点上

传统武术的最大的特点是“攻防意识”性强，竞技武术的特点是动作美观、舒展大方，富有观赏性、竞技性和运动技能、技巧的复杂性。竞技武术只有与传统武术要求的攻防技击意识相结合，两者才能并驾齐驱，以“创新”精神统率继承与发展，使中国武术发扬光大，迎接中国武术的腾飞。

（五）商业气息越来越浓

随着市场经济的发展，庞大而传统的体育开始了转型。如像“中国武术散打王争霸赛”这样的商业比赛，将散打运动员拉出了专业队，一系列的中外对抗赛又紧跟而上，将中国武术推向与国外搏击术较量的擂台上，2009 年 WMA 中国武术职业联赛踉跄诞生，又出现了一个纯市场化的武术职业联赛。

“套路”和“散打”是两个在新中国竞赛体制中特有的武术名词，在国家体育总局武术管理中心的架构里，就是用“套路部”和“散打部”囊括了所有竞赛武术类型。而另 129 种拳种的传统武术，则归类到一个“社会部”里，管辖所有非专业队体系里的民间习武者。

就是国人印象中那最威严、最传统的少林寺也开始向商业靠拢。推崇企业家精神的释永信要把少林寺打造成一个企业，这个企业的核心竞争力就是武术。各类专业公司则把武术看成像足球、篮球一样开发、包装和营销赚钱的竞技运动。现在越来越多的武馆开始选择套用现代健身俱乐部的模式，向收费的会员或者学员们传授武艺；也有越来越多的武师学会了借助影视表演来包装和宣传自己，在打响品牌后，再用武术培训和中医保健去赚钱；还有不少馆主正在琢磨着，是不是应该花上一笔钱，在互联网上建一个推销自己武馆的网站……

少林武僧团常年在世界各地访问表演，足迹遍及海内外 40 多个国家和地区。少林寺在世界范围内开设了几百家武馆，在俄、美、英、德等国家建立了十几个武术文化中心，二三十个武僧常年驻外。在册的 58 座武术学校中，有超过 6 万名在这里习武的常住学生。他们来自世界 100 多个国家和地区，如今，这所被称为武林正宗的千年古刹，还要花 500 亿元建一个嵩山文化产业园区。里面矗立起一座少林武术功夫大学城，核心是中国第一所武术大学。未来，这里还将被用来拍武术片、办武术擂台赛，甚至成立武术电视频道等其他产业，挣取在未来 5 年至 10 年内实现世界级旅游资源向世界级文化旅游、文化创意产品的转变。

1982 年，一部《少林寺》，不光捧红了武术巨星李连杰，也让“少林寺”这块隐退江湖多年的千年招牌重回人间。靠着一毛钱一场的票价，竟然创下了上亿元的票房。受此影响，少林寺接待的游客数也呈火箭发射状扶摇直上。据统计，《少林寺》上映的 1982 年，游客便涨至 70 余万；在“武侠风”横扫全国的 1984 年，游客数飙到了 260 万。

在财富的裹挟、驱动之下，少林寺开始注册公司、施行商政，变千年老庙为千年老店，挖地三尺，掘出禅院经院，青灯黄卷之下深深掩藏的庞大资本创造力。于是，少林寺于1997年8月高调成立河南少林实业发展有限公司，对少林寺无形资产进行保护和管理。这也是千百年来，中国佛教界的第一家公司，注册经营范围包括不动产、实业、建筑、物资、运输、通讯、教育、科技与印刷。这个最初只为品牌保护的无意之举却一发不可收拾。5年以后，“少林”被认定为河南省著名商标，不多久晋升为“中国驰名商标”。随后，少林文化传播公司、食品公司、商标公司相继开张，几十个少林武术文化中心和武术馆校在国外建起。一个拥有相当规模和健全组织形式的企业集团雏形初具。

1989年，少林武僧团开始出访世界，足迹遍及40多个国家和地区。至今，少林寺已经在俄罗斯、美国、英国、德国、澳大利亚等国建立了十几个武术文化中心，二三十个武僧常年驻外。2006年6月，澳大利亚沙文市将当地18000亩土地以协议出让的形式赠予少林永久持有，打造集修行、练功、研究、交流、旅游为一体的海外版“少林分店”。自此，少林寺开始借鉴麦当劳、肯德基等跨国巨头的运营模式，在世界范围内开设起武馆，并采用“直营店”和“加盟店”两种业态经营，并设立“少林武馆标准认证”。与此同时，一个以“禅武”为轴线的衍生产业链条也就此展开：一线产品除习武培训、表演、出版、影视外，还出现了少林寺禅果、月饼，禅修服饰，习武器具以及少林创意文具等。针对这些衍生产品，少林寺还成立了一家全资子公司“少林欢喜地”。2008年，这家公司在寺内直营店的基础上，还在淘宝网开设了网店，少林禅武的销售渠道由此呈现国内国外、现实虚拟共存的多种形态，商业收入自然也是节节攀升。

六、中国的崛起与新的奥林匹克体育

（一）中国武术与奥林匹克体育

随着改革开放和经济体制的改革，中国迅速地以发展中国家的身份一跃成为了全球第二大经济体。2008年北京奥运会成功地召开，便是实证。萨马兰奇先生称北京奥运会为“所看过的历届奥运会中最好的一届”和罗格先生赞誉的“这是一届真正的无与伦比的奥运会”已经涵盖了所有对北京奥运会的褒抑。中国武术在此次奥运期间以特许的比赛让世界人民了解认识了武术，展示了中国武术的魅力。

奥林匹克运动是现代体育竞技文化的集大成者，代表体育运动现代化、世界化发展的潮流，其成功经验值得借鉴。

1.现代奥林匹克运动顺应了人类社会的发展潮流。现代奥林匹克运动顺应了19世纪以来人类社会进入工业文明以后的发展潮流。工业文明使世界上各个民族之间的经济、政治、文化等方面的关系大大加强，交往日益密切，迫切需要各种有效加强国际间的相互了解的沟通手段。现代奥林匹克运动顺应了这一社会需要。

2.现代奥林匹克运动顺应了现代体育发展的潮流。随着国际间各种交往关系的日益频繁，通讯和交通手段的改进，竞技运动的国际化成为现代体育发展的必然趋势。奥林匹克运动顺应了这一潮流，坚决走体育国际化的道路。它不仅大大促进了体育国际化的发展，而且在体育国际化的大潮中不断地汲取营养，壮大自己的力量，终于形成了今天的规模和声势。

3.现代奥林匹克运动具有博大的文化包容精神。现代奥林匹克运动的国际性，使它较少地受到狭隘的民族和地域的局限，而大量地、不断地从世界各个民族的文化中汲取有益的养分，丰富自己。将古代与现代，东方与西方，汇聚一处，融为一体，五大洲各个国家绚烂多彩的民族文化，中华民族文化更为它提供了取之不尽、用之不竭的文化源泉。它是人类社会优秀文化的积累，是多个国家、多个民族智慧的结晶。

4.现代奥林匹克运动有高远的人类学、社会学的指导思想——奥林匹克主义，是将人的身、心和精神方面的各种品质在运动中均衡的结合起来，并使之得到提高的一种人生哲学。它将体育运动与文化教育融为一体，倡导和重视奋斗中所体验到的乐趣、优秀榜样的教育价值和对一般伦理的基本原则的推崇。高远的人类社会目标，为其团结全世界人民共同进步，也为自身的发展开拓了广阔的道路。

除此之外，现代奥林匹克运动完善的组织结构，吸收了现代科技成果进行科学管理，对商业化、职业化等问题的宽容处理，也都表现了它的文化包容性和发展性。

武术是与现代竞技体育相对相成的一类文化现象，与竞技体育一样，它不是一项或几项竞技体育形式。因此，武术对奥林匹克又有着补充与发展的作用。

1.武术运动是对现代体育竞技文化的补充与发展。

现代社会科技的发展、信息化程度的不断提高，人与人之间时空距离的空前拉近，人们已逐渐不满足于体育运动简单的模式，开始充分挖掘体育运动的文化信息内涵，提倡个性化与创新性。武术的多姿多彩的形式和丰富而统一的文化内涵，正适应了这种需求。

2.武术运动的生命哲学是对奥林匹克主义的人生哲学的补充与发展。

武术的生命哲学特色，不仅讲究把“人的身、心和精神方面的各种品质均衡的结合起来，并使之得到提高”，更讲究将它们有机统一，主动地协调而共同发展。武术运动与文化教育不仅可“融为一体”，而且长于从根本上相合统一，内化为参加者的文化品质，促进人的身心发展，武术中的阴阳相反相成、协调统一、和合发展等生命哲学思想，早已进入学与道的层次。所以，武术运动有定位于人类文化，向世界性、社会文化性发展的潜力。

与此同时奥林匹克运动又与武术有着类似的价值。首先它具有教育功能，青少年是国家的未来，活泼好动，好模仿，奥运会俊杰辈出，都会被他们羡慕和崇拜。奥林匹克强调人的和谐发展，不仅有强壮的体魄，而且道德高尚，内心充实知识丰富。武术也讲究“强身健体”、“修身养性”和“尚武重德”。武术强调以理服人。武德以“义、忠、孝、仁”为根本。西方人有着豪放外在的性格，体育正可以表现自身价值，能力，身体形态健、力、美的组合。武术在发展过程中出于表演和保健的需要，还有古典舞的影响，用来表演，养生徒手练习的套路，那明显的节奏感，均衡的姿势，神形兼备坚实的技击，更能表现健、力、美和精神高度完美统一以及人性的伟大。因而，武术与奥林匹克运动都具有教育性、健身性、竞技性、表现性。

（二）武术国际化

武术要让奥运会接受，就必须营造一个良好的国际氛围，让全世界都知道武术、了解武术，让世界人都热爱武术、参与武术。七八十年代《少林寺》的播出掀起世界的“武术热”，不少外国人来到中国学习武术，我国每年都派出武术教师外出教学，成为发展国外武术教学的中坚力量。国内体育院校的武术专业，招收了不少的留学生，他们回去后语言交流方便，有利于武术的推广和提高，而且还有外国人研究武术理论和中国的传统文化。我国体育工作者充分认识到武术的社会价值，经过不断努力武术已经向国际化发展，到现在已有相当规模。八十年代举办的比赛有南京国际武术表演赛、武汉国际太极拳邀请赛、国际武术邀请赛、中国国际武术节。九十年代武术列为亚运会项目，还有国际武术散手擂台邀请赛、世界武术锦标赛、北京国际太极拳邀请赛，还有各地区的武术节也蓬勃兴起，促进了国外武术交流，带动了国际武术水平的提高。在近来的武术比赛中，中外选手水平接近，国外武术裁判的出现，就很好的说明了这一点。然而这比起奥运会项目特别是热门项目来说，是微不足道的，我们应在现有基础上，吸引更多的人参与武术，接受武术。只有这样，武术才能走向国际化。

第三篇　历史的抉择：传统武术发展的文化归宿

第一节　文化属性是传统武术的价值根本

一、武术文化的特性

文化分为广义和狭义之分。广义的文化涵盖面非常广泛，又称为“大文化”，学术界将其分成四个层次，即：物态文化层、制度文化层、行为文化层、心态文化层。狭义的文化又称为“小文化”，1871 年英国文化人类学家爱德华·伯内特·泰勒在他的名著《原始文化》一书中，将其定义为“包括知识、信仰、艺术、法律、道德、风俗以及作为一个社会成员所获得的能力与习惯的复杂整体”。

从这个角度分析，武术文化的定义也就分为广义和狭义之分。广义的武术文化可以总结为：人类在历史长河中，以武术运动为载体，所形成的一种具有超本能的，有意识地作用于自然界和社会的一切武术活动及其结果。广义的武术文化可分为三个层次，即武术文化物质层、武术文化制度层和武术文化精神层。武术文化物质层是武术物质形式活动及其产品结果的总和，指武术具体的套路、动作、器械等；武术文化制度层指武术练习者处理各种关系的准则，武术的各种流派、组织制度以及传播、教育、传承关系原则等，影响着武术的发展过程，且这种影响有积极和消极之分；武术文化精神层是武术运动精神的创造和结果，指以“武德”为代表的各种武术文化意识和精神、以习武作为修身养性的价值追求和理念超越等。这也是狭义武术文化的内容，是我们平时所理解的武术文化。

武术文化是中国传统文化的产物，是中国传统文化大系统中的一个子系统，是传统文化的沉积与反映。在长期的历史发展过程中，武术文化在理论上受中国传统文化的思想指导，在行为方式上受中国传统文化的制约，具有中国传统文化的共性。同时，武术因其独特的价值功能和表现形式，在发展中逐渐形成一种特殊的文化形态，具有独特的个性内涵。武术文化的涵盖面既深又广，包括武术行为的指导思想、哲学意识、理学原理行为美感、意念体系套路经略、服饰器械武艺门派等，其深厚的文化内涵对于当前我国在世界的发展具有重要的意义。

二、武术文化的健身性

作为一种身体文化，武术的健身性价值是贯穿其发展过程的一项重要特性，强身健体自古以来就是人们从事武术练习的主要目的。

武术套路动作复杂多变，在习练过程中，强调手、眼、身、法、步，以及精、神、气、力、功的协调配合，讲究上下相和、内外合一、“眼随手动”、“目随势注”的和谐统一状态。同时，武术的动作幅度较大，对柔韧性要求也很高，屈伸、回环、平衡、跳跃、翻腾、跌扑等动作，使人体各个部位几乎都参与了运动。经常从事武术练习，可以提高肢体的力量、柔韧性和协调性等身体素质，促进身体全面而匀称的发展，达到健身健美的目的。

武术是一种身体运动形式，属于人体科学的一部分，在发展过程中受传统医学，即中医学的影响颇深，讲究调息行气、注重意念活动的武术，其练习理论也是以中医的阴阳五行说、经络学说、脏象学说等为生理学的依据的。传统中医理论强调气血，与武术“外练筋骨皮，内练一口气”的理念是一脉相承的。中医理论认为，精、气、神是人体生命活动的根本，是人身体的三大宝，三者之间相互联系，“精盈则气盛，气盛则神全，神全则身健；精生于气，气化于精，精化于气，气化于神”，而武术练习中也非常重视“精气神”的内在锻炼，通过对精、气、神的统一练习，达到“练精化气，练气化神”的境界，从而达到内外兼修、强身健体的健身效果。长期进行武术练习，对外能利关节、强筋骨、壮体魄，对内能理脏腑、通经络、调精神，使人的身心得到全面锻炼，具有极强的健身性。

现代社会由于科学技术日益发达、生活节奏加快，人们的身体素质普遍下降，因疏于健身造成的“文明病”泛滥。通过各种手段来增强人们的体质，提高全民健康水平，尤其是青少年的身体素质，是当前体育文化的根本任务。内外兼修的武术，具有显著的健身养生价值，在练习过程中不仅可以强健体魄，还能使习练者的精神和思想得到很好地维护和升华。同时，武术训练队场地、器械的要求较低，训练形式也比较灵活，可以单独练习，也可以对练或群体练习，是当今社会提高全民身体素质的一项有效的运动项目。

三、武术文化的哲理性

中国武术是最富有民族哲理的一项体育项目，在形成和发展过程中广泛吸收了中国古代哲学思想，并作为自身发展的思想基础，蕴含着丰富的哲理性，成为民族意识形态、生活方式、精神的物化产品三种文化形式有序的结合体，是精神文化和物质文化的统一体。武术追求朴素和谐、宽和融通、务实的精神，讲求整体和全局的把握，注重人本身的身心平衡以及与自然、与整个环境的平衡，强调在“性命双修”中培养自己的生存能力和协调自然的能力。武术文化中深含的哲理性是武术区别于西方体育项目的重要标志之一，也是武术文化流传至今依然具有独特魅力和广泛影响力的重要条件之一。

在中国武术理论体系中，无论是拳理阐述、技法概括、训练机理、技击原则、武德修养，都深受中国古典哲学理论的影响，蕴含着丰富的哲学信条。“阴阳学说”是中国古典辨证思想的主要理论之一，在武术理论中，以“阴阳变化”为基本思想，发展演绎出动静、刚柔、虚实、开合、内外、进退、起伏、显藏、攻守等对立概念，并在强调对立之间的转化中，构成了中国武术极为丰富多彩的技击原理与方法。如太极拳以阴阳学说为理论以太极命名，运动中贯穿阴阳运动规律、同时以导引为意念。形意拳以五行学说为基础、配以经脉理论，通过拳术的习练到达经脉脏腑功能的提高。

武术的指导思想是中国传统的“天人合一”哲学思想，这种观念是道家哲学本体论的一种表现，其所延伸出的形神合一、主客合一、理气合一等中国武术打下了思想基础。武术套路练习中，追求肩与胯合、肘与膝合、手与足合的“外三合”境界以及心与意合、意与气合、气与力合的“内三合”境界，即对

“六合”的追求。同时，武术练习把人作为一个整体来训练，注重形体与精神的统一，讲究“内练精气神，外练筋骨皮”、“内外合一，形神兼备”，以达到内外兼修的目的。同时，受天人观念的影响，在习练武术的过程中强调人与自然的和谐，把人放到自然中去，把人的运动同周围环境密切联系起来。按照不同的季节、时辰、时令等进行练习，同时根据自然界和人体机能的变化，采用不同的方法达到练功的目的。这些都反映了武术受中国传统哲学影响而逐渐形成了“和谐”理念，这是武术文化中的重要组成部分。“武术文化”是按照中国传统文化中“普遍和谐”的法则结构构建起来的，包括自然的和谐、人与自然的和谐、人与人的和谐、人自我身心内外的和谐等观念。它的文化价值在于把自我身心内外的和谐作为起点，推广到人与人的和谐，继而扩展到人与自然的和谐。

武术既是一种健身手段，又是一种伦理规范。儒家伦常作为一种道德、伦理的规范，在我国两千多年的封建社会里长期占据着统治地位，武术在发展过程中深受其影响，逐渐形成了大家所共同遵循的独立的武术伦理理念——武德。“武以德为先”、“未曾学艺先学礼，未曾习武先明德”是武林人士的优良传统，修德成为习武者学习武术的首要条件。“礼”作为中国传统体育哲学思想的重要组成部分，是武德的中心思想，强调“道德先行、礼让为要”，用以调节习武之人的外在行为，使其遵守道德规范和社会秩序。在古代的武德观念中，习武的最终目的不是打击、伤害对手，而是为了提高自身的修为，练武与修身、习艺与立人、技艺与品德达到了高度的统一，修心养性成为习武之人立身处世和实现人生价值的根本。

随着时代的不断发展，潜在的武术哲学在新时代中必然兼收并蓄新的科学观点，赋予武术哲学以新意，更好地发挥其对构建和谐社会的重要作用。

四、武术文化的教育性

作为身体运动项目的一种，武术与西方体育项目所不同的是，在几千年的发展历程中，受传统哲学、传统养生学、儒家思想等的深刻影响。在这种影响之下，加之自身的特殊性，武术形成了一套较为成熟的育人系统，具有了教育的功能，武术文化以其丰富的文化资源和精神价值对现代中国社会人才的培养起着积极的意义。

作为一种严格的身体教育，武术受中国传统文化“天人合一”思想的影响，追求内与外的和谐统一。武术文化中蕴含的深刻的哲理性，决定了武术作为运动项目所表现出的教育功目的与西方竞技体育追求的身体极限体能是完全不同的。武术各流派的技击与套路大多取法自然、效仿自然以及人体自身，符合人体自身发展规律，所要达到的目的也是强健体魄、修身养性。武术运动注重内与外的结合，遵循“内外兼修”的身体训练理念，在技能学习中强调身体各部位的协调性以及“精、气、神”的统一，长期系统的武术训练可以提高身体部位的灵活性，调节身体内环境的平衡，改善神经系统的思维反应和应变能力，提升身体素质水平，促进人身体的全面发展。同时，武术训练注重培养人内在的强大，通过刻苦自律的训练过程，使人养成独立自主的良好生活习惯，培养人勤奋、刻苦、勇于进取的品德。

武术在形成过程中，受传统养生学影响，将养生学放在重要的地位，提倡在掌握技击的同时，注重对生命意义的追求，以博大的人道主义和爱物主义的哲学指导生活，这是世界上其他武道所没有的，是武术文化教育性的特殊表现。《太极拳论》中有：“此学武当以张三丰老师遗论，预使天下豪杰延年益寿，不途作技艺之末也”的阐述，表明武术突破了原始攻防的特质，逐步升华为对生命意义的思考。武术的“内外兼修”实际上反映的是一种整体观，将人看成一个整体，注重内与外的平衡协调关系，侧重于内在“德”行修养的完善，以体悟生命的意义。在武术练习中，注重自娱修身、性命双修，消除与缓解压力，以达到延年益寿的效果。

武术文化代表着中国传统文化的基本精神和历史个性——尊祖宗、重人伦、崇道德、尚礼仪，不仅体现着东方的哲理，还蕴含着丰富的民族传统伦理，形成重传统、重经验、尊师爱徒的人伦观念。中国古人追求高尚的道德人格，孔子和孟子理想的道德人格就是“内圣外王”，提倡追求内在道德的修养，积极有为地通过对社会的贡献显示自己的价值和道德。武术以儒家思想为基础，形成了自身的武德思想。武德是习练武术和从事武术活动的人，应具有的道德规范和应遵循的道德行为，历来被习武者推崇。虽然武德在现代社会被赋予了新的内容，但其至始至终都秉承塑造人意志品质，培养人高尚道德的理念，教育意义始终没有改变。成人养德是中国传统教育的一个重要特征，“武德”作为武术修炼者的一种独特道德与伦理规范现象，在本质上已经超出了行业的范畴，形成了一定的社会道德机制，制约着现代社会人的行为规范，促进了社会道德事业的发展。

西方体育追求人体速度、力量、体能的极限，以达到快速获得成就感的目的，而注重内在修炼的武术，实质上是一种长期的、贯穿人的终身的知行教育。武术种类繁多，动作复杂，在几千年的发展过程中形成了博大精深的套路库，学习的难度非常大。而武术与其它体育项目最大的不同在于，要通过长期的磨练才能体会武术的精深与博大。传统武术对习练者的身体素质、年龄等要求较低，可以进行长期性终身性的练习，在武术套路或散打的习练过程中，每位练习者都会遇到身体疼痛、动作不协调等困难，那么练习者所遇到的困难和遭受的挫折也具有长期性的特点。这种长期性的挫折练习过程，可以培养人耐受挫折的能力，塑造习武者不畏失败、坚忍不拔、百折不挠的意志，锻造人的内在修养。在竞争压力逐渐增大的当前社会，这种耐受挫折的能力教育对于调节人的精神，增强耐压能力具有重要作用。

五、武术文化的先进性

武术文化是中国传统文化大系统中的一个子系统，是我国优秀的文化遗产，在历史发展过程中，发挥着自己独特的价值，对中华民族的气质和心理构成产生了重要的影响。进入当代社会，武术文化作为传统文化宝库中的一颗璀璨明珠，仍然对世界现代文明和我国现代文明的形成和发展发挥着重要作用，表现出永不被历史淘汰的先进性特征。

首先，武术文化的先进性表现在其能集中体现我国的传统民族精神。中国文化在宗族和宗法关系长期存在的历史环境中，逐渐形成了“家国同构”的意识形态。“家国同构”是指家庭、家族和国家在组织结构方面的共同性，正如梁启超所说的：“吾中国社会之组织，以家族为单位，不以个人为单位，所谓家齐而后国治也。周代宗法之制，在今日其形式虽废，其精神尤存也”。作为中国优秀传统文化载体的武术，也折射出传统文化的基本精神，集中体现了我国的传统民族精神。

自古以来习武的本意首先就在于保家，“在中国社会中，家——家乡——国家是直接贯通的，中国人总是把自己的国家称为祖国，它是爱亲爱家情感的升华”，所以“保家”在本质上也是一种“保国”。当宗族、民族遇到危难之时，习武者的“保家”情怀就升华成保家卫国的情感，进而升华成自觉地捍卫民族尊严，维护祖国利益的国家意识。回顾历史上的民族英雄事迹，抗金英雄岳飞努力收复祖国河山；忠臣文天祥面对元兵的威逼利诱，一身浩然正气，留下了广为传诵的爱国诗篇；还有近代的冯三保父女、剑侠秋瑾和武术名师霍元甲等，面对帝国主义的侵略，他们不畏牺牲，挺身而出，为国家和民族的生存洒热血。万籁声在《武术汇宗》中云：“仁厚遵家法，忠良报国恩”，这是对习武者的报国要求，也是千百年来各武术流派形成的爱祖国、爱民族、重大节的优良传统，是我国武术志士的“爱国主义”的文化自觉。武术文化中蕴含的民族精神中华民族巨大凝聚力集中体现，也成为推动民族发展的巨大精神力量，在现代社会主义事业的建设依然有着重大的时代意义。

其次，武术文化的先进性表现在其所蕴含的民族精神，能培育出勇于进取、积极向上的民族性格。在当前全球一体化的趋势下，一个民族的个性如何体现，民族精神很重要，民族精神是塑造民族性格的前提。世界文明的竞争，最根本的还是民族国民性格的竞争，具有强悍进取、积极向上的民族性格对于一个民族腾飞具有重要意义。西方发达国家之所以能建立起先进的民主制度并不断发展科学技术，都是以强悍进取的民族性格为基础的，所以我国想要在世界民族之林立足，想要赶超西方，就必须大力弘扬民族精神，并从中汲取有效营养以改造民族性格。

武术作为一项强身健体、防身自卫的身体运动项目，在练习过程中能形成坚韧不拔、锐意进取的精神信念，武术文化中蕴含的民族精神能培育国民进取向上的民族性格，增强民族凝聚力和实力。1925 年，罗廷光在《国家主义与中国小学课程》一文中指出“增加武术之内容，以养成尚武的精神和奋斗的气概”。1935 年范振兴在《我对于国术的所见》中说：“现代战事利器日进千里，战事日渐趋于科学化，于是好多人便说国术是没有用的东西了，其实他们未免太浅视，他们忘记了国术足以养成国民英雄振作之气，而那亦实是战事胜利上必要的一条件，众志成城，尚武之风实为国防的利器”。孙中山先生提出“处竞争剧烈之时代，不知求自卫之道，则不适于生存”，并指出欲求“自卫之道”就应提倡“尚武精神”。可见，这些革命先驱们已充分认识到民族精神对于一个民族的振兴，一个国家的强大所具有的重要意义。

武术在发展过程中，受中国传统文化影响，形成了仁爱、诚信、正直、勇敢等武德精神。仁爱是一种包容博大精神的反映；诚信即诚实、不欺骗、遵守诺言，是人最重要的品德之一，是一个社会赖以生存和发展的重要条件，是一个民族和国家的精神要求；正直、勇敢是习武者见义勇为、匡扶正义的集中体现。当前中华民族面临着道德缺失的问题，武术民族精神的大力弘扬能及时扭转这种局面，改造民族性格，增强我国在世界文明竞争中的实力。

最后，武术文化的先进性表现在其是一种大众的文化，具有广泛的群众基础，反映了中国大众普遍的文化心态。闻一多曾引用英人威尔斯所著《人类的命运》中一个观点：在大部分中国人的灵魂里，斗争着一个儒家，一个道士，一个土匪。闻一多解释，威尔斯所指“土匪”，包含有中国武侠的意思。而其中的道家是对儒家的一个补充。古有“文者为儒，武者为侠”的说法，也有学者指出“儒”与“侠”是最具影响力的两种文化传统，是当时中国传统文化精神的主要载体，在历史发展过程中，儒家文化与武侠文化相互抗衡、相互影响，最终形成了中国传统文化的两大体系。

武侠精神是中国特有的历史与文化现象，是建立在大众俗文化基础上发展而成的，折射出中国人复杂的社会、文化和心态，其所倡导的“忠、义、信、刚、毅、勇、诚”的精神理念以及对独立人格的追求是中华民族优秀文化精神的体现，也是武术文化中的精髓。武术文化以其广泛的群众基础，成为当代中国先进文化的有机组成部分，取之精华地进行继承，对于振奋民族精神，增强文化竞争力具有重要作用。

武术受中国传统文化影响，带有中国传统文化的共性，同时也具有健身性、哲理性、教育性、先进性等自身文化特性，逐渐形成一个独立的、庞大的文化体系，对世界其他文化产生着影响。当前，文化全球化是世界文化对多种文化进行整合的过程。在文化全球化的时代背景中，武术应在保存其文化主脉的同时，以博大的胸襟不断融汇和吸纳其它文化，发展自我，创新自我，在新时期的发展中发挥更强大的文化和精神作用，为构建社会主义和谐社会做出贡献。

第二节　武术的发展背景和方向

一、全球化

当今时代是一个全球化的时代，“全球化”一词是美国学者泰奥多尔·莱维于1985年提出的，随着社会和经济的发展，全球化已经成为一个不可逆转的浪潮，极大地改变着世界政治、经济和文化的格局。这是一个人类不断跨越民族、国家地域的界限，超越制度、文化的障碍，在全球范围内相互联系和交往，互相影响和整合的历史发展过程，从而使全球经济形成一个不可分割的有机整体。

王岗在《体育的文化真实》一书中指出：“全球化不仅是一种业已存在的社会现实，也是一种理论和文化问题”。它不仅渗透到了经济、政治、科技等领域，还渗透到了思想和文化领域。受经济全球化影响，文化也在世界各地相互交往传播，文化全球化趋势日益明显。这种趋势促进了文化之间的交流，为人们的文化和生活方式提供了更多的选择，但是也打破了文化的地域和本土限制，使传统文化、民族文化面对着巨大的挑战。文化的全球化趋势是伴随着经济全球化发展的，在世界不同文化的交流融合中，经济地位决定着文化的地位，强势的文化必然通过种种优势将自己的文化价值推向世界。从目前全球文化力量对比来看，西方文化以其绝对的经济优势成为一种强势文化，在迅速走向世界的过程中逐步排挤本土文化，对其他文化造成巨大的冲击和压力，并开始占据、支配人们的思想和观念。在西方强势文化的影响下，我国的民族传统文化面临着消亡的危机，两种文化的相互交融和竞争，使我国很多富有民族特色的信仰、节日、服饰、习俗、仪式、典礼甚至语言文字逐渐被人们淡忘，有的正趋于消失。

随着社会的不断进步与发展，文化已逐渐成为一个国家综合实力的重要衡量指标，深厚的文化底蕴和强大的文化竞争力是国家富强、民族振兴的象征，保护民族文化传统，强化文化实力是国家不断发展的重要条件。乔晓光先生认为：“一种文化的兴衰，往往依赖于拥有这种文化的人数”，青少年是祖国未来发展的主力军，文化的问题要从青少年抓起。教育是文化得以传承和发展的重要手段之一，如果在学校教育这块阵地上，能够做好有关文化层面上的教育与传播，这对于文化的振兴将会是巨大的推动。所以，在学校教育中不断增强青少年对民族优秀文化的认同和自信，振奋民族精神，凝聚民族力量，是当代社会发展的一项十分紧迫的任务。

武术作为一种特殊的体育文化，深深扎根于社会历史与文化传统之中，在不断的发展历程中，与中国古代哲学、政治、经济、文化、艺术、道德以及宗教信仰等民族文化相互交融，将中华民族的思维方式、价值观念、情感体验、文化认同与身体运动有机地结合在了一起，形成了一个有着丰富精神内涵与精湛技术体系的文化系统。程大力先生曾提出“传统武术：我们最大宗最珍贵的濒危非物质文化遗产”，可见，武术文化的继承与传播实际上就是对中国传统民族文化的继承与弘扬。在学校武术教育中将武术文化教育贯穿始终，可以使学生在学习过程中，提高对武术文化的认知，进而了解中华民族传统文化，树立起民族文化的认同感、自豪感，起到传承民族文化的作用。

“全球化时代的演说语境是武术教育发展的安身立命之所”，在全球化影响下，由于中西方文化的差异，传统武术遭受了异域文化的巨大冲击。西方体育理念的“入侵”，给我国学校武术教育带来极大的影响。武术衍生出的新的表现形式——竞技武术，竞技武术成为在世界范围内传播武术的主要载体，并占据了主导地位，学校武术教育逐渐沦落为竞技武术的人才培养基地。被西方体育同化了的学校武术教育表现出明显的竞技倾向，武术中所蕴含的丰厚的武术文化被剥离出来，破坏了武术的完整性，使武术失去了独特的文化魅力，武术文化教育严重缺失。这种缺失，使武术教育丧失了文化教育的功能，没有了生命力和灵魂，极大地阻碍了学校武术教育的发展。

二、构建和谐社会

进入21世纪以后，党的方针紧随时代变化和需求，明确提出构建社会主义和谐社会的战略任务。党的十六届四中全会提出了构建社会主义和谐社会的重要思想，把构建社会主义和谐社会作为社会发展的目标。并明确指出，和谐是实现社会稳定和可持续发展的保障，是发展社会主义市场经济、社会主义民主政治和社会主义先进文化的必然要求。2005年2月19日，胡锦涛总书记在省部级主要领导干部提高构建社会主义和谐社会能力专题研讨班上的讲话中明确指出：“我们所要建设的社会主义和谐社会，应该是民主法治、公平正义、诚信友爱、充满活力、安定有序、人与自然和谐相处的社会”。

构建和谐社会，在本质上就是要处理好人与自然、人自身、人与人、人与社会这几方面的关系，离不开和谐文化的有力支撑。所谓“和谐文化”，就是指一个文化体系自身的内容及各种形式、各个环节之间是统一和谐、积极互动的，同时，这一文化体系与它的经济基础、政治导向和生态环境之间也是和谐一致、积极互动的。

和谐思想是中国传统文化的重要精神，贯穿于中国思想发展史的各个时期和各家各派之中，彰显着东方式的哲学智慧，具有独特的价值功能。为调节人的心态、人际关系，化解各种社会矛盾和冲突，为今天现代和谐社会的构建提供了无尽的历史智慧和现实思考。武术在发展过程中，受中国传统文化影响深刻，是中国文化的一个缩影，是中华文化乃至中华民族精神的载体。武术文化中蕴含着丰富的中华优秀文化传统和民族精神，民族精神是一个民族赖以生存和发展的精神支柱。传承武术文化，弘扬民族精神，能培养人民遵守社会公德，提高人民的思想道德水平，促进公民追求和谐的自觉意识，凝聚精神力量，为构建和谐社会提供精神支持。对于促进社会整体的和谐发展，促进社会主义和谐社会的构建具有重要意义。

改革开放以来，经济的迅速发展使人们的生活方式出现多样化，随之也带来了思想接受和选择的多样化。全球化的影响，使我国文化面临着如何处理“一元与多元”、“本土与国际”、“传统与现代”的问题。在当前社会背景中，我们必须充分发挥武术文化的积极引导作用，利用武术文化的先进性将中国传统文化与当代文化有机结合起来，使两者和谐共处，达成构建和谐社会的文化要求。武术文化这种作用的发挥，必须要靠教育。然而当前我国武术教育采取的是以吸纳西方教育为主的发展模式，在课程内容设置上也以西方文化为主。中国传统文化在西方文化的渗透中不断被蚕食和同化，逐渐萎缩。受教学模式主导，学校武术教育体育化倾向严重，在教学中注重对武术技艺的传授，忽略了武术理论与武术文化的教授。武术文化在武术教育中的缺失，不仅使武术文化在构建和谐社会中应有的教育作用无法发挥，而且还阻碍了构建和谐社会的进程。

三、武术功能的多元化转型

武术是一种独特的民族体育项目，从孕育到形成，再到发展成熟，经历了一个极其漫长的历史过程。武术在不断的发展演变过程中与多种文化形态相互渗透交融，并随着特定的政治、经济历史背景的变化发生着根本性的演变，其多元化的功能取向也发生着相应的转变，可以说，武术运动发展完善的过程就是武术功能演变的全过程。

武术功能不仅取决于武术本身的特点，还取决于社会发展和人们生产生活的需要，所以武术的功能是随着历史发展的变化而变化的，依托于特定的历史发展时期，武术的功能也呈现出不一样的发展转型趋势。

（一）社会转型期武术的发展

社会转型期，随着社会形势的稳定，武术被当作优秀的民族文化遗产加以继承和提高，党和人民政府十分重视民族传统体育项目的继承和发展，国家体委和中国武术协会遵循“取其精华、去其糟粕”、“古为今用，推陈出新”的方针，使武术作为运动项目朝着民族的、科学的、大众的方向前进。并按照武术运动的本质特征和功能价值，全面规划了武术运动的发展方向，促进了武术运动民族化、科学化、大众化和国际化的发展进程，使武术得到了进一步完善和长足发展，成为社会主义体育事业的重要组成部分。

纵观社会转型期武术的发展历程，可以看到武术发展经历了继承、创新、成熟的曲折过程：

1.确立方向，拓宽视野

1982 年召开了新中国成立来的第一次全国武术工作会议，制订了武术工作发展方针、政策，颁发了《全国武术工作会议纪要》，为武术发展确立了纲领，也为武术运动开展国际交流、走向世界奏响了凯歌。此后，武术以独特的姿态，登上了国际竞技比赛的舞台。

2.挖掘整理，拯救遗产

1979 年国家体委发出了《关于发掘、整理武术遗产的通知》，自 1983—1986 年间，动员了全国近 8000 余人，耗资数百万，开展了我国历史上空前的普查和挖掘整理工作。共收集有关文献 482 本，古兵器 392 件，实物 29 件，丰富了武术文物资料库，为弘扬武术文化和促进武术全面发展奠定了基础。

3.改革制度，开拓理论

从20世纪80年代起至今，我国先后修订武术竞赛规则8次，达到了国际体育竞赛的基本要求；同时，制订并实施了团体或个人锦标赛和多层次观摩交流大会体制，实行了裁判员、运动员、教练员等级制和段位制。散打也经整理列入了竞赛体制，使武术竞赛形式更为完善。在制度完善的同时，进一步规范了武术技术，打破门户和流派的界限，进行动作的创新，使武术技术达到了一个新的高度。

新中国成立以来，我国注重武术的国际交流，武术代表团先后访问过五大洲多个国家，为宣传发展武术运动起到了积极作用。从20世纪80年代起，我国开始有计划地对外推广武术，并成立国际间和洲际间的武术联合会。通过一系列努力，目前武术已成为亚运会正式项目，2008年奥运会时，武术作为特殊项目被列入，成为国际体坛的竞技项目之一。

4.开发文化，发展经济

武术在发展历程中逐渐成为一种文化形态，具有丰富多彩的文化内涵，构成了独特的武术文化。开发武术文化，有利于武术形成自身的体系，有利于更深层地认识和展示武术的功能价值，把武术推向世界、造福于全人类。十一届三中全会以来，武术理论界已充分认识到强化武术文化研究的重要性，武术理论研究成果颇丰，已发表近万篇相关论文。同时，武术的健身、修身、教育、娱乐、经济等多功能价值也被人们重视，尤其是其经济开发价值。于是，相继衍生出许多集文化、经贸与一体的武术活动，从不同的侧面展示了武术服务于经济建设的巨大潜力，例如“少林武术文化节”、“武当武术文化节”等。

社会转型期，中国武术的发展呈现出以下特点：一、武术社会功能向多面性发展；二、武术技术（器械与徒手）向多样化发展；三、武术意识向自觉性、理论性发展。由此，中国武术开始成为独具特色的文化体系。

（二）武术功能的多元化

武术功能，从定义上说，是凝结在武术发展运动中的精神产物和物质产品对社会进步产生影响和作用的总和，是武术存在、发展和进步的标志。武术功能具有双重性特点，即显现的功能和潜在的功能。根据其特点，武术功能随着历史发展和社会需要的改变，特别是进入社会转型期，武术的功能出现了多样化的趋势，不仅有军事功能、娱乐功能、健身功能、竞技功能、观赏功能等社会功能，还产生了教育、经济等方面的功能价值。可以说，武术功能从技术到组织、从形式到思想，均发生了极大的变化与发展，呈现出了向多元化转型的趋势。

1.武术的军事功能

无论是在战争迭起的封建社会，还是在此起彼伏的反帝反封建斗争中，武术通常被用来作为争取权力领地，获得和平自由的手段。进入社会转型期，武术的军事功能不只是片面的训练士兵的格斗能力了，作为一种作战训练的重要手段，武术对培养军队士兵勇敢顽强、近身搏斗的实战能力也具有特殊的意义。尤其是在当代部队中的格斗术中，我们到处可以看到武术的影子，硬气功、各种擒拿、各种摔法等。同时，还运用武术的一些练习方法，比如练习硬气功的方法去训练士兵，提高他们的身体抗击打能力。

2.武术的健身修身功能

武术一直被中国人称为“国术”，它具有很强的健身功能，并具有内外兼修、适应性广泛等显著特点。进入社会转型期，武术的军事功能逐渐减弱，转而向健身功能倾斜，健身功能逐渐超过了军事功能。尤其是现代社会，人们社会压力大，工作生活节奏较快，缺乏锻炼，大部分人处于亚健康状况，而生活水平的提高，又使人们追求健康长寿。武术涵盖了我国传统医学、养生学、仿生学的诸多精华，近代武术的科学化趋势加强了其健身养生的功能，自然科学又进一步揭示和验证了武术的健身作用，所以，武术逐渐作为一种健身运动被广大人民喜爱。

武术运动对神经系统、心肺功能、运动系统、内分泌系统等方面有积极的影响，对于维持内环境理化因素的恒定，加强酶的活性以及改善消化、排泄等系统也有积极作用。长期进行武术训练，能发展人体的速度、灵敏、协调、柔韧、耐力、弹跳等综合素质，提高内脏器官的功能，促进身体全面发展。还可增强体质，延缓人的自然老化，具有延年益寿的特殊功效。

武术的修身功能主要可以从两个方面阐述，中国武术不仅讲究修养身体，而且更注重对自身思想道德的修养。武术中的“尚武”能培养“自强不息”的精神，尚武者在坚持不懈的武术锻炼中体魄不断强健，功防技能不断提高，这是“自强不息”精神赖以存在的基础。练习武术不仅能培养练习者战胜困难的意志，而且能增强人们竞争意识，有利于在现代经济快速发展的社会竞争中立于不败之地。

同时，心理健康又直接影响到生理上的功能。心理健康主要是心态平衡和道德的修养。武术讲究的修身养性，实际上是道德的修养，道德情操高尚、修养好的人，在生活和工作中就能保持平和的心态，有益于生理功能上的平衡健康。武术在练习的过程中要求身心合一，调整自己的意念，以达到修身养性的功效。

3.武术的医疗功能

现代医学已证明，武术锻炼能防治很多慢性疾病。武术锻炼中，对动作、呼吸、意念等都有一定的要求，这些对于缓解疼痛，调理身心起到了促进作用，在一定程度上可以有效防治疾病。比如武术对于高血压、冠心病等有特殊的疗效，通过手、眼、身法、步的锻炼，提高了肌肉骨骸系统和脏腑经络的功能，从而达到了培精、调气、正神的目的，促使机体某些病灶部位功能代谢得到改善，起到恢复正常功能的效果。更是通过运气、意念等，达到调节机制的平衡作用。由于武术重视人体精、气、神的修炼和互相依存的医学哲理观念，使其具有了治疗效果的基础。

同时，武术的医疗功能还表现在预防疾病上，武术与中国传统医学理论是相通的，经常进行武术运动，可以使人体各个器官得到锻炼调整，增强了自身免疫力，减少了患病的几率，达到预防疾病的目的。不可忽视的是，武术强调的是身心和意志的双修，所以武术也锻炼着人的精神意志，使人心身俱健、精力充沛、提高修养，使人的性情变得刚毅柔和，达到心理和生理的平衡，促进身体内部功能的提高。传统医学理论解释，就是能使全身的血、气、律、液得到流通，从而达到调节脏腑机制，使人从弱变强的目的。现代生活水平的提高，使人们更注重自身的健康，武术作为一种平民式的健身方式，其医疗功能也逐渐受到关注，并有大量相关的理论研究。

4.武术的娱乐观赏功能

武术的观赏功能贯穿在整个发展历程中，无论是在封建王朝的宫廷表演中，还是在现代社会，其娱乐观赏价值在人们的文化生活中始终发挥着重要的作用。

武术功能的娱乐性和观赏性是密不可分的，人们在习武的过程中获得身心的快乐，同时也给观赏者中带来视觉享受。

中国传统武术内容丰富，风格多样，适合于不同性别、不同年龄、不同阶层的人练习。武术练习不受时间、地点、气候、场地的影响，具有极大的经济性和方便性。其广泛的适应性，深受广大人民群众的喜爱，是现代社会人们自娱的重要手段。同时，武术与舞蹈、戏曲、电视电影等文艺形式的结合起来，形成了新的表演形式，具有极大的观赏功能。武术运动中表现出的强烈的节奏感和优美姿态，给人带来强烈的美感。传统武术常常借用自然界的各种动物、景象的不同姿态来比喻武术动作，也体现出了武术的含蓄、深邃的内在美。而武术套路更注重追求内在的自我表现，更多地表现为展示艺术表演效果，也使人在观赏中获得美的观感和愉悦。

5.武术的竞技功能

武术本身的套路动作，决定了其具有竞技性。现代社会，随着我国国际地位的不断提高，为了满足广大群众日益丰富的需要，竞技武术在国家的政策支持下得到了大力的发展，逐渐成为一种现代竞技体育项目。竞技武术的产生，是武术进入现代的一个重要标志。

近代武术竞技化趋势，使武术的竞技功能日益受到了人们的关注，并逐渐完美化、科学化。20 世纪 80 年代起，我国先后完成了修订与稳定竞赛规则，制定并实施了分级的团体与个人锦标赛和多层次的群众性观摩交流大会体制，并颁布施行了裁判员、运动员、教练员的等级制度。同时，武术技术也得到了进一步的规范。制定了同意的竞赛套路和动作规格要求，在继承传统的基础上打破门户和流派的界限，并鼓励技术动作的创新，使技术动作达到了一个新的高度。至此，竞技武术在中国发展成熟，并逐渐走向世界。

6.武术的经济功能

经济是社会赖以发展的基础，武术作为一种文化形态，以体育运动的一部分出现，也有重要的经济开发价值。武术的发展是为了促进经济的发展，武术为经济提供了更多健康的劳动力，而经济的发展为武术的发展提供了物资和资金上的保证，两者是相互促进相互依赖的。

武术对经济的作用是潜在的、间接的。武术的经济功能主要表现在两个方面：首先，武术健身、修身效果本身就具有巨大的潜在经济效能。通过武术训练，能增进身心健康，提高学习和工作效率，从而促进社会生产。健康的体魄，良好的心理品德，是从事创造性劳动的前提条件，从客观上为能动地改造世界、发展经济提供了物质和精神基础，同时又是生产力发展的决定因素。其次，武术是一种精神产品，是一种社会享受的消费品，因其特有的竞技、表演观赏性，在组织和宣传武术运动的同时，可开展相关的经贸活动。现在出现的武术搭台、经贸唱戏的各种集文化、体育、经贸于一体的活动在全国十分引人关注。

社会转型期，武术的经济功能主要可以表现为以下几点：

（1）各省市体校到武校武馆的建设。

（2）武术馆校的大量兴起，也带动了相关产业的发展，例如，武术竞赛的开发、武术彩票、武术广告、武术因特网、武术器材、服装的生产和销售等。

（3）武术的影视文化产业所带来的经济效益，大量的武术运动员从事武术表演、武术指导工作，拍出的影视又收回大量的票房，用于更多其它方面的经济投资。

（4）各种武术之乡的兴起以及武术节、武术旅游节的举办，如：少林武术节、传统武术节等，不仅吸引了大批的游客促进消费，也吸引了大批的商人投资，从而促进当地的发展。

7.武术的教育功能

每一项运动每一种思想在不同的时代都会有教育作用，中国的武术也不例外。古代武术也扮演着教育的角色，武术教育历来重视“武德”，以“崇武尚德”作为武术教育的基本原则，培育学生养成崇武尚德的精神，这种精神正是传统的中华精神在武术上的缩影。

新中国建立后，民族的独立自由、国家的团结统一为武术进入学校教育提供了良好的社会环境，至此，武术开始成为社会主义体育事业的一个重要组成部分，武术的性质、地位、作用等都发生了很大的变化。体育教学大纲的修订和体育课程的改革，使武术在学校体育教育中越来越受重视，多年来，武术教材始终是各级学校体育课的必修内容之一。在社会转型期，武术作为一种民族传统体育运动项目，在提高民族自信心、增强民族凝聚力方面发挥了重要作用。

1988 年修订的中小学体育教学大纲中，将武术涵盖进“民族传统体育”当中，这是中国义务教育的第一个大纲，武术正式进入到学校教育当中。由此可见，武术的教育功能在我国社会转型期得到提倡并发展。

整体而言，武术的各功能是相通的，相互依存、相互补充，离开某一功能而谈其他功能都是不正确全面的。同时，不同历史时期，武术的功能也有所变化，主次偏重都不同，这是扎根于历史的文化形态发展的规律，是科学唯物的。

四、文化载体成为当今武术发展的定位

武术概念在起初的发展历程中，是颇有争议的。从1932年最早论及武术的《国民体育实施方案》到如今的《中国武术教程》，武术概念经历了多次变动，在此过程中，人们对于武术概念的认识不断深化不断成熟。尽管如此，近年来对武术概念的学术大讨论中，有几种观点是可以得到肯定的。一是武术从属于体育而又高于体育的概念。二是武术的传统文化属性是武术的一个重要特征和基本内容。正如前国际奥委会主席萨马兰奇曾经说："奥林匹克主义就是体育文化。"显然，体育的文化性已经逐渐成为当今体育发展的一个重要特征，武术成为一种文化载体被人们认可。当今社会，随着武术功能向多元化转型，文化武术更是武术多元化发展的一种时代抉择，也可以说，文化载体已成为当今武术发展的定位。

作为一种文化载体，植根于中国悠久的历史土壤中，武术文化具有鲜明的时代特征。

（一）武术文化的民族性

武术作为一项民族传统体育项目，虽然在新时期的发展中不断变化，但其民族性却是根深蒂固的，与民族文化、民族精神和民族尊严是密切联系的。民族性是武术的根本，也是武术保持特色和独立性的基石。文化是推动社会进步的重要力量，而社会的进步又不断构筑起新的民族文化精神。武术的存在以及武术背后所隐含的文化内涵，无疑是反映一个国家的民族活力与精神的一个方面，这也正是武术民族性的一个重要特征。

武术的民族性实质上是一种隐含的民族精神理念，带有强烈的维系自身文化传统的色彩。武术的民族精神首先表现为刚健有为的精神气息，包括自强不息和厚德载物两方面。在古代思想文化中，有"天行健，君子以自强不息"。武

术作为一种人体运动，也是一种技击术，崇尚勇武，追求制胜，要求武术运动者有一种勇武顽强、一往无前的强者争胜的精神。正如精于武术的明代学者颜元所述："一身动则一身强，一家动则一家强，一国动则一国强，天下动则天下强。"

中国传统文化的最高价值原则是和谐，这一原则和认为宇宙是一个和谐的整体的世界观及重和谐的思维方式一起对中国传统文化产生了深远的影响，并决定了中西文化的基本差异。和谐思想所崇尚的是人己物我的和谐，注重人与自然、人与社会及人的自我身心内外的和谐统一。武术文化中也很好地展现了这一观点。《论语》中阐明"礼之用，和为贵"的思想，习武者也遵循尚武而不随意用武的观念，在解决人与人之间矛盾时讲究先礼后兵。

同时武术注重个人身心动作的和谐，这是中国各拳种的一个共同要求，即"内三合"和"外三合"。武术所强调的"合"，其实质就是协调、和谐。所以武术的"合"并不仅是动作上下内外协调的技术要领和要求，更是武术的一种重要理论，是由中国传统文化重和谐的价值观所决定的。

（二）武术文化的传统性

武术文化的传统性是构成武术特征的一个重要内容，在现代竞技武术诞生之前，武术自身的传统性具有厚重的历史和文化渊源。直至现在，武术自身改革的产物——现代竞技武术，人们仍然习惯称呼与之对垒的民间武术为传统武术，由此可见武术的传统性影响极为深刻。武术的传统性特点在武术自身的技术体系中也可以得到充分的体现。武术从一种简单的身体技术发展到现在内容繁多、拳种相异、技术复杂多样的武术体系，其历史的传统性是不言而喻的。

（三）武术文化的发展何去何从

因为武术是根植于中国这块历史土壤产生、发展的，所以武术的成熟和创新也无法脱离历史。武术文化的传统性和民族性需要继续保持并发扬，同时要不断汲取外来文化的营养，走现代化世界化的道路。

当前武术已经在传统武术的基础上衍生出新的事物——竞技武术，竞技武术的产生是武术功能多元化转型的体现，是武术文化由传统走向现代的产物。竞技武术打破了民间传统武术的师徒传承方式，种类多样、风格迥异的武术套路被规范统一的竞技套路代替，教学的公开性打破了传统传授的神秘性，竞技武术在现代化思维和理念中孕育发展成为现代武术的一支重要发展力量，甚至有学者评价“竞技武术为当前武术的最大门派”。但是，过快的现代化转型与发展使竞技武术产生了问题。尤其是2008年奥运会在我国北京的召开，催化了武术的现代化进程，竞技武术在几十年的发展转变中，还带有太多的传统气息，尚未完成从传统到现代转型的历史使命，就被推到了世界人民的面前。竞技武术为了迎合西方现代化体育的标准，从评分方法到技术内容，彻头彻尾地进行了较大幅度的革新，逐渐背离了传统武术。

武术的发展是传统基础上的现代化发展，传统与现代一直是困扰武术发展的主要问题。在一定程度上，武术的现代化发展必然涉及对传统结构的破坏和现代内容的建立，这是任何事物发展的必然规律。如何在保持自我特色的同时进行现代化发展，是武术文化需要面临的重大历史问题。

武术是一项体育运动，但又高于体育本身，在文化载体成为当今武术发展定位的现代社会，我们需要认真审视当代武术的现代化发展，解读文化语境下武术发展的现实问题，才能更好地促进武术的现代化健康与和谐发展，使武术以文化的姿态走向世界，向世界人民展示其独特的文化魅力。

五、走出身体运动的中国武术

武术是一种身体运动，通过各种套路动作表现出来，身体动作是武术的外在表现形式。但是经历了漫长的历史发展阶段，武术的功能价值逐渐扩展，由政治军事功能，逐渐增加了健身、娱乐和观赏功能。新中国成立后，在国家政策的大力支持下，武术功能开始向教育方面延伸，纳入到学校体育教育中。社会转型期，我国经济飞速发展，武术的经济产业体系被开发，同时作为一种文化形态，武术文化产业也在蓬勃地发展，并以新的姿态走出国门，走向世界。至此，武术慢慢脱离了单纯的身体运动，中国武术真正地走出了身体运动。

武术是一种体育运动，是“以身体活动为基本手段”的运动，但是在整个武术发展过程中，有许多和武术有着密不可分的“精神”方面的东西，以及相关的民俗、与武术有关的文化遗存等，这就是武术文化。武术文化被越来越多的学者提出，他们指出，武术是优秀的传统文化之一。所以，仅仅把中国武术视为一个体育项目、一种专门技能，还远远不能包容和理解中国武术。任何体育项目都具有文化意义，武术也不例外，而且武术具有浓郁的民族文化特征，以及强大的文化包容量和负载能力。中国武术文化，具有悠久的历史传统和广泛的群众基础，是中华民族在长期生活与斗争实践中逐步积累和丰富起来的一项宝贵的文化遗产，有着广博的内涵、多元的功能，强大的生命力和独立性。

中国武术是中华民族传统文化的一个有机组成部分和独特的表现形式，与中国传统文化、哲学、艺术、政治、思想、社会习俗等紧密联系，互相影响，也反映了中国文化的基本特征。中国武术文化具有一定的特性，主要表现在哲理性、技击性、健身性和娱乐性上。中国武术文化的哲理性，在于其充分展现出中国传统“天人合一”哲学思想，讲究身、心、形三者的完美融合，同时注重武德的修养。武术的核心是技击性，中国武术文化的竞技性特点，是武术走出国门走向世界的重要因素，是武术与国际体育交流的关键因素。武术文化的健身性是武术一直具备的特性，在现代社会其健身性显得尤为突出，并因其实用价值和医疗价值被世界人民认识并关注，为中国武术走向世界提供了有利条件。武术文化的娱乐性不仅体现在武术外在表现形式上，也体现在武术内在所囊括的独特文化魅力和交流中。

武术在脱离了单纯的身体运动，走向更为广阔的文化形态的同时，也走进了世界人民的视野，对世界体育文化产生了深远的影响。

首先，中国武术文化影响了西方的健身观念。中国武术在长期的实践活动中，形成了风格多样、纷繁复杂的武术流派，每个流派都有自己独特的理论和思想，都反映出中国古代的哲学思想。西方学者和练习武术者在研习的过程中，也探求着武术的哲学文化内涵并深受影响，正如美国学者弗里乔夫·卡普拉《转折点》里的描述：“由于东方哲学和宗教传统总是倾向于把精神和身体看作一个整体，因而东方发展出大量的从身体方面来解决意识的技术是不足为奇的。这种沉思的方法对治疗的意义在西方正逐渐被认识到，许多西方治疗家正把东方的身体作用技术，例如瑜伽、太极和合气道结合进他们的治疗中。”

其次，中国武术文化丰富了世界体育的美学观念。武术的娱乐性和观赏性决定了武术的形式之美，的确，武术的某些表现形式和技艺，被我国的戏剧、舞蹈、杂技借鉴吸收。武术具有运动的矫健之美，又有神态节奏的英武之美，是力与美的高度结合，是一种兼具健身功能和艺术之美的体育运动。武术文化的艺术和美学价值，极大地丰富了世界体育的美学观念。

再次，中国武术文化对世界医学界做出了突出贡献。武术对于很多慢性疾病都有很好的防治功能，例如太极拳，可起到强身健体、祛病延年的作用，对于高血压和肥胖病等有很好的疗效。武术为世界医学界开拓新的研究领域提供了依据，为医学保健做出了突出贡献。

第三节　武术的活态文化与时代需求

一、建立较为完整的传统武术套路库

武术是我国特有的传统体育项目，是中华民族文化遗产中的瑰丽珍宝。既有健身作用，又有技击性能，由于内容丰富，形式多样，对活跃文化生活有重要意义。中国武术包括技击和套路两种运动形式，武术套路是以技击动作为基础的，根据攻守进退、动静疾徐、刚柔虚实等矛盾运动的变化规律变成的整套武术练习形式。

武术套路又称为“套路动作”，是技击的高度提炼和艺术再现，它来源于技击，又高于技击，是武术的最高表现形式。所以既有攻防的特点，又具有健身意义。由于套路是由许多连续活动的技击动作和艺术动作构成，所以套路也充分体现了武术的观赏价值。人们不仅能从动作中获得外在形体美的感受，而且还能从动作力度的强弱、速度的快慢和节奏的沉浮中获得意境美的感受，从而得到情感的抒发，获得美好的情感体验。所以，套路自萌芽起就得到人们的认可，并不断发展。

（一）传统武术套路运动的发展

中国武术套路的起源于原始社会人类的生产劳动中，人类在与自然和禽兽搏斗的过程中，学会了奔跑、踢跳、翻滚等技能，经过长期的积累和法则，逐渐形成了攻防的姿势与动作，并产生了自觉运用这些技巧的观念。

进入阶级社会，生产力得到发展，兵器随之改进，武术进入了新的发展时期。为适应战争的需要，武器数量增加，武术的攻防格斗技术也有了明显的提高与发展。同时，出现了武舞分化的现象，武术开始出现表演的功能。由于武术套路的动作不具备实战技击，所以决定了套路的发展方向，在初期，多以“武

舞”或“健舞”的舞蹈形式出现。理论学说的运用促进了套路演练风格的改变，古人的阴阳哲学渗透到武术中，形成了“刚柔虚实、动静疾徐、起伏转折”的套路节奏转换的特点，从而使套路充分表现出攻防技击含义的艺术效果和感染力，使其更符合人们健身和审美的需要。

随着时代的发展，物质生产越来越丰富，套路的内容和演练技巧也越来越多样化。尤其是隋唐两代，武术套路获得了充实与丰富。套路紧密围绕着攻防格斗技术发展，重视突出套路的技击性和攻防实用性。同时，吸收了戏曲、舞蹈的演练技巧和手、眼、身法、步等表现形式，发展了套路的演练艺术效果。

（二）传统武术套路的作用

1.武术套路具有技击攻防的作用。武术套路的动作保留了技击的特性，以踢、打、摔、拿、击、刺等为主要动作，表现了套路技术核心。无论什么拳种、何种套路，都通过一招一式表现出攻防技击的特性，都以攻防动作构成套路的主要内容。

2.武术套路具有表演观赏作用。武术套路之所以产生，是因为表演观赏的需要。古代宫廷表演中，武术是主要的表演形式，为了增加美观性和欣赏价值，表演者设计了套路。套路动作以其节奏美、方法美以及和谐美，给人精神和视觉上的享受。而搏斗对抗中双方激烈的争夺和敢打敢拼的斗志，又给人精神上的激励和冲击。

3.武术套路具有健身作用。武术不仅能提高人们的身体素质，还因其涵盖了运动学、经络学等原理，可改善人体身体机能，达到防治疾病的目的。武术注重内外兼修，对身体和心理都有调节作用，经常练习可达到壮内强外的效果，具有很好的健身作用。

4.武术套路具有磨练意志、培养道德情操的作用。我国古代武术重视武德教育，提倡“习武以德为先”。在武术练习中，练习者要有吃苦耐劳和坚持不解的精神，长期以往，可培养勇敢顽强和坚忍不拔的意志。同时，可以达到修身养性的目的，武术教育者着重培养练习者讲理守信、宽以待人、严于律己的高尚道德情操。所以，武术套路在现代社会，对于培养青少年的坚强意志和高尚道德情操具有重要作用，对于促进社会主义精神文明建设也有重要意义。

（三）传统武术套路库的建立

武术套路是中国武术发展的特有产物，是中国武术中的一种独特形式，也是区别于其他武术的一大技术特征。纵观国外的武术，我们熟知的泰拳、拳击、柔道、跆拳道、合气道都是没有套路的武术，中国武术的大部分拳道等都是十分注重套路的。

武术套路是中国武术的特殊产物，这与我国特殊的历史土壤和文化环境有关。武术具有娱乐观赏功能，在古代封建社会，常用于宫廷表演，为了表演形式的美观性，表演者开始编创各种套路动作。同时，受儒家道家思想的影响，国人对于事物的态度都是采取综合把握的态度，表现在武术中，就是将武术分解为最基本的技法，并以此为核心进行学习和训练。所以，套路作为中国武术的特殊表现形式，需要继承保护起来，并在此基础上创新发展。

自 1924 年民国第三届全运会上首次把武术套路列为表演项目开始，武术套路逐渐被人们所重视。新中国成立后，武术套路运动进入发展时期，开始向规范化方向发展。

1979 年，国家体委发出了“关于发掘整理武术遗产的通知”文件，要求“各地一定要对武术的继承、发掘、研究、整理工作给予足够重视，有号召，有要求，有措施，作出成果”，并组成武术调研组到 13 个省市进行了较广泛的考察。同年 5 月，围绕挖掘整理武术遗产，在南宁举行了全国武术观摩交流大全，来自全国 29 个省、市、自治区和香港、澳门等地的 284 名运动员表演了各种访派的拳术达 510 项之多。这次大会表演了多年被埋没的拳种，技击对抗的“散打”、“短兵”也在大会上作了尝试。自 1983—1986 年间，动员了全国近 8000 余人，耗资数百万，开展了我国历史上空前的普查和挖掘整理工作。共收集有关文献 482 本，古兵器 392 件，实物 29 件，丰富了武术文物资料库，为建立较为完整的传统武术套路库，为弘扬武术文化和促进武术全面发展奠定了基础。

同时，传统武术套路开始走向创新，跨入新的发展。如何在最大限度地保留继承传统武术套路的基础上，与现代社会发展大趋势结合，与世界体育文化接轨，是传统武术套路面临的问题。1936 年柏林奥运会期间，中国奥运团中的武术表演队震撼欧洲，是武术走向世界的第一声呐喊。1982 年全国武术工作会议，正式吹响了中国武术走向世界的号角。1990 年国际武术联合会正式成立，此后无论是文化交流，还是竞技比赛，武术发展都取得了长足的进步。1999 年 6 月，国际武术联合会被国际奥委会单项协会组织正式接纳，武术发展又迈上了一个新台阶。

社会转型期，我国当代武术的创新发展是机遇与挑战并存的时代。我们不仅要保留中华武术的传统文化精髓，及时整理遗产，进一步规范武术套路动作，建立较为完整的传统武术套路库。同时也要积极争取机遇，打破门户和流派的界限，进行动作的创新，使武术技术达到一个新的高度，促进武术套路在当代社会的发展与创新。

二、设置传统与现代相结合的传承体制

武术是中国传统文化的一部分，是中国文化精神的一种载体，在传统社会中以教育的方式，传承了中国文化的根本精神，参与塑造了中华民族的精神气质。作为中华民族的传统运动，当进入社会转型期，面对现代化的冲击，武术如何发展成为最亟待解决的问题。在当前社会趋势下，武术要获得可持续发展，必须设置传统与现代相结合的传承体制，既要保持自己传统文化的性格，又要适应现代社会，才能在继承的基础上，得到更长久更广阔的发展。

当代我国武术文化传承主要有两种策略，即“原生态”传承和“活态”传承。“原生态”传承是指传统武术竞赛或者交流活动要体现传统性，完全杜绝使用现代竞技武术的竞赛体系，包括规则、裁判等等。而“活态”传承，则是针对现实中“非活态”传承现状而言的。“活态”传承指出，以身体艺术为特征的武术只有通过口传身授才能保障技术与文化的传承，即必须是人与人之间的直接交流。

在武术的传统传承中，我国已作出了相关工作，例如申请非物质文化遗产、编撰武术书籍、建造博物馆等，但这些只是传承的方式，不能从整体上对武术以及武术文化进行继承。武术属于无形文化，真正的传承必须是以人为载体的活态、动态的传承，保护与资助民间武术传人十分重要。我国武术传承方式，目前多以“活态”传承为主。武术活态文化的传承关注的主体是人，文明是由人创造的，也要靠人来继承延续。所以，武术传统传承应该从发现人、鼓励人和培养人方面着手。可以根据《国家“十一五”文化发展纲要》的精神，建立

民间武术拳种流派名录体系，确立民间武术拳种流，并根据2006年9月颁布的《国家非物质文化遗产保护专项资金管理暂行办法》，申请专项资金，资助传承人，发展武术教育。

（一）武术的传统传承

在中国特有的文化体系下，武术的传统传承是以宗教、宗派和门户为基本模式，以师徒传承为基本方式，以武德教育为核心的。主要是小范围的传授方式，是师徒之间的口传身授。后来，受西方的“外来教育”的影响和冲击，出现了大批的武术会社，同时武术逐渐被纳入现代教育的范畴，传承方式有单一的“师徒制”过渡到“学校班级授课制”。但此时的武术传承只局限于小范围，属于一种市井的文化。

（二）武术的现代传承

进入现代，国家政策的大力支持，社会环境的改变，使武术的性质、地位和作用了都发生了很大变化。建立健全了国家武术管理机构，武术成为民族传统体育，被列入体育教育中，武术开始走向大众化。同时，武术的功能价值开始朝着多元化的方向发展，竞技武术发展迅速，形成了较为完备的竞赛体系。其他武术功能，如健身功能、娱乐观赏功能的明显增强，也促使着武术逐渐走出中国，走向世界。社会环境的变化，决定了武术传承走向现代化，武术传承方式开始多样化，传承范围逐渐扩大。

随着学校武术教育的展开，武术学习者的人数和范围扩大。竞技武术的发展，使武术融入了西方文化的特征，武术的竞技、健身和娱乐观赏功能增强。传媒、网络的普及和发展，使武术传播的手段增多。文化的发展和融合，不仅使武术的文化得到传播，也催生了相关的武术和武术文化产业，为武术的传承提高了更多的途径。

但是，武术的现代传承也存在着很多问题。

首先，现代武术教学是班级授课制，人数较多，相比于传统武术师徒制的教学方式，现代武术无法做到“一对一”的因材施教。同时，精力的分散，也使教师没有办法兼顾武德教育，不能很好地传承中华民族的文化精髓，不利于习武者高尚道德情操的培养。

其次，学校教育使武术的教学内容更加广泛，并根据社会需求设置相关课程，技术动作有了统一的规范，这位武术的传播带来了巨大的益处。但是，传统武术都是分门别派的，每一种都有不同的套路，都凝聚着本门本派的精髓。由于学校教育动作的规范化和人数的扩大化，无法使学习者学到武术的精髓，不利于武术各拳种各门派的传承。

再次，武术流派是受中国地理环境和传统文化思维的影响发展形成的，在一定程度上受封建宗派的制约，发展上受局限。学校教学囊括了各拳种各流派，促进了交流与发扬。但同时也削减了流派的独立性，不利于拳种和流派的专业发展。

综上所述，我国武术的传承体制应该是传统与现代的结合，两种方式可取长补短，互相融合，互相促进。设置传统与现代相结合的传承体制，不仅有利于武术各拳种各流派的长远发展，突出武术的独特优势，使武术以其独特的文化魅力立足于世界；也有利于武术利用多样化的传承手段在更大的范围中更好地传承，使武术的影响力扩大，与其他体育文化交流融合，获得不断的创新与发展。

三、大众武术的特色普及

新中国成立开始，国家政策大力支持，人民经济和生活水平普遍提高，武术经历了一个快速发展的时期。而全国武术馆校的大力发展和“武术之乡”的大量兴起，为大众武术的普及奠定了良好的基础。面对新的社会形势和发展挑战，大众武术需要在保持自身特色的同时，坚持走社会化发展之路，不断突破创新。

（一）大众武术普及的基础

1.武术馆校的大力发展

新中国成立初期，在党和政府的倡导下，武术运动在工人、农民和学生中大力发展。后来，经过不断努力，逐步在全国范围内展开。1978 年，十一届三中全会的召开，为武术的发展提供了契机，也为大众武术的普及奠定了基础。1982 年召开了全国武术工作会议，提出了大力开展各和形式的群众武术活动，允许民间开办武术馆校授拳传艺等政策，给大众武术活动指明了方向，充分调动了与会武术工作者的积极性，大众武术得到了空前的发展。许多农村、厂矿、企业、学校、机关都组织了不同形式的业余武术锻炼小组、辅导站等，武术的学术研讨会、座谈会等频频举行，大众武术开始发展起来。

1979年以后，随着群众性武术活动的深入开展，各种形式的武术馆校、武术社团等开始建立，形成了一个宣传武术、传播、推广武术，组织群众开展武术活动的宽阔而坚空的基地。据不完全统计，全国建立的武术馆校、武术社团有一万多个，入校习武的青少年、儿童有几百万人，全国参加武术活动的群众约六千万人。

1989年，国家体委武术研究院在湖南株洲召开了全国部分省、市武术工作座谈会，讨论了武术工作、建设武术基地、办好武术馆校、评选“武术之乡”等问题，规范了武术馆校和武术社团的管理和建设，保证了大众武术的健康发展。

武术馆校的大力发展，取得了丰硕的成果，在一定程度上有力地促进了大众武术的普及。

2.“武术之乡”大量兴起

随着全国武术运动的蓬勃发展，“武术之乡”大量兴起，“武术之乡”是大众武术发展的产物，是大众武术蓬勃发展的表现形式之一，也进一步推动了大众武术的发展。为了表彰那些武术活动开展得好的地区，树立典范，总结和推广经验，以推动全国城乡武术运动的深入发展，国家体委决定在全国范围开展评选“武术之乡”的活动。

1991年，国家体委下发了《关于开展全国“武术之乡”评选活动的通知》，在全国范围内引起了强烈的反响，受到了各级体委和政府部门的高度重视，在全国掀起了争创“武术之乡”的高潮。“武术之乡”的评选活动，不仅促进了大众武术的进一步发展，也促进了大众武术文化及其相关产业的发展。

3.全民健身运动的开展

大众体育活动的蓬勃发展，使参加体育活动的人数不断增多，人民的体质与健康状况得到显著改善，全民健身工作被社会和国家所重视。为进一步增强人民体质，适应我国社会主义现代化建设的需要，我国开始推行全民健身计划，发展群众体育。1995年，国务院颁布实施了《全民健身计划纲要》，宗旨是“国家发展体育事业，开展群众性体育活动，增强人民体质”。

武术因其健身和医疗养生功能，逐渐发展为一种健身运动，被普通大众所喜爱。其中太极拳被很多人奉为养生之道，尤其是中老年人。太极拳打起来体舒心静，缓慢柔和，动作连贯，圆活自然，动作、呼吸和意念相结合，既可以健身，又可以陶冶情操，并具有良好的医疗保健作用。全民健身运动的开展，促使大众武术进一步发展，为大众武术普及提供了广阔的发展空间。

（二）大众武术普及的发展方向

当前，在经济时代冲击下，武术的创新和发展处于非常关键的时期，武术作为中国传统文化形态，普及率低是其发展受限的一个主要原因。虽然大众武术发展已经奠定了良好的群众基础，但相比于竞技武术其发展形势是处于劣势的，还有非常大的发展空间。

社会化是大众武术普及的发展方向。中国传统武术具有很强的民族性，具有广泛的群众基础，这是中国传统武术发展的潜力和优势所在。武术馆校的大力发展和“武术之乡”的大量兴起，反映了广大人民群众对我国传统武术的迫切需求，也是传统武术走向社会化的具体体现。而全民健身运动的开展，是大众武术普及未来的发展趋势。大众武术特色普及，必须坚持社会化的发展方向，充分挖掘社会潜力，形成多样化的社会经营机制，才能使中国传统武术的发展充满生机和活力。

四、地方传统的学校传承

国家长期以来对武术教育十分重视，1961 年国家将武术内容列入中小学体育教学大纲，要求从小学、初中开始就学习武术基本功和基础套路，高中阶段安排单练或对练学习内容，在初、高中阶段还有武术选用教材。20 世纪 50 年代体育院校的武术还只是一个项目，到 80 年代武术已经被确立为专业，原国家体委属下的各所体院也先后成立了武术系，国家教育部门从小学、中学到大学采取了一贯制的武术教育。武术的学校教育迈入正轨，学校教育成为武术良好的传承媒介。

作为具有民族传统特色的武术课，在学校的普及和推广中，因多种原因，也存在着一些问题。

首先，武术的教学内容较为单调、枯燥，基本上是以初级长拳、初级剑、24 式简化太极拳和五步拳为主，这些内容不符合现代体育课教学丰富多彩、生动活泼的要求，无法满足学生的需要。同时，武术的学校教育是统一的，带有一定的强制性，不论学生是否爱好武术，都必须学习。种种原因导致武术的学校教育无法调动学生的积极性，武术教学缺乏生机。

其次，教学内容不易于学生掌握。由于是班级授课制，教课老师无法照顾到每一个学生。同时，武术教材中每一个套路所对应的动作较多，学生的学习时间较短，对于要求严格的武术套路没有更多的时间去掌握，更别提去领会其中的精髓了。从而使武术教学不能很好地达到锻炼身体的目的，不利于培养学生终身的武术锻炼意识。

再次，学校武术教育缺乏必要的师资。不少体育教师在体育院系学习时，由于武术难学、难记、难做、难练，没有认真地将有关的内容学好，无法胜任武术教学。在教学工作中，对教学大纲就表现出了执行上的随意性，也就决定了武术教学大纲没有创新和新意，无法吸引学生，提高学生的学习兴趣。

最后，考评制度不合理，多以技术考试为主，缺乏对武术精神的学习和传授。学校武术课注重对技术的评判，以技术的优劣作为学生考试成绩的标准。考评制度的不合理，导致老师和学生忽视了理论的重要性，无法很好地传授武术的文化内涵、拳种流派等知识，使学生对于武术精神和文化缺乏了解，不利于武术的传承。

武术作为一种传统的体育项目，具有文化性、民族性、地域性、健身性等特征，如何将武术的这些特征保留并传承下去，是武术教育需要面对的问题。纵观武术学校教育发展历程和种种问题，有些专家学者提出地方传统的学校传承模式。地方传统的武术学校传承具有哪些优势呢？

（一）有利于地方传统武术的继承和发展

不同地域的武术，具有不同的流派和拳种。建立地方传统武术学校，可以使各地域特色的武术拳种和流派得到很好的继承和传播，还可以把优秀拳种逐渐融入到学校教学中，丰富武术教学内容，进一步促进传统武术的传承和发展。

（二）有利于传承武术文化精神

地方传统武术的特色性，保证了学生的兴趣和积极性，使学生自愿学习。同时，学习范围相对缩小，也有利于学生有更多的时间学习武术理论知识，有利于传承传统武术丰富的文化内涵和独特的精神魅力。

（三）有利于学生身心健康发展

传统武术具有健身和医疗功能，武术套路的学习和练习，可达到强身健体的效果，增强学生的身体素质。同时，武德的修养，防身技能的学习，可培养学生自我锻炼的良好习惯，使学生身心得到健康的发展。

地方传统武术的学校传承模式，是武术发展的时代需求，是当代武术传承文化精神，寻求创新和发展之路的可靠出路。

五、传统武术的管理机制探索

传统武术是在中华民族几千年的文化氛围中，在中国古代劳动人民在生产过程中逐步创立并形成的，是一种土生土长的民族传统体育，是经过长期实践积累发展起来的民间武术各个流派的技术总称。传统武术根植于我国民族传统文化，融合了古代哲学、兵法学、养生学等文化思想和观念，具有历史的延续性。它以技击为核心，武为外形，讲究形神兼备，内外双修，它是一种以防身、健身、修身为目的的融合多种表现形式的几乎纯个人的一种传统修炼行为。

作为一种文化形态，作为一项有价值的体育项目，在现代社会，传统武术的发展与创新受到人们的关注。传统武术在中国成立后的50多年里，发生了巨大的变化。但是其发展现状和未来的发展之路仍然存在着很多问题和挑战，我国需要不断探索传统武术的管理机制，取长补短，使传统武术在保持文化传统的同时，与现代社会体制和体育文化接轨，找到不断发展与创新的突破口。

（一）传统武术发展现状

1.传统武术的后备力量不足。奥林匹克运动逐渐全球化，竞技体育成为世界体育文化的主导。在与世界不断接轨的同时，我国的竞技体育逐渐诞生发展，并确立大力发展竞技武术的方针政策。武术竞技人才的大量培养严重隔断了传统武术人才的后备资源，传统武术后备力量不足。

2.传统武术日益边缘化。传统武术的发展受竞技武术的影响，在评判标准上向竞技武术靠拢。2004年8月举行的全国传统武术交流大会，采用专业体育竞技运动的评判标准作为中国传统武术文化交流的评判标准。很多拳师为了得高分，在赛场上迎合裁判的规则要求，刻意丢掉传统的东西去追求表演化、技巧化，失去了传统武术的丰富内涵和文化精髓，传统武术日益边缘化。

3.传统武术发展受限。首先是传统武术普及率不高。竞技体育的大力发展，使传统武术的学习人数越来越少，据调查，国内学习传统武术的人数不及我国总人口的5%，而5%当中，青少年大多练习竞技武术或规定套路，其余中老年人练习还是简化的太极拳和太极剑。其次，传统武术的理论基础比较薄弱，训练手段原始落后，无法满足现代化需求。传统武术根植于我国传统民族文化，由于口传身授的传授方式，其训练方法存在原始低效的弊端。文化的断层，又使现代人无法理解其中的精髓，导致学习过程较难，与现代竞技体育的简明直接形成了明显对比。传统体育本身理论基础的薄弱和训练手段的原始落后，使其发展受限，制约了自身优势的发挥。

（二）传统武术的发展之路

1.接轨竞技武术，共同发展

当前世界体育发展的总趋势是商品化、大众化、科技化、信息化，传统武术面临着以现代科技文化为主流的新时代的挑战。传统武术本身具有优势，但不可避免地存在着一些弊端，使其发展受限，所以我们必须正确认识理解传统传统武术，重新审视并汲取和改进传统的东西，把传统中的精华和先进的科技结合起来。同时，与竞技体育接轨，两者共同发展。传统武术是竞技武术的根本源泉，竞技武术的发展有赖于源源不断地吸取传统武术的精华，同时，传统武术在社会上的广泛开展，还可为竞技武术培养大批的后备人才，两者是普及与提高的关系。要想使传统武术更快发展下去，必须正确处理好两者之间的关系，把武术工作的重心放到传统武术与竞技武术并重上，使其共同发展，互为补充，相得益彰，把中华民族的优秀文化遗产发扬光大。

2.传统武术需要走科学化之路

传统武术的科学化是什么呢？首先，是利用科学的方法和态度研究传统武术。在客观上认识到传统武术是人体科学的一部分，，以现代科学观点分析传统武术功法的机理，弄清传统武术各个流派规律性和本质的东西，从而形成一套完整的、科学的理论体系。其次是将科学的研究方法运用到传统武术的传播和训练中，在总结先人经验的基础上，用现代科学指导武术实践活动的进行。

弘扬传统武术，就必须加强科学研究，要摒弃传统武术中落后的、不科学的、甚至与社会主义现代文明相悖的活动，提高人们对传统武术的科学化、客观化、正确化认识。同时，要加强传统武术的科研力度。比如，提高武术科研人员自身的素质，同时，还要加强高素质武术科研人员的培养；成立大型的武术科研基地，加强多学科、多方面人才的合作与交流；完善传统武术科研管理，确保科研经费、设备到位；建立和完善传统武术科研网络以加快武术科研信息的传播和加速武术科研的进程。在武术运动的管理、训练、竞赛、裁判、科研等一系列工作都要走科学化的道路，以科学的理论、方法和手段，提高武术工作的效率，促进传统武术的发展。

3.传统武术发展应坚持走大众化的道路

武术是中国古老的体育项目，包含众多的拳种和技术，进入现代，由于世界竞技体育的发展和主体地位的确立，传统武术项目中除了确定了几个具有代表性和可比性的拳种作为比赛项目，其他拳种由于条件的限制，在社会上基本上处于自然发展的态势。竞技武术发展得到迅速发展，1997 年的《武术套路竞赛规则》中倡导创新难度动作加分，使套路比赛沿着高、难、新、美的方向发展，一些运动员为了追求创新难度，将许多武术套路和技法更改，甚至直接废弃一些套路技法。这种发展形势下，武术的核心——技击性必然被逐渐忽视，走上愈来愈与传统武术相异的发展道路。

传统武术是竞技武术的源泉，竞技武术的发展有赖于源源不断地吸取传统武术的精华，传统武术的发展制约着竞技武术，失去了必传统武术作基础的竞技武术，逐渐脱离了大众，发展也会受到种种制约。所以，传统武术发展需要回归大众，因为我国的传统武术群众基础相当广泛，走大众化道路有利于传统武术坚守自己的特色，有利于为竞技武术培养大批后备人才，促进我国武术事业的全面发展。我们可以广泛推广太极拳，发展其他特色拳种，使传统武术在全民健身运动中充分发挥作用，同时不断汲取营养，获得新的生机。

4.传统武术的全球化趋势

当前，全球化正以前所未有的速度向前发展，随着经济一体化、信息全球化的形成，文化开始出现融合发展的趋势。传统武术内容博大精深，形式多样，以独特的民族风格特点、丰富的内容和高深的内涵，极大地吸引着世人，传统武术的全球化是未来发展的方向。传统武术作为一个完整的文化意识形态，是中国传统文化的典型代表，囊括了中国传统文化的各种成分和要素，渗透着中国传统文化的精髓，是宣传和传播中华民族的文化载体和有力工具。

传统武术的全球化趋势可以从以下方面努力：第一，加强对传统武术的国际化管理工作，对传统武术的竞赛体制进行改革，积极发挥各级武协组织的作用，多举办世界性和全国性的传统武术比赛，在内容上倡导百花齐放、百家争鸣的基本策略，同时寻求各国政府在政策和经济上的支持，做好传统武术的对外传播和交流工作。第二，向国外派遣合格的传统武术教练员，设立专门培训机构，提高武术教练的整体素质，尤其是外语水平，促进传统武术的国际化发展，为进一步培养西方武术人才奠定良好的基础。第三，加强传统武术的对外交流，建立国际及各洲的传统武术组织，并组织日趋活跃的国际武术竞赛活动。第四，充分利用现代化高科技媒介，利用各种现代化的传播手段大力推广传统武术，可创办相关的网站和外文刊物，开办国际性的武术讲座等，做好传统武术的宣传和推广工作。

5.市场化是传统武术发展的必经之路

传统武术的某些功能属于体育，但高于一般形式的体育，具有鲜明的民族性和广泛的世界性。随着我国加入 WTO，经济体制改革的逐步深化，市场经济给整个国民经济带来了生机和活力，市场化是传统武术发展的必经之路。

需要健全与社会主义市场经济相适应的武术市场机制，加速传统武术自身资源的开发；鼓励和引导社会各行业、境内外企事业单位和个人参与传统武术市场开发，投资传统武术产业，积极引导武术消费。鼓励地方举办武术节、武术博览会，武术搭台，经济唱戏，以武养武，以武兴武。武术器械、武术服装在继承传统的基础上，不断创新，可以通过举办刀、枪、剑、戟展，以服装艺术节的形式，拓宽商业销售。搞好传统武术图书、音像、器材、服装、办班、开馆、博览会、擂台赛等有关武术的经营活动。

6.传统武术娱乐化发展

传统武术源远流长，在长期的武术实践活动中，形成了各种各样纷繁复杂、风格别异的武术流派，各个流派都有各自的特色与长处。随着生活水平的不断提高，人们的闲暇、娱乐时间越来越多，我们可以举办各种传统武术比赛，注意将各门派之特色技艺传承和沿袭，将其精髓发扬光大，在提高传统武术知名度的同时促进娱乐事业的发展，并吸引越来越多的人参加到传统武术的健身练习中来。逐渐打破传统的模式，发展特色技艺，达到传统武术动作编排的简单化，竞赛形式的多样化，媒体宣传的趣味化，以及包装的丰富化，以适应大众休闲，促进传统武术的娱乐化发展。

第四节　武术文化的精神与载体价值

一、武术的生态理念

武术文化是在中国传统文化的滋润下，经过长期酝酿发展形成的，与传统文化有着深厚的血缘和形神相依的联系，蕴含着丰富的生态理念价值。其中道家思想为中国传统武术文化形成奠定了坚实的基础，是影响传统武术文化发展的核心思想，其崇尚自然、无为而治的生态观点，被武术文化吸收借鉴，形成了武术文化的生态理念。

生态理念是指人类对于自然环境和包括小城镇在内的社会环境的生态保护和生态发展观念，涉及到人类与自然环境、社会环境的相互关系。武术文化的生态理念主要体现在：

（一）道法自然

“道法自然”是老子提出的思想，即“人法地，地法天，天法道，道法自然”，其中“道”是宇宙万物之本源。受这一思想影响，武术也认为“道”是武术的最根本的本质特征。主张从大自然的生物与现象中获得灵感和启迪，武术套路中很多动作都是受自然界万物的启迪衍生演变出来的，如大鹏展翅、白鹤亮翅、金鸡独立、野马分鬃、神龙摆尾等拳术术语。又如五形拳是根据虎、蛇、猴等五种动物的攻防动作创出的。同时，武术理论中“一招变万招、万招归一”也是受“道是万物之始、万物之宗”的影响，武术动作由原始单一的进攻防守动作，按一定的路线演变成千万个技术动作，而千万个技术动作又通过长期演练最后达到武术训练的最高境界，即形神合一。

“道法自然”充分体现了生态理念，提倡一切顺应自然，不违背自然。折射到现代社会，武术文化中蕴含的这种生态理念，就是要倡导我们做自然的保护者，在经济快速发展、工业化程度不断提高的同时，保护地球上更多的资源，尽可能保留原始生态和原始物种，顺应自然发展，因势利导，不做自然的破坏者。

（二）天人合一

“天人合一”指的是人与自然、人与社会以及自我身心内外的和谐统一，是庄子在《庄子·齐物论》中阐述的思想：“天地与我并生，而万物与我为一”，其主旨就是人与自然的和谐。武术练习中的最高境界是形神合一，只有严格遵守自然的法则，顺应自然变化，遵循自然规律，才能达到与自然的和谐统一；也只有顺应四时和人体机能的变化，采用不同方法练习，才能获得更好的锻炼效果，从而达到“形神合一”。

同时，武术讲究“武德”，注重对自身的修养，以达到处理好各种关系，更好地与他人、与社会和谐相处的目的。武术追求的这种“和谐”，恰恰反映了道家“天人合一”思想中所主张的人与人、人与社会和谐的观点。

“天人合一”是武术文化从道家思想中提炼出来的生态理念，教导人们必须遵循自然规律，顺应自然，效法自然，利用自然规律达到与宇宙自然的统一和谐；同时，也必须达到自我身心内外的和谐，以寻求人类自身的最大发展。即人与自然在本质上是相通的，世间一切人和事，都应顺应自然，不违背自然规律，做到人与自然和谐的相处，才能够获得生存，谋求更大的发展。

现代文化是以现代西方文化为典范的，也称为工业文明，现代文化具有反自然的特征，有明确的反自然意识，所表现出的就是最强烈的反自然倾向，从而造成了全球性的生态破坏。在以西方文化为主导的世界文化大背景下，中国武术文化中所包含的生态理念具有十分重要的引导意义，可以为世界文化注入新的生态理念，对世界文化与经济而言都是一种贡献。

二、武术的哲学理念

作为中国传统文化有机组成部分的武术，在其产生、发展和完善的历史进程中，实践和理论都受到了中国哲学文化的深刻影响。中国哲学中以《易经》《易传》的“阴阳八卦”、《老子》的“道”和孔子的“儒家学说”为核心，武术文化受到哲学思想中通变思想、文感相斥思想和发展变化思想的影响，运用古代哲学思想分析解释自己演练的拳法，并能融会贯通地创造出不同风格的拳种。武术中的很多拳种与古代哲学思想密切相连，含有丰富的哲理性，如太极拳原理中有：“以静制动，以柔克刚，以顺避害”，从而归纳出朴素辩证法的哲学思想；“自然门”总口诀中“动静无始，变化无端，虚虚实实，自然而然”则体现了矛盾特殊性的哲学理念。

（一）对立统一的哲学理念

太极拳中，充满着这种矛盾对立面相互转化的思想。对任何外来施加的力，采取不抵抗的态度，引出对方弱点，达到以柔克刚的目的。同时，中国武术讲究“四两拨千斤”，即用小的力去战胜大的力，反映了矛盾对立面相互转化的规律。“力小”与“力大”是矛盾的双方，从常规上看，应该是以大胜小的，但中国武术却用“用劲之通”的转化途径，使这一对矛盾相互转化，做到了以小胜大。两方所包含的“借力”思想和矛盾转化思想，是对立统一的哲学思想的深刻体现。

（二）天人合一的哲学理念

“天人合一”是道家文化的精髓，达到天与人、人与自然、自然与道的完美结合是其追求的目标，强调的是形神兼备，内外兼修，这是中国传统武术的技近乎道的一种基本要求。形与神是中国传统哲学和养生学中的重要命题，早在先秦时期已经开始围绕形神问题有所讨论。哲学意义上的形神观是人们关于精神、意识与物质、肉体关系的总体认识和看法，是一种指向人的生命存在的价值系统。而形神兼备观念的形成，促进了习武活动中内外兼修的出现。内外，就像形和神一样，要相互依存，传统武术在具体实践中提出了“由身至心，由外至内”的训练观。

这种充满辩证关系的哲学理念，对传统武术产生了积极的影响。武术中，早期习武者模仿各种飞禽走兽的形象、动作、攻防，创编成为仿生拳套路，成为象形拳类的主要拳种之一；而太极拳中又讲究“气”与“力”的融合，追求的也是一种内外的统一，都深刻体现了“天人合一”的哲学思想。

（三）阴阳八卦的哲学理念

阴阳五行、八卦生化的哲学观念，被武术家用来作为拳理的哲理依据。中国哲学中认为，阴阳是独立不改的基本质料，任何事物离开了阴阳，它其中所蕴含的“道”，也就成了一个混沌的存在。阴阳之说，是古人对大自然万象万物长期观察的总结，中国古典哲学中有关万物生长变化的关联点，同时中国文字的形成也是起源于它。武术要求“动静相生”、“刚柔互补”、“快慢相间”、“后发先至”等，这都是以阴阳辩证观念为指导的。各种象形取意的拳种和拳式，都是自觉或不自觉地在这一哲学观念指导下发展起来的。

（四）矛盾特殊性的哲学理念

矛盾特殊性是指具体事物的矛盾以及矛盾的各个方面各有其特点，即矛盾的个性和相对性。矛盾特殊性的含义体现在三个方面：第一，不同的事物有不同的矛盾。第二，同一事物在发展不同阶段上的矛盾各有其特殊性。第三，在同一事物不同发展过程和阶段上，矛盾的各个方面各有其特殊性，表现为矛盾发展的不平衡状况。

中国武术中有的派别讲究“有招无式”，有的派别提出“后发制人”，既有套路的威力，又可具体攻敌弱点，灵活使用，体现了矛盾特殊性的原理。而一些制敌策略也很直观地体现了矛盾特殊性的哲学理念。根据不同对手的特点及同一对手不同招式的特点，采取不同的回击与防御方法，“具体问题具体分析”以达到制敌的目的。在矛盾普遍性原理指导下，具体地分析各个不同的事物，用不同的方法解决不同的矛盾。

（五）量变与质变的哲学理念

唯物辩证法指出，量变是质变的前提，质变是量变的必然结果，量变发展到一定程度，必然会发生质变。传统武术太极拳中力的“弱与强”的控制就是量变与质变关系的很好说明，太极拳从柔中突出“奇力”，突破量变，从而达到质变，在出其不意的情况下使敌方受到重创，达到制敌的目的。

同时，武术中蕴含了一个“度”的把握，一掌、一拳的力该用到几层，一推、一抓的程度有多深，都关系到“度”的如何使用。例如：虚招的力不可太大，太大有可能会错过制敌的最佳时机，而太小又起不到佯攻的作用，需要掌握好“度”，不轻不重，才能起到作用。这与唯物辩证法的思想不谋而合，唯物辩证法指出，要注意“度”，有时须把事物发展控制在“量变”的范围内，有时又要突破这个“度”，将之推向质变。武术的学习中所也强调的“循序渐进”，从而达到“悟”的境界，就是量质互变的思想体现。

三、武术的道德理念

中国传统文化的价值系统是以道德价值为核心的，并影响到社会的一切领域，任何人的言论和行为都严格地受到道德价值观的制约，也就是用道德标准去衡量一切事物相行为的善恶、美丑。道德是指人们培养道德规范的内心情念、情感取向和行为方式。古人所提倡的“立德”是指要修高尚的为人处世之道，保持高尚的情操和行为方式。作为传统文化的一个缩影——武术，必然会受到这种价值系统的影响，从而被注入道德的理念。

武术道德也可以简称为武德，是从事武术活动的人在社会活动中所应遵循的道德规范和所应有的道德品质。武术道德强调习武和修养的统一，包括道德情操、精神境界、治学研究态度、心性修养、武术礼仪等，贯穿于武术拜师择徒、施教、学研以及用武的全过程，影响着习武者的各种活动。

从古到今，社会的各个阶层和武术团体、组织都极为注重对习武者的人生观和价值观的教育，并极力从社会的道德水准上去影响和培养习武者的“武德”思想。《左传·宣公十二年》是历史上最早的关于武德记载的文献，提出“武有七德”，即“禁暴、戢兵、保大、功定、安民、和众、丰财”。在武德理论形成与发展过程中，儒家仁学对传统武德的影响是深刻的，作为封建社会的正统思想，其所提倡的“仁义”精神成为武德的核心内容。孔孟仁学的基本思想是以仁慈、忠厚、善良和爱心来待人接物，处理一切人际关系。虽然武术的本质是技击，必然包含着残酷与暴力，但武术的仁德精神却要求以制取对方为主。主要体现为：第一，注重练武与修身的统一，要求习武者具有高尚的品德、非凡的气魄和博大的胸怀。第二，在武技的运用上，以武会友，点到为止，尽量避免杀人取命。

武术的灵魂在于武德，“尚武崇德”被不断继承，逐渐形成了尊师重道、讲礼守信、见义勇为、不逞强凌弱、学之有恒、精益求精的道德文化。不仅培养了习武者高尚的道德情操，更磨练了他们顽强不屈的道德意志，成为武术教学中的重要组成部分。

（一）武术道德的内容

武德的理论很丰富，包含的内容是多方面、多层次的，其武德的内容主要概括为：

1.尊师重道

“尊师”是指尊敬师长，虚心求教；“重道”是指在提高自身道德修养的同时，接受师傅的传授，在其指点下探索练武的规律，不断进步。其中“道”的含义比较丰富，包括道德修养、教授传授和练武规律。在这种思想的影响下，武术的各拳种流派，都订立自己的“门规”、“戒律”“戒约”等，要求本门派的弟子必须严格遵守，不得违背，否则将被“清理出门户”。同时，长幼尊卑也有很大差别，“礼”在门派中占有很高的神圣位置，武术中的抱拳礼就深刻体现了这一点。

抱拳礼是一种代表性的礼法，是由中国传统“作揖礼”和少林拳的抱拳礼（四指礼），加以提炼、规范、统一得来的。根据抱拳礼的动作可以分析出其具体涵义：左手代表“文”的意思，左手为掌，表示德、智、体、美“四育”齐备，象征高尚的情操。屈指表示不自大，不骄傲，不以“老大”自居；右拳代表“武”的意思，右手为拳，表示勇猛习武者；左掌掩右拳相抱，表示“勇不滋乱”，以此来约束、节制勇武的意思；左掌右拳拢屈，两臂屈圆，表示五湖四海（泛指五洲四洋），天下武林是一家，谦虚团结，以武会友。总体来说是文武兼学，虚心、渴望求知，恭候师友、前辈指教的意思。

2.仁爱正直

“仁爱”是指习武者的道德涵养，在武术中，由于武术的本质是技击，免不了残酷与暴力。“仁爱”思想的提出，是受孔孟仁学的影响，是指仁慈、善良、宽厚和爱心，在武术中的运用，是约束习武者以仁爱来处理各种人际关系，以仁爱面对敌方，避免杀戮。

“正直”是指品格高尚、胸怀坦荡、正气凛然。提示习武者人不可有傲气，但不可无傲骨，要具有一种凛然不可侵犯的堂堂正气，不为利益所动，不为富贵低头。而正直的思想基础正是独立意识，独立意识的培养使习武者不醉心于封官进爵，大多甘心过清苦的日子，漂泊四方，与天地万物为伴。

武术“仁爱正直”的道德理念充分体现在了武技的运用上，成为保家卫国、除暴安良的有力武器，舍生取义和爱国情结是“仁爱正直”精神的深层提炼。历史长河中，关羽、岳飞、戚继光、秋瑾等正义之士，正是将自己的命运与国家民族的兴亡紧紧地连在了一起，成为被人们赞扬的民族英雄。

3.重义守信

重承诺，守信用，是武林人士必须遵守的行为方式，是他们崇尚的美德与人生追求。司马迁的《史记·游侠列传》中提出的“千里赡急，不吝其生”就是归纳了“侠客之义”的含义，这是一种国家民族的观念。对于封建专制社会，“侠客之义”无疑具有很大的号召力量，使武林人士冒生命危险为平民百姓除暴安良、扶危济困。这种精神的推崇和宣扬，逐渐形成了“舍己助人”的伦理道德观念。

重义守信是武林人士实现自我价值的主要途径，是显示武术社会价值的重要方式，是武术与个人品格、涵养的综合体现。重义守信不仅包含着强烈的社会责任感，也包含着抗暴意识，为武林人士对社会不平的反抗、对邪恶势力的惩罚提供了道德支柱。

4.谦和含蓄

“谦和”是习武者尊崇的道德标准和行为准则，含蓄是一种不自夸、不自傲的态度，要求习武者诚实沉稳、虚心求教。“谦和含蓄”中华民族优秀的传统基本道德修养，是中华民族在处理人际关系时的一种主要的道德品行，表现出人与人、人与社会宽容的人生态度和美的关系准绳。习武者即使有了一定的武术技能，也不能无事生非，应该遵守各项法规制度，与他人以礼相待，谦虚诚恳，不能得意忘形，败坏武德。

5.自强不息

《易经》中指出“天行健，君子以自强不息”，武术练习要求“冬练三九，夏练三伏”，三九是一年中最冷的时候，而三伏又是一年中最热的节气。盛夏酷暑，即使挥汗如雨也要苦练不停；三九隆冬，即使冒雪迎风也要苦练不辍。不屈服于恶劣环境的气魄，深刻体现了不甘屈服、自强拼搏的精神。有了自强不息的精神，一个人才会成为生活的强者，一个国家和民族才会兴旺发达，自强不息的精神是中华武术的根本宗旨。

（二）新时期的武术道德观念

传统武德精微而博大，是在封建社会逐渐形成的，必然受封建伦理思想的影响，带有一定的封建色彩。但是，随着时代的进步，武德中的一些内容已经不适应社会发展的需要，如带有三纲五常的“惟师命是从”的思想行为，为朋友两肋插刀的“哥们儿义气”，以及“争正宗排异己”的门派观念等，已经阻碍了社会的正常有序进行。我们应该对传统武德进行分析，继承其优良合理的成分，批判过时落后的观念，并树立新的武术道德观念。

进入新时期，我们要继承和发扬传统武德中的精华部分，对前人和长辈的著作和经验要虚心学习，认真专研，努力学习技术，刻苦练功；在武术教学中，把武德教育作为必修内容，恪守“武以德显”的思想，培养学生的高尚道德情操。同时，把习武同发扬祖国灿烂文化，热爱祖国联系起来，培养强烈的民族自豪感和民族自尊心，为人民、为祖国伸张正义，维护国家和人民的利益。要有宽广的心胸，尊老爱幼，尊师重道，待人处事光明正大。努力磨练出勇敢无畏、坚持不懈的坚强意志，培养良好的身体素质，树立远大的理想抱负，为社会做出最大的贡献。

同时，现代武德应在国家法律前提下，和国家宪法及其相应的一切规章制度相统一、相一致。进入现代体育领域的武术运动，也要遵循奥林匹克精神和现代科学文明，形成更具现代文化内涵和体育精神的武术道德观念，以适应社会的发展和文明的需要。

（三）武术教育中武德的意义

1.培养爱国情操，激发民族精神

武德中涵盖了中国传统文化的精髓，被赋予了深刻的民族精神。武术在历史发展的过程中，就涌现出大批的爱国志士，为了国家和民族的兴亡，他们不惜抛头颅、洒热血，甚至牺牲自己的生命来保卫国家。这些事迹不仅教育和激励着后代习武者，而且在新时期的武术教育中被注入了时代的特征。新时期武德观念要求习武者把国家和人民群众的利益放在高于一切的地位上，培养了习武者高尚的爱国情操，并成为指导他们生活及行为的准则，渗透到思想和言行中。

2.磨练坚强意志，塑造高尚品格

武术具有强身健体和修身养性的功效。武术的精髓，重在刻苦用功。古人云：“欲学惊人艺，须下苦功夫”，武术练功讲究“冬练三九，夏练三伏”，培养习武者适应各种恶劣环境的能力，磨练他们坚强的意志品质。在大力发展经济的社会大背景下，国家需要艰苦创业的精神和不怕困难、百折不挠的坚强意志。修身是指人们为了培养优良的道德品质而进行的自我锻炼、自我陶冶、自我教育和自我塑造的活动。培养和衡量一个武术人才的首要条件就是高尚的道德修养，所以习武者要不断地加强自身修养，培养高尚道德情操。同时，武德体现

了中国传统文化的精髓，通过武德教育，能培养人与人之间和睦相处、团结友爱、互相谦让的品德，帮助习武者树立正确的武德思想和行为规范，树立正确的人生观、价值观、审美观、苦乐观和人与人之间的道德观。塑造他们文明礼貌、诚实守信、服务群众、遵纪守法、见义勇为、修身养性的高尚品格。

3.促进社会进步，推动国家建设

一方面，武德教育要求习武者按照武术的道德原则、规范进行一系列的自我约束、自我反省、自我批评、自我改造的过程，约束习武者的行为规范，调节了人与人之间的关系；见义勇为、保护人民和国家安全的武德思想的培养，为维护社会安定，促进社会进步，保证物质文明建设的顺利进行奠定了良好的基础。另一方面，武术不仅能强身健体、防身自卫，又能修身养性、陶冶情操，培养了社会所需的文武双全、德智体全面发展的新型建设人才，满足了社会主义事业建设的需要。

4.发扬优良文化，促进文化交流

武德承载着武术文化的内在精髓，体现着武术文化的核心价值。武术发展至今，其内容丰富，博大精深，是全民族智慧的结晶，也是中国传统文化的宝贵遗产。武术文化受中国传统文化的深刻影响，展示着传统文化的独特魅力。

“武术源于中国，属于世界”。武德运用在武术教育中，不仅可以继承我国传统的优良文化，还可以将其不断发扬传播，向世界人民展示中华民族五千年悠久历史的灿烂武术文化，树立中华民族昂扬的健康形象，吸引世界其他文化的交流，使世界通过武术文化更深层次、更全面地了解中国文化。同时，也可以激扬民族奋发向上的豪情，促进我国社会主义建设的发展，提高我国的国际威望。

四、武术的历史使命

随着历史的进程和时代的进步，武术在社会转型期经历了一系列的发展变化，武术被正式纳入了教育体系并不断受到重视，武术的价值功能发生演变朝着多元化的方向发展，迎合时代的要求竞技武术产生并快速发展，在文化和经济全球化背景下武术产业成为新兴的第三产业……当上升到文化的高度时，却发现我们不仅担负着守护武术精神家园的重大责任，还背负着传承和弘扬武术文化的历史使命。

（一）教育继承的使命

文化的全球化和多元化，带来的是文化的相互交融，但是由于经济和科技上的优势，发达资本主义国家的文化是以“强势文化”的姿态侵入的，我国的民族文化面临着强烈的冲击，遭受着西方文化的“西化”和“分化”，传统文化精髓逐渐被淹没。这种文化的“侵略”，渗透到文学、艺术和生活领域，影响着广大青少年。面对这种形式，我们需要通过教育的方式不断增强青少年对民族优秀文化的认同和自信，振奋民族精神，凝聚民族力量，弘扬和培育民族精神。

中国武术文化是一种独特的文化形态，蕴含着丰富多彩的传统文化，与其他民族文化一样，是传承民族文化、弘扬民族精神的有效手段。而武术教育是一种全方位的传统文化教育，通过武术教育科研达到弘扬民族文化精神的重要作用。纵观目前我国武术教育，虽然在一定程度上得到了有利的发展，但依然存在着很多问题。首先是教学内容单调、枯燥，无法提高学生的积极性，武术教学缺乏生机；其次是武术套路繁多，学生无法完全掌握，不利于培养学生武术锻炼的意识；再次是学校武术教育缺乏必要的师资，不利于教材内容的创新，不利于学校武术教育的长足发展；最后是考评制度的不合理，使学校武术教育缺乏对武术精神的学习和传授，武德教育的缺失不利于武术文化和精神的传承。这些问题在前文中已经做了阐述。

甲申文化宣言中提出：“中华文化注重人格、注重伦理、注重利他、注重和谐的东方品格和释放着和平信息的人文精神……对于追求人类的安宁与幸福，必将提供重要的思想启示。”这种文化精神和思想启示，可以借助武术精神教育来培育。所以，当代武术的历史使命中最重要的就是教育的使命，尤其是学校教育，如何更好地开展武术教育成为当前最迫切需要解决的问题。

1.国家需要给予政策和经济上的支持，结合时代与时俱进，尽快转变武术教育理念，改革武术教育。第一，需要把国家统一教材与地域教材、校本教材相结合，取长补短，发挥地域特色。第二，需要改变以往的教学模式，淡化套路、强调动作方法与攻防含意，适当恢复传统武术教学中拆招、喂招等方法，突出武术本身特色，增加学生学习的兴趣。第三，需要调整武术教学的考评制度，不能只注重对于技能的考核，还需要注重武德的考核，这样才能鼓励学生学习武德，促进武德精神的传承。

2.突出“以人为本”的人本主义思想，以学生的全面发展为根本，强调学生的主体地位，提高学生积极性和创新性。了解当代学生的心理和生理特点，纠正其对于武术的错误认识，正确引导学生认识和看待武术。在注重学生知识掌握的同时，关注其道德、情感、态度、价值观等因素，适时作出指导。

3.提高教师的整体素质和教学水平，使武术教师的定位不只是知识的单一者，还是学生学习的指导者，教材的创新者和课程开发的研究者。教师应明确武术教学普及课与提高课的特点、任务、及武术教学的基本规律，按照武术教学计划，有计划、有目的、有组织地进行教学，指导学生锻炼身体，增强体质，传授武术基础知识、基本技能、基本技术，并对学生进行武德教育。同时，要加强武术知识的学习，提高自身的整体素质，促进武术教学水平的提升。

4.不断发展壮大学校教育，多培养武术人才。国家也可以给予相应的政策，鼓励武术专业毕业生到基层教学，壮大专业武术人才的队伍，提高学校武术教育者的整体水平，使学校武术教育成为继承传扬武术文化的一支重要力量。

（二）文化传扬的使命

当前社会，国家民族的独立和统一是经济文化发展的前提，经济发展是文化发展的基础，文化发展是竞技发展的目标和动力。在文化全球化与多元化时代，西方提出的“和平演变”实际上就是文化渗透、文化影响、文化侵略。但是在各民族文化相互交融、相互影响的过程中，出现了文化争夺的现象，并愈演愈烈。比如，韩国对中国流传上千年的端午节进行争夺，并向联合国申请了非物质文化遗产保护；日本对中国太极拳进行争夺，向除中国以外的许多国家输出教练。这种文化争夺提示我们，宣扬武术文化及其所体现的中国传统文化是武术文化的历史使命，是武术文化发展中必然要走的路。

武术是一种文化形态，需要把武术作为文化资源来看待才能时期经久不衰，获得长足的发展和继承。向世界传播武术也不能只是技术层面的传播，最重要的是文化层面的传播。这代表着两个方面的含义：

首先，武术本身就含有文化的特征，在漫长的历史积累中，是经过时间洗礼始终没有被淘汰的、保存下来的东西。武术形成了博大精深的强大文化体系，蕴含着哲学、医学、美学、兵法学、阴阳五行八卦、儒释道精神等。同时，武术是文化精神和理念的载体，其本身的文化内涵就具有深层挖掘的价值。文化的全球化与多元化，是武术文化向世界展示其独特魅力并以此为契机得到传扬的机遇。

其次，武术是中华民族文化的浓缩，诸子百家的精华部分在传统武术文化中具有体现，其所蕴含的品质是以爱国主义为核心的民族精神。当代中国，武术与中国菜、汉字和中药并成为四大文明，影响与丰富着世界文化。曾经有学者提出：中国文化向外传播仅靠语言、文字的视觉形式是不够的。而中国武术用肢体动作、身体符号诠释中国的文化与古老文明，是一种有益的补充，也是一种更生动的文化载体和输出形式。武术文化在世界上的交流与传播，就是中国民族文化的传扬方式之一。

武术文化在完成文化传扬使命的过程中，需要认识到两个问题，即要有选择地继承和传扬，需要去除武术文化中的封建落后部分，科学地阐释武术，把武术文化中的精髓部分提炼出来；还要契合时代的发展与进步，做到与时俱进，赋予武术文化新的内容，赋予其在现代社会的时代意义。

实现武术的文化历史使命，一方面，研究者应该努力探索武术内涵、文化品位和其终极价值，在各种力量的共同努力下，将武术文化、中国传统文化延续下去并发扬光大。另一方面，要培养一批具备一定技术、理论、文化素质的传播者，使他们在传授技术的同时，从文化的高度来弘扬和传承，把武术中蕴含的深厚文化内涵恰当地阐释给国外研习者，使其得到正确而全面的传扬。

（三）科学发展的使命

现代社会，任何一门学科的发展都要依据科学，走现代化、科学化之路。武术文化属于传统文化的一部分，在经济高速发展的时代，武术学科没有形成一个成熟的、国际化的学科体系，其基础理论与现代学科的联姻尚处于探索阶段。究其原因，与武术本身具有的传统性和民族性有关，武术口传身授的传承方式也在一定程度上制约了其科学化进程。那么，武术的科学发展进程存在着哪些问题呢？

1.对武术基础理论的研究缺乏系统性、科学性

长期以来对武术基础理论的研究缺乏系统性、科学性、完整性，同时研究方法也缺少创新性。武术中蕴含深厚的文化内涵都需要科学的研究和阐述，但

由于人们思想的局限性，对武术的许多基本概念以及命题的阐释、解析、破译，缺乏充分的论证和详细资料的权威结论。关于武术理论的以及相关的一系列重大课题，还不能作全面而深刻的科学回答。同时，即使是已经取得的理论研究的开创局面和获得的成就，也没有构成相关的理论体系，内容显得支离零碎。体系的缺失，使理论研究的厚度与深度受到制约，限制了理论指导实践的作用发挥。

2.对武术的社会现象、热门话题缺乏针对性研究

由于对武术基础理论研究缺乏科学性，也导致一些武术刊物缺乏正确的引导。对传统技击与竞技散打的异同没有作细致的研究，对武术招数在现代体坛实际运用的价值也缺少了解，很多只是靠凭空想象和主观臆造，严重影响了群众对武术的科学理解和追求，也阻碍了武术的健康有序发展。

（四）完成武术科学发展使命的方法

完成武术科学发展的历史使命，要求我们必须站在可持续发展的角度，站在科学的角度，以宽广的胸襟、开阔的思路、渊博的知识，去探讨研究武术的具体理论，规划建设武术科学的理论体系，使武术在向世界推广的道路上走得更长更远。

1.建立武术科学发展观

武术是中国传统文化的一个重要组成部分，武术的发展建设是当代文化建设的重要内容，应当纳入当代文化建设的运作体系，建立武术科学发展观。要以中国武术院为龙头，组织力量对武术理论的一系列课题，进行长远规划，确立目标明确的重点研究。在发展与完善过程中，需要吸收和借鉴其他学科的理论，借鉴西方发达国家的先进经验，树立起武术的科学发展观。既要保持武术的基本品格、风格和技术体系，守护其精神和文化根本，也要积极突破武术发展瓶颈，努力创新，走现代化和科学化之路。

2.加强武术理论研究和评论的合力

广招武术科研人才，大力调动民间各种渠道的武术理论研究和评论的力量，同时借助现代技术，不断赋予武术以新的现代形态，使武术理论研究和评论更具现代情愫，引导人们从认知和审美趣味等方面增进对武术文化品格的认同。将武术的科学理论研究和评论发展成为经久不衰的民间热潮，集中力量攻关，

同时注意发挥个人的专长和优势，为构建科学的武术理论体系提供坚实的社会基础。

3.培养武术理论和评论人才

目前的武术理论研究问题是，专业武术家们对于武术缺乏文化知识的底蕴，无法对武术理论作出科学的阐释和深入的研究；而具有丰富知识的研究者们缺乏对武术的了解，无法从实践的角度探讨武术。针对此问题，国家和相关武术机构团体需要培养既拥有武术专业知识的优势，又蕴蓄多学科综合知识的功底的武术理论和评论人才，使其在研究武术时既具备浓郁的现代意识，又承载深沉的历史传统，在武术理论研究和评论中作出科学的阐释和正确的引导，使武术具备现代化和科学化的发展特征。

4.大力发挥武术刊物作用

武术刊物具有独特的作用。首先，每一家武术刊物都团结有一批作者队伍，充实了武术理论研究和评论的队伍；其次，武术刊物拥有广泛的读者群。充分发挥武术刊物的作用，就是将刊物编发的稿件同整个武术研究、评论有机地结台起来，将其作为一个阵地，正确引导读者群。科学的理论研究和正确的评论能引导读者渐渐学会用科学理论来指导自己的习武实践，使武术实践走向科学化道路，避免了武术在流传继承的过程中，逐渐丧失其正确性。

五、身体的超越与审美

武术本身是一种身体运动，但作为一种文化形态，武术已经逐渐超越了身体，成为一种美的表现形式，具有独特的审美价值和意义。这里的审美价值包含两个方面的内容，首先是武术文化的审美，即武德之美，也称为武术的内在美；其次是武术本身的审美，即武术运动之美，也称为武术的外在美。前文中，我们已经详细阐述了武德的内容和意义，武德是武术伦理观的核心，是武术显示自我存在价值的一个重要方式，它体现的是中华民族传统的精神和文化之美。下面我们讨论武术的运动之美。

武术运动之所以具有观赏性和娱乐性，就是因为其具有审美的价值，能使人获得美的感受，在某种程度上满足人的审美需求和精神享受。武术运动的审美价值主要表现在：

（一）功力美

武术的实战功能决定了武术运动具有强烈的功力美。武术拳种众多，动作千变万化，但都有技击的功能，技击是中国武术的灵魂。传统武术套路着意于细节上的自我防护，一招一式都尽量不给敌方留下偷袭的空隙。从动作的组合看，传统武术套路的战术目的十分明确，拳打、掌劈、指戳、脚踢、肩撞、肘击等都有的放矢，连续进击的动作中多能较清晰地体现出对敌方可能出现的闪躲、挡格等动作的应对及对时间差的把握。从身段看，它要求含胸、收腹、沉肩、坠肘、处处寓含着对小腹、两肋、前胸、两胁、腋下等重要部位的悉心守护。从步型看，它要求双膝内扣，两脚掌以“不丁不八”之势对合，前腿胫骨稍向内侧扭转，充分体现了对下半身各要害、脆弱部位的小心防卫。这种套路动作的编排，既有技击的实战功能，又从视觉上给人以功力之美。

（二）节奏美

武术中阴阳二气的运用，使武术运动具有鲜明的节奏感。武术中阴阳二气的运化形式极其丰富，它表现为开合、虚实、动静、刚柔、俯仰、起落、进退、伸缩、呼吸、吞吐等。拳家把武术节奏形象地描绘为：“动如涛，静如岳，起如猿，落如鹊，立如鸡，站如松，转如轮，折如弓，轻如叶，重如铁”，深刻体现了武术在动静、起落、快慢、轻重、高低、刚柔的对立转化中的鲜明节奏感。同时，不同的门类有不同的节奏，如太极拳动作如绵绵抽丝，南拳动作如珠落玉盘；而八卦拳步伐灵活、身姿轻盈，如清风扑面、流水烟云；翻子拳节奏猛烈、灵活自如，如暴风骤雨、风卷残云。武术运动的节奏美，使动静对立变化且相互作用，使生命运动始终保持均衡和谐的状态，是武术追求的最高境界。

（三）刚柔美

武术运动的刚柔美指的是阳刚之美和阴柔之美，两者在武术动作中完美结合。太极名家陈鑫论述阳刚阴柔与运动关系时说：“太极拳者，刚柔兼至，而混于无迹谓也。……气行诸外，而内持静重，刚势也；气屯于内而外现轻和，柔势也。用刚不可无柔，用柔不可无刚”，深刻体现了传统武术套路动作刚柔相济，徐疾结合的完美统一。刚则强劲无比，或如罗汉撞钟，或如饿虎出林，或如泰山压顶；柔则绵软非常，如荡藤素，如牵丝线，如按烟尘；疾则如暴风骤雨，徐则若老翁拖杖。刚柔的结合也是阴阳二气在人身体的运化流转，是生生不息的强大生命力的外现。

（四）意境美

武术讲究形神兼备，内外合一。拳家认为神是形的内蕴、灵魂，形是神的外在表现。武术运动，从招式之中，眉宇之间，动作的腾挪变幻之中，将情感、精神、灵魂等表现出来，达到艺术的共鸣和美的观感，从而以势夺人，以形娱人，以神感人，营造一种感染和连贯他人的特殊氛围。这种“意发神传，心动形随”的意境美是武术运动实用性和艺术性的结合，展示了武术自身的风格和富于想像的内容，犹如一幅幅动人的画卷，使人在刀光剑影中享受和品味醇厚的中华武术文化。

（五）结构美

武术套路动作是包括动作组合与段落的动作组合群，具有整体配合的组织美，其编排意图和艺术性具有审美特征。最初的习武者是从大自然万物中汲取素材，获得灵感而编排的武术套路，是反复推敲和实践的结果，在整体上具有完整性。同时，由于武术技击的本质属性，武术套路动作在攻防进退、高低起伏、快缓轻重和开合虚实上都有不同变化，具有布局上的合理性。动作上的整体性和布局上的合理性，构成了武术运动的结构美。

（六）造型美

武术在时间、空间、动态、静态的四维变化中，运用手法、步法、身法、眼法、跳跃、平衡等动作的变换，形成武术动作的造型美。武术运动造型美包括动态造型美和静态造型美。动态造型美是指在武术动作演练中，运动员根据动作的要求支配肢体、躯干、头部、眼神的动作，按大小、快慢、高低、仰俯、动静、劲柔，做出动作造型，在一定的空间范围内通过人体点、线、面的转变组合与节奏、精神、力量等的表现组合成一幅动态的画面。静态造型美往往是动态造型的起势或完成势，不仅体现在肢体的匀称、平衡上，也讲究“劲”的运用，即静中寓动，蓄势待发。如定势提膝亮掌，要求身体各部位左右对比、上下相照、前后呼应，在三维空间上比例协调匀称。

武术运动中动静的结合，不断变化的艺术造型，使武术的运动美得到升华。如“推窗望月”、“玉女穿梭”、“金鸡独立”、“燕子抄水”、“白鹤亮翅”、“望月平衡”、“乌龙绞柱”、“鲤鱼打挺”等，各种姿势排列有序、和谐对称，形成了相对统一的连续动感画面，形成了中华武术动作造型的多姿多彩和独具特色的艺术魅力。

（七）器械、服饰美

武术器械和服饰具有独特的特点，武术器械从外型上氛围长、短、软、双四种，同时还有“十八般武艺”的不同分类方法。武术动作通过器械的刀彩、剑穗、枪缨以及响声和亮度来表现不一样的项目风格特点。武术的服饰是武术表演者或参赛者穿着的适合项目特点的服装，属于一种造型艺术，反映着人们不同的精神面貌。不同的拳种服饰要求不一样，所彰显的是内在含蓄的力量美和外在表现之美。如太极拳、长拳需要穿着较宽松的薄软棉布服装，而南拳则需要穿着紧身衣服加束腰带，从而能很好地表现肌体的强劲和动作的敏捷。

第五节　现代化发展中传统武术面临的文化冲击

一、文化全球化与多元化对武术的冲击

（一）什么的文化全球化与多元化

当今世界，是一个民族、文化广泛交流的世界，文化出现了全球化和多元化的现象。文化全球化是一个进程，是指世界上的一切文化以各种方式，在通融与互异中，在全球范围内的流动。文化全球化是全球无数个人、无数个单位、无数个民族、无数种制度在文化交流和交往实践中相互间累积的结果。文化多元化是是指一个国家或一个民族在社会发展过程中，继承本民族优秀文化的同时兼收并蓄其他国家或民族的优秀文化，从而形成以本国或民族文化为主，外来文化为辅的和谐社会氛围。文化多元化，是各种文化在求同存异中共同发展的结果，是各种文化相互交流和相互作用的结果，在保持自身特性的同时，吸纳来自于异质文化的精髓，并不断丰富和发展自己。

文化的全球化和文化的多元化不是独立发展的，两者是相互作用共同发展的，文化全球化是伴随着文化的多元化的。在各种文化互相交流的过程中，文化也逐渐趋向于多元化。江泽民同志在 2000 年联合国安理会首脑会议上就明确指出：“世界是丰富多彩的。各国人民走过了不同的历史发展道路，有着不同的经济发展水平、文化背景、社会制度和价值观念，延续着不同的生活方式，这

是世界多样化的体现。我们应当承认差异，有差异才能有进步。”

（二）文化全球化与多元化对武术的冲击

自20世纪90年代以来，随着科技、信息时代的来临，各国文化之间广泛交流，文化全球化与多元化成为必然的发展趋势。文化全球化与多元化带来了文化的开放，各种异质文化的侵入，使我国传统文化遭受冲击。中国传统文化中最具代表性的武术文化，在几千年的发展历程中经历着不同历史阶段时代文化的整合，但相对来说，始终是封闭型的，与中国传统文化息息相关。文化全球化与多元化是不同国家、不同民族、不同地区的多种文化的整合，是世界所有先进的成熟文明文化的集合体，对于带有鲜明民族特色的武术文化是有一定冲击的。武术文化必然会发生相应变化，在吸收外来文化精髓的同时，舍弃自身文化的劣根，不断发展自己，并寻找突破不断创新。在保持自我特色的基础上，适应文化全球化背景，增强武术文化的对外交流和传承，让全球了解认识武术，使武术文化永远屹立于世界文化之林。

文化的全球化与多元化对我国各种文化形态都产生了一定的影响，尤其是对我国传统文化形态，造成了一定的冲击。武术作为传统文化的一部分，必然会受到文化全球化与多元化的冲击。

1.武术的对外交流与传播

文化全球化与多元化背景下，不同文化通过各种形式、途径进行不同程度的交往和碰撞，武术文化抓住良好的发展契机，积极对外交流，大力传播了中国武术文化，掀起了世界范围内的“武术热”，推动了国外武术运动的开展。我国多次派出团队进行表演、教学、传授，不少国家和地区也请中国教练去传授武术，派人员来华参观学习。1985年，成立了亚洲武术联合会、国际武术联盟、南美洲武术联合会、国际武术联合会等，促进了我国武术的对外传播。而2008年北京奥运会赛场上武术项目的首次出现，有力地推动了武术在世界范围内的推广和发展。

2.武术功能向多样化发展

武术文化功能随着文化全球化与多元化进程的不断变化发展，武术文化是经历很长一段历史时期，在历史长河中保留下来的我国古代文化的积淀，虽然在民俗、宗教、文化等方面与世界其他文化有显著差异，但是社会新时期武术文化逐渐发展成为一种体育文化，而体育文化的本质特征和内在价值决定了世界体育文化具有内在趋同的性质，武术文化在文化全球化与多元化的冲击下是一个去弊存精的更新过程。

伴随着近年国际传统武术节、国际传统太极拳培训教学班等众多传统武术活动的开展，武术文化的发展逐渐理性地从一元过渡到多元化的发展模式。武术功能也发生变化，向多样化方向发展。武术的娱乐观赏功能不断增强，并且从侧重于强身健体、保家为国、原始祈福、娱性怡情的作用，逐渐转变为“自娱”与“娱人”的作用，成为人们节日之余、喜庆之余、休闲之中的点缀。同时，武术的教育功能扩大，进入学校教育；经济和文化功能的出现，为武术发展注入了新的动力，使武术在发展自身价值的同时，在不同层面得以传播，实现了创新。

3.竞技武术的发展

在文化全球化的整个进程中，必然要对不同国家、不同民族、不同地区的先进文化进行整合，而体育全球化就是这种整合过程中的产物，也可以说是文化全球化在作为文化的体育中的表现形态。体育全球化的发展，使我国为适应世界体育，与世界体育文化接轨，必然衍生出新的体育形式，即竞技体育，延伸到武术就是竞技武术的发展。我国举行各种武术比赛，将武术纳入到竞赛中，并制定了武术竞赛的规则，促进武术的竞技功能不断增强，朝着竞技武术的方向发展。1988 年，亚奥理事会正式通过将武术列为亚运会正式比赛项目；1990 年武术比赛正式出现在北京亚运会上；1990 年 10 月，国际武术联合会在北京宣告成立，并于 1991 年在北京举办了第一届世界武术锦标赛，以后每两年举办一次。

北京申奥的成功推动了竞技武术国际化发展的道路。中国武术在长期以竞技武术为主导模式的发展下，经过不断自我改革与完善，成为了文化式的武术，而北京奥运会“人文理念”’价值是武术当前多元化发展的一种表现。武术文化只有走向全球化与多元化才能真正展现中国武术文化的本质，代表和表现武术文化内涵的丰富性，才能更好地推动武术的和谐发展。

4.对传统武术发展的反思

文化的全球化与多元化，使奥林匹克体育成为世界体育文化的主导，传统武术的发展遭遇了发展的困境，引起了人们对传统武术发展的反思。这些反思主要表现在：首先，传统武术门派繁多，各门派之间各有特色、各自发展、术语繁多，使传统武术的学习和传播变得困难。必须尽快建立起相关的传统武术科研体系，总结规范传统武术体系，促进其更好地传播。其次，竞技武术的发展，使竞技模式成为我国体育发展的主要模式，使传统武术为了追求竞技的要求，改变了原有的武术套路，失去了传统武术本身的精髓。应该确立适合于传统武术的竞赛规则，在保留自身特色的同时，向现代竞技体育靠拢。最后，竞技武术限制了传统武术的发展空间。目前，竞技武术的层次只停留在民间，还未得到世界的认可，进入奥林匹克的赛场。需要建立起比较科学、规范的竞赛市场，使传统武术有特色地进入到世界竞技体育中，开拓更广阔的发展空间。

二、现代化发展中的文化冲突

（一）中国文化与西方文化之间的冲突

近代中国是一部饱受列强侵略的历史。在西方列强的坚船和利炮下，西方的文化价值观念也传入中国，中西方文化冲突随之而起。和西方先进的文化相比，中国传统文化相差甚远。这是因为中国文化模式所固有的稳定性和束缚性，使国人没有认识到文化的危机，对文化的批判经历了一个从严格固守传统到受冲击后走向自觉批判的过程。鸦片战争的失败震惊了沉睡中的国人，人们开始思索天朝帝国何以失败？先进的工业文明与传统的农业文明的较量，也就是坚船利炮对大刀长矛的胜利，无疑让国人记忆最为深刻，“技不如人”成为鸦片战争失败的首要原因。学习西方先进的技术也就成为抵制西方侵略，维护封建统治的首选药方。“师夷长技以制夷”无疑掀起了一场大的思想解放运动，这意味着要打破传统思路，要了解世界，同时还要放下尊严向人家学习，而这样的转变对于向来有着天王帝国之尊，“夜郎自大”的国人来说谈何容易。所以，这也只能是少数开明知识分子的事情，魏源在当时被称为“开眼看世界”的第一人。但是，已经融入到世界历史之中的中国，这种学习是必然而没有选择的。面对西方列强咄咄逼人之势，清政府最终以签订不平等条约而告终，清朝统治处在风雨飘摇之中。同时，国内矛盾激化，爆发了长达十余年之久的太平天国运动。清朝统治面对内忧外患，内部掀起了“师夷长技以自强”的自救运动，兴办了大批企业。西方的工业技术及近代交通通讯工具相继引进国内，翻译了一批包括数学、物理学、化学、天文学、地质学、医学等近代科技书籍。然而他们主张“中学为体，西学为用”，这些探索仍然停留在“技术”层面，所接受的不过是西方文化的科学技术领域，也就是所谓的器物层面，根本目的是为了维护封建统治，还没有看到中国落后的制度层面，他们向西方学习是被迫的，内心中仍留恋着封建制度和传统文化。

中日甲午战争彻底宣告了洋务运动的失败，即单纯引进技术而不深入到制度文化批判的救国方式的失败。维新派意识到现有的政治制度已经远远不能适应经济发展的需要，看到旧的文化形式与内容不能再适应新时代的要求。他们主张取消八股取士制度，主张建立资产阶级宪政。他们提出了资产阶级的政治纲领，创办新式学堂以及自己的报纸，大力宣传和介绍西方资产阶级的学术观点和政治理论。先进的知识阶层对文化的批判深入到文化结构，即思想、理论、制度层面，看到了中西文化的深层差距。这种在文化的理论、制度层面来进行的改革和批判，较之物质层面的变革具有深远的意义。但是，这场自上而下的运动在一开始就表现出极大的不彻底性，他们对“中体”仍有不同程度的难舍之处，本质上仍是一场旧制度维护者的自我维新。辛亥革命是对维新变法未完成的历史使命的一种继续，辛亥革命变革了中国社会文化制度层面的国体和政体以及文化理论层面的名教观念。辛亥革命使民主、自由思想深入人心，以革命暴力彻底摧毁了封建制度，开启了中国历史的新纪元。但是，辛亥革命对传统文化的突破并未向纵深发展。辛亥革命失败后，人们再次走向迷茫。要真正走出文化的困境，关键在于文化主体的自觉，文化的批判有待于深化到心理层面的变革。冯友兰指出，对于首先学习什么，人们的意见各自不同。有人认为，首先要学习西方的兵器；有人认为，学习西方的工业，当时称为‘实业’；还有的人要学习西方的政治；有的人要学习西方的宗教。最后，人们提出要学习西方的文化，具体的内容是民主与科学。冯友兰先生的话概括出了中国的各个阶层探索国家救亡的方式。历史证明，器物层面改革的洋务运动失败了，制度层面的维新变法也失败了，中国的知识分子处在痛苦的思索之中。最终，改造国民性格，对民众进行启蒙教育无疑成为知识阶层的共识。

（二）精英文化与大众文化之间的冲突

所谓精英文化就是指极少数精英的文化，而大众文化是指普通大众的文化。大多学者都把精英文化看作是知识阶层的创造、传播和分享的文化，而大众文化则是文化程度较低的人的文化。从文化对社会发展的推动作用来看，精英文化往往是主动积极引领社会的变化，而大众文化往往处于被动从属地位。之所以从不同的角度来对精英和大众的文化进行区分，是因为两者本身存在着紧密联系。大众文化是精英文化形成的母体。精英者是通过对大众文化的反思批判，进而概括提升而形成精英文化。归根到底，精英文化和大众文化一样，也是对社会存在、社会生活的反映。同样，随着社会的发展，精英文化在对大众的普及教育中也会转化为大众文化。另一方面，精英文化与大众文化有着本质区别。从存在基础上看，精英文化往往是社会上层，尤其是少数知识阶层的专利。而大众文化则流行于下层的普通民众之中；从理论系统上看，精英文化是系统的、深刻的、理性的。而大众文化是零散的、浅显的、感性的。从社会关系上看，精英文化是理想的、非功利的、超越于社会之上的主导文化，而大众文化是现实的、功利的、附着于生活之中的从属文化。

审视中国近代以来的历史，精英与大众的文化矛盾成为文化现代转型中一种常态。精英的思想、意识、行为一直处在历史发展的潮头上，他们引颈大众觉醒的意识是非常强烈和明确的，而大众的觉悟却迟迟不能做出回应。精英与大众的这种矛盾在近代变法与革命的失败中尤为凸显。维新变法失败的原因之一就是缺少群众基础，谭嗣同试图以革命的鲜血来唤醒民众，而最终不过沦为民众的谈资或笑柄。所以，新文化运动首先就是要“新民”。

精英文化与大众文化的矛盾突出表现在思想意识的敏锐与迟钝、超前与滞后。精英文化失去对社会的引领还会被大众文化所淹没。在当代，精英文化在市场经济大潮中遭遇了前所未有的困境与尴尬，在市场经济的冲击下，一切都变得商业化和功利化，人们的价值观、理想观、信仰迷失，如何走出商业功利主义的圈子，树立独立思考和科学的精神，肩负起大众价值理想的引领是当前精英文化必须解决的课题。只有把理想和现实结合起来，把知识分子所应具备的独立思考和科学精华融入到国家民族和人民大众的命运中才能真正打造出时代所需的精英文化。

（三）现实文化与虚拟文化之间的冲突

与现实文化相对的是网络虚拟文化。网络这个虚拟的环境创造了一个广阔的、无国界的巨大空间，传统的物理时空观被彻底消解，时间和空间都被“压缩到近乎零”的地步。物理时空距离和属性的彻底消解，意味着物理世界中现实社会的许多难以逾越的界限也在这个虚拟的社会中消失了，如国家的界限、真实身份的限制等，人获得了无限自由。不同民族、不同国家、不同地域、不同文化背景的网民可以在虚拟社会中相遇、相识、相爱、相恋，人们可以尽情随意地在这里聊天、谈论时事、关注政治、发牢骚、交流信息等。

网络的自由开放性创造了自由的文化，大大冲击了现实社会中的价值观念，尤其是伦理道德和法制观念。网络文化创造了一种另类的生存、生活和交往方式。在网络空间中，不讲诚信、不讲礼仪、不讲职业道德的状况随处可见。网络的虚拟性、自由性、开放性使犯罪更加隐蔽多样，更加难以侦破，网络上人们的法制观念极其淡化。另一方面，网络文化的自由对主流文化形成挑战。网络个体话语权和“小众话语”权已经成为消解或颠覆大众话语权力的一股新的力量。在个体话语权和小众话语权与大众话语权的颠覆和结构之间的较量过程中，政治黑客对政府的信息控制和舆论垄断构成直接威胁，成为一种破坏性的颠覆力量，这些黑客的行为实际是现实社会中政治斗争在网络中的延伸。

网络文化给现实的政治文化注入了新鲜血液，网络文化成为民主文化孕育的温床。网络成为人们表达利益诉求、民主参政的新平台。人们可以通过论坛、博客、播客和新闻跟帖等互动方式，表达自己的利益诉求和对某一事情的看法。如房屋开发商们希望政府少干预房价走势，企业职工希望社保体系进一步完善，创业者们希望有浓厚的创业文化和机制，广大农民则希望政府三农政策的进一步落实等，于是互联网成了各种利益诉求表达的最大平台。网络的自由、便捷、互动、快速传播的功能，对现实形成一股强大的舆论监督，能有效促进民主执政。当前，领导干部如何应对网络媒体成为考验其政治民主的一个很好的平台。网络成为展现其政治透明、公开的一个渠道。领导干部如何解放思想体现为面对网络的思想解放程度，可以说，网络成为地各级领导干部解放思想的一个新的领域。

三、经济转型后的文化发展自觉

（一）我国经济转型的原因

1.时代原因

（1）近代世界经济发展是推动经济转型的内在动力

从近代世界经济发展历程的角度来看，我们可以发现这样一种现象，那就是人类生产能力自近代社会以来，已经进入到生产力扩张超越消费能力扩张的相对过剩阶段，即当世界经济进入到以大工业为基础的市场经济时代后，科技生产力发展具有天然的先进性、超越性，决定了任何一个国家在经济发展进程中，都难以避免消费的滞后性，任何一个国家都必须不断克服生产与消费自身发展遇到的矛盾和问题，而不断修正和克服这种自身矛盾的发展过程，就是经济转型的内在推动力量。正是从这一意义上，我们可以说，世界经济的发展无时无刻不在面临着转型，都处在一种转型发展之中。

（2）近现代市场经济的发展是经济转型的必然选择

从近现代市场经济的发展角度来看，我们会发现，在每一次大的经济转型之前，基本上都会有一次比较大的经济或社会危机的“阵痛”发生，或者说每一次比较严重的经济危机（包括社会危机），都直接引发或间接地推动了经济转型，最为突出的现象是20世纪30年代经济危机引发的西方市场经济“革命”（由市场自由主义转向政府干预经济生活）和我国20世纪70年代末期从“阶级斗争为纲“向“经济建设为中心”的发展转型。实际上，如果我们撇开对市场经济周期的现象分析，仅仅从经济转型自身来看，也可以发现，世界各国所发生的经济转型现象，本身就是一个国家经济社会发展到一定阶段的必然要求，是世界各国应对未来发展挑战的必然选择。

（3）对资源环境的约束是经济转型的共同选择

当人类社会进入到21世纪，经济全球化和信息网络化成为了世界经济社会发展的两个推动力量，它们的发展在潜移默化中改变着人们的生活方式和交往方式，并促成了以电子商务为代表、高科技产业（生命科学技术、新能源技术、新材料技术、空间技术、海洋技术、环境技术和管理技术等）为支撑的新经济的涌现。这次新经济发展，不仅加快了新一轮全球资源和市场的追逐，也带来了经济发展方式上的重要变化，形成了以创新驱动替代传统的资本推动的新经济发展方式，加快了各国经济发展从传统制造业向新兴科技创新产业转型的发展进程。美国和部分新兴发达国家由于适时实现了经济转型，不仅成为这种新经济发展的风向标，也成为新一轮世界经济发展的重要主宰，形成了新的世界经济话语权。正是在这一大的发展背景下，近年来，世界各国纷纷启动并加快了经济转型探索之旅。比如欧洲、苏联和东欧国家、亚洲新兴国家、印度和中国等，自 20 世纪 80 年代以来，都纷纷启动了经济转型的发展之路。一部分发展中国家，如“金砖四国”，通过经济转型，异军突起，成为影响世界经济发展的重要力量。

2.内部原因

（1）经济转型是实现我国经济快速发展的内在要求

我国从计划经济体制向市场济体制转型，一开始就采取了温和的渐进式改革。有专家认为，我国经济转型一开始并不是朝着市场经济方向发展，通常采用“先试验后推广”和“不断调整目标”等做法，虽然在某个阶段有激进的性质，但总体上仍然属于渐进的。正是这种渐进式改革最终取得了巨大的成功，获得了世界各国的一致认同和高度赞扬。我国渐进式经济转型，大体可分为四个阶段，即经济的自由化、市场化、民营化和国际化。

经济的自由化：在经济自由化过程中，我国经历了一个从农村到城市的渐进式改革过程。在这个过程中，以家庭联产承包责任制为核心的农村改革，使农民获得了土地使用权，以放开国有企业自主经营权为核心的改革，使国有企业初步摆脱了计划经济体制的束缚，同时也使非国有经济得到了迅速发展。

经济的市场化：经济市场化的改革将国营企业推向了市场，与其他所有制企业展开竞争。

经济的民营化：经济民营化改革强调了产权的重要性，允许了经济更大程度上的经济自由，各种所有制的竞争，使非国有经济成为中国经济的重要力量。

经济的国际化：经济国际化的改革，使我国经济在加速工业化、城市化和市场化的同时，能够更加积极主动地面对世界新经济挑战，逐步向国际经济一体化过渡，主动地融入到世界经济一体化中去，以确保我国经济转型能够沿着预定的设计目标前进，避免发生大的曲折和被动。

（2）经济转型是我国经济社会发展的一种倒逼机制

我国经济自转型后经过30多年的发展，基本上实现了高速增长，已成为继日、德、美之后世界第四大制造业强国，中国制造的产品遍布世界各个角落。然而我国经济增长所面对的资源和环境压力则更加凸显，经济增长也越来越接近了资源和环境条件的约束边界。更为重要的是，在这一历史发展进程中，我们错过了运用廉价资源进行发展的机会。例如英国在推进工业化过程中，拥有许多海外殖民地，以及大量的廉价原材料，德国、法国、美国和日本，大多是通过这种模式发展起来的。但是，在我们开始全面加快现代化建设，开始改善十几亿人的生活现状的时候，我们发现大部分地球上的资源已经被开发、使用。此外，经过两三百年的发展，地球的生态已经比较脆弱，现在地球变暖和温室气体排放的问题，已经成为各国共同关注的问题。正如中国社会科学院研究员金碚所认为的那样，我国经济如何用尽可能小的资源代价获得最好的经济发展，难度已经日益增大。原有的“高投入、低效率”的经济发展模式，更加剧了原材料资源紧缺。自然资源、经济资源、社会资源和生态资源的四重约束，已经成为制约我国经济社会可持续发展的突出瓶颈，从而导致了我国制造业的产业生态日益恶化甚至难以为继。由此形成的各种硬约束，实际上就是一种倒逼机制，推动我国经济必须通过经济转型走上创新发展之路。

（3）经济转型实现我国可持续发展的必由之路

从2007年全球金融危机的影响角度来看，我们可以发现，经济转型不仅是外部环境严峻挑战下的一种适应性发展要求，也是我国多年发展模式自我完善、实现可持续发展的必然要求。回顾我国改革开放以来30多年的经济增长，基本上是投资与出口外部拉动的结果，缺乏国内消费拉动；从投资拉动看，基本上是以国外资本与国内政府投资为主体。但是，外资的投入是以赚取利润为最终目的，并不会给我国企业带来核心技术和市场竞争力。我国在大规模引进外资时，没有实现以“市场换技术”的意愿，没能有效地提升国内制造业的素质，更没有实现国外核心技术的引进。政府的投资虽然可以填补市场投入的漏出部分，但是政府效应也有失灵的时候，而且一个长期依靠政府投资拉动的经济，必将是一个民间资本受到挤压的非常态经济，政府投资的挤出效应也是显然的。因此，从投资拉动、出口拉动转向依靠消费，实际上也是中国经济转型动力的真正回归。

实质上，我国经济转型从外部拉动转变为内需拉动，这种发展动力的转型，不仅是一次转型理念上的深刻变化，更是一次发展路径上的质的飞跃。经济转型时期同时也是社会利益分配格局大变动的时期，这种内部动力的转换，既需要动力体系自身的转化，也需要整个经济社会结构的系统转换，这种制度变迁或这种大规模的制度系统的转换，不仅需要民间财富的积累过程、引导财富向消费转化与释放的过程，同时还需要一个宽松的鼓励消费的制度环境，需要形成一个相对可预期的未来，更需要社会保障制度的心理转换与政府公共政策与公共服务的支持。

（二）经济转型后的文化发展

1.初步尝试阶段（1978～1999年）

（1）时代背景

十一届三中全会的展开，标志着我国从计划经济体制向市场经济体制的转变。1992年，中共十四大正式确立中国经济体制改革的基本目标是建立社会主义市场经济体制。至20世纪末，我国的生产力水平迈上了一个大台阶，商品短缺状况基本结束，市场供求关系也发生了重大变化；社会主义市场经济体制初步建立，市场机制在资源配置中发挥着基础性的作用，经济发展的体制环境发生了重大变化；全方位对外开放格局基本形成，开放型经济迅速发展，对外经济关系发生了重大变化。

（2）市场经济体制下文化发展的探索之路

我国市场经济体制的确立，在市场经济方面产生了两个必然结果：其一是20世纪80年代中期以来文化市场、文化产业的萌芽和发展，从而对计划体制下文化产品和文化服务全部或几乎全部“以公共方式”提供的政府“大包大揽”的模式产生了冲击；其二是引起了市场经济条件下公共文化服务模式的初步重构。改革开放后，随着文化市场和文化产业的发展，原有公共文化服务体系的弊端逐渐显现，尤其是物品价格上涨、人员更新等因素的影响，原有的文化事业财政支出已经难以满足文化机构的正常运转。

在这种情况下，20世纪80年代中期以来，全国各地文化事业单位不同程度地进行了改革尝试。比如，在20世纪80年代初期和中期，上海市已经开始了从事业型文化向市场型文化的转型。随着文化市场的逐步放开，许多事业型的文化单位逐渐转制成为企业化实体，首先是在流通领域获得突破，以上海市演出公司、上海市电影发行放映公司等为代表，出现了一批有活力的文化经济实体。从20世纪80中期开始，上海市对广播、影视、出版、报刊、演出的属性也做了重新认识。上海广电系统先后形成了“五台三中心”（即上海电视台所属的上海电视一台、二台和上海人民广播电台所属的新闻台、文艺台、经济台；统领技术工作的局技术中心、统领后勤保障工作的服务中心和统领经营工作的发展中心）的格局；上海的主要报刊和出版社都开始发展文化主业和多种经营辅业。①

改革开放后，尤其是20世纪80年代中期以来全国文化系统的这些改革措施的一个重要目的，就是在市场经济条件下对公共文化服务模式自发地进行重构。这种重构伴随着从计划经济体制向市场经济体制的转换而展开，它首先表现为一种自发地调整，即自发地退出许多需求充分的市场领域，即文化产品和服务凡是市场可以提供的，就不必再以公共方式提供。当然，这一阶段重构市场经济条件下的公共文化服务模式，也体现了一种“尝试性”的鲜明特征。在这一阶段，文化事业和文化产业的区分、各自承担的职能和发展途径等，仍然不甚清晰。在经济压力下，20世纪90年代初以来，图书馆、文化馆、博物馆等提供公共文化服务的文化事业单位，靠山租房屋、出租场地举办各种商业性展览等增加收入的现象，曾经相当普遍。

2.从自发走向自觉阶段（2000～2003年）

在市场经济体制下，生产和分配结构最终要由消费者决定，消费者的需求才是市场经济的中心。当一个地区市场经济有了一定程度的发展以后，市场的交换原则和效益原则就将不再为物质生产领域所特有，它必然会渗透到文化领域，从而使文化生产在相当程度上受商品经济规律的制约。历史已经充分地证明，市场经济是一个具有比较优势的经济制度，是配置文化资源的有效途径，市场经济条件下文化艺术产品的繁殖具有更广阔的空间，各类文化机构也具有更多的发展机会。但是，另一方面，市场经济又不是万能的，它在提供公共文化产品和服务方面也会“失灵”。

①花建：《以文化产业提升大都市的综合竞争力——上海文化产业研究报告》．选自《2001—2002：中国文化产业发展报告》，社会科学文献出版社2002年版，第202—203页。

改革开放后，伴随着市场经济的发展我国对市场机制在配置文化资源方面的优势和不足的认识不断深化。2000 年 10 月，《中共中央关于制定国民经济和社会发展第十个五年计划的建议》，第一次在中央文件中提出了“文化产业”这一概念，要求完善文化产业政策，加强文化市场建设和管理，推动有关文化产业的发展。《中共中央关于制定国民经济和社会发展第十个五年计划的建议》虽然只提了“文化产业”的概念但未明确文化领域可以分为“事业”和“产业”两个部分。仅提出文化产业这一概念本身就意味着我国开始从理论上将文化产业从整个文化发展格局中剥离出来，从而与过去不区分经营性文化产业和公益性文化事业的做法形成了鲜明的对照。它不仅对文化产业、文化市场的发展本身具有深远的意义，而且对于自觉地构建相对于文化市场、文化产业的公共文化服务体系具有重要的意义。把文化产业从整个文化中剥离出来的结果，就是自觉地更新定位不能被产业化的文化部门即公益性文化事业的功能、发展途径。这一思路在中共十六大报告中得到了明确的表述。中共十六大不仅明确地提出要“积极发展文化事业和文化产业”，而且也明确提出要“坚持和完善支持文化公益事业发展的政策措施，扶持党和国家重要的新闻媒体和社会科学研究机构，扶持体现民族特色和国家水准的重大文化项目和艺术院团，扶持对重要文化遗产和优秀民间艺术的保护工作，扶持老少边穷地区和中西部地区的文化发展。加强文化基础设施建设，发展各类群众文化。积极推进卫生体育事业的改革和发展，开展全民健身运动，提高全民健康水平。”2003 年 10 月，为贯彻落实十六大提出的建成完善的社会主义市场经济体制和更具活力、更加开放的经济体系的战略部署，中共十六届三中全会讨论通过了《中共中央关于完善社会主义向场经济体制的若干重大问题的决定》。进一步明确地提出，要“按照社会主义精神文明建设的特点和规律，适应社会主义市场经济发展的要求，逐步建立党委领导、政府管理、行业自律、企事业单位依法运营的文化管理体制。转变文化行政管理部门的职能，促进文化事业和文化产业协调发展。坚持把社会效益放在首位，努力实现社会效益和经济效益的统一。公益性文化事业学位要深化劳动人事、收入分配和社会保障制度改革，加大国家投入，增强活力，改善服务。经营性文化产业单位要创新体制，转换机制，面向市场，壮大实力。健全文化市场体系，建立富有活力的文化产品生产经营体制。完善文化产业政策，鼓励多渠道资金投入，促进各类文化产业共向发展，形成一批大型文化企业集团，增强文化产业的整体实力和国际竞争力。”

事实上，我国在2000年以前，一些经济社会发展走在全国前列的省份和城市已经明确地将公益文化事业和文化产业区分开来，并实行分类指导原则。但就整个国家层面而言，全国大多数地区文化部门的改革措施，更多地仍然属于面对市场经济的发展对文化领域造成的冲击的一种被动的应对。其突出特征就是不加区分地将所有的文化部门推向市场，在市场化的压力下被动地开展“生产自救”。至于市场能解决什么、不能解决什么、政府在文化发展中承担哪些责任，这些问题并无清晰的界定。

在上述背景下，2000年10月《中共中央关于制定国民经济和社会发展第十个五年计划的建议》提出“文化产业”这一概念。2002年中共十六大报告明确提出要“积极发展文化事业和文化产业”。这是我国在文化建设方面的划时代事件，它不仅标志着我国发展文化产业初步地开始从自发走向自觉，而且也标志着市场经济条件下我国发展公益性文化事业、构建公共文化服务体系也开始初步地从自发走向了自觉。

3.快速发展阶段

中共十六大以后，随着市场经济的日益完善、政府职能的转变以及第三产业发展的加快，以全新方式构建我国的公共文化服务体系，已经是水到渠成、瓜熟蒂落的事情。

2004年，为贯彻中共十六大精神和中共十六届三中全会通过的《中共中央关于完善社会主义市场经济体制若干问题的决定》，国家发政委颁布《关于2004年经济体制改革的意见》，提出：“加快文化体制改革，继续进行文化体制改革试点。加快推进文化行政管理部门的职能转变，逐步实现管办分开。深化公益性文化事业单位劳动人事、收入分配和社会保障制度改革，建立健全公共文化服务体系。加快文化产业发展和经营性文化产业单位改制步伐。积极探索国有经营性文化资产管理模式，建立资产经营责任制。进一步放宽文化领域的市场准入，鼓励民间资本进入文化产业”。

2005年，国务院下发《关于2005年深化经济体制改革的意见》，明确要求加快公共文化服务体系建设。2005年十六届五中全会通过的《中共中央关于制定国民经济和社会发展第十一个五年规划的建议》提出："积极发展文化事业和文化产业。加大政府对文化事业的投入，逐步形成覆盖全社会的比较完备的公共文化服务体系。"

2006年，为贯彻落实中共十六届五中全会的精神颁布的《国家"十一五"时期文化发展规划纲要》，把构建结构合理、发展平衡、网络健全、运营高效、服务优质的覆盖全社会的公共文化服务体系，作为我国"十一五"文化发展的重点。其中，着重强调，"要抓好基层文化建设，加大力度改善农村及中西部地区公共文化基础设施条件，完善公共文化服务体系，保障农民和城市低收入群体的基本文化权益，力争到'十一五'期末，城市的文化设施、服务网络和文化产品基本满足居民就近便捷享受文化服务的需求，在农村基本解决农民群众看书难、看戏难、看电影难、收听收看广播电视难的问题"。2006年10月中共十六届六中全会通过的《中共中央关于构建社会主义和谐让会若干重大问题的决定》，再次强调，要"坚持把让会效益放在首位，坚持把发展公益性文化事业作为保障人民文化权益的主要途径，推动文化事业和文化产业共同发展"，要"加强公益性文化设施建设，鼓励和会力量捐助和兴办公益性文化事业，加快建立覆盖全社会的公共文化服务体系"。

与此同时，国家还加大了对中央级文化设施建设的力度，并通过转移支付加大了对地方文化设施建设补助的导向政策，推动各地对文化设施建设的投入。

在国家加大公共文化服务体系公共财政投入的同时，全国各地在创新公共文化服务体系的投入方式上也取得了重大的进展。这主要体现在以下几方面：

首先，明确公共文化服务体系公共财政投入的重点。

其次，进一步制定和完善了一系列有关发展公益性文化事业、构建公共文化服务体系的经济政策。

再次，积极探索公益性文化新的投入方式和提供方式，引导社会力量捐助和兴办公益性文化事业，开创公共机构和民营机构的多种合作方式。

最后，不断完善和充实公共文化服务体系的内涵，从创新服务机制、增加服务手段、完善服务网络等方面入手，整合公共文化服务资源，关注弱势群体的文化需求，保障人民群众的基本文化权益。

在各地实践的基础上，中共中央和国务院把我国公共文化服务体系建设提高到了更加重要的议事日程上。2006 年 9 月 14 日，孙家正在国务院新闻办的记者招待会上阐明了我国公共文化服务体系的思路及举措。2007 年 5 月，李长春在湖南考察公共文化服务体系建设时强调，要把公共文化服务体系建设纳入经济社会发展规划，坚持公益性、均等性、便利性、基本性的原则，以政府为主导、以财政投入为保障、以城乡区域均衡发展为基本要求、以满足人民群众基本文化需求为主要目标，鼓励社会力量积极参与，加强公共文化基础设施和服务网络建设，提高公共文化产品供给能力，保障好广大人民群众看电视听广播、读书看报、公共文化鉴赏、参与大众文化活动等基本文化权益。要坚持向基层、农村和中西部地区倾斜，优先安排关系人民群众切身利益的重大公共文化服务项目。2007 年 6 月，胡锦涛总书记主持中央政治局会议专门研究公共文化服务体系建设。会议指出，我国公共文化服务体系建设的目标任务是：按照结构合理、发展平衡、网络健全、运行有效、惠及全民的原则，以政府为主导、以公益性文化学位为骨干、鼓励全社会积极参与，努力建设公共文化产品生产供给、设施网络、资金人才技术保障、组织支撑和运行评估为基本框架的覆盖全社会的公共文化服务体系，切实保障人民群众看电视、听广播、读书看报、进行公共文化鉴赏、参加大众文化活动等基本文化权益。中共十七大报告不仅进一步明确地提出要“完善扶持公益性文化事业、发展文化产业、鼓励文化创新的政策”，“坚持把发展公益性文化事业作为保障人民基本文化权益的主要途径，加大投入力度”，而且也进一步把“覆盖全社会的公共文化服务体系基本建立”作为全面建设小康社会的重要奋斗目标。

从以上内容我们可以看出，中共十六大以来尤其是 2004 年后，我国在公共文化体系建设方面取得了重大突破。我国对文化产品和文化服务的公共提供与市场提供的边界已经逐渐地明晰，公共文化服务体系的功能和目标最终定位也已经完成。

四、武术的文化内涵

（一）武术能培养人们的爱国主义精神

无论在远古，还是在近代，武术作为强壮民族之体魄、振奋民族之精神及保家卫国的手段，都发挥了不可低估的重要作用。在清代，许多武勇之士同洋人的设擂比武，振奋了国民的爱国、爱民族之情。1910 年，霍元甲在上海创立“精武体操学校”，1927 年由钮永建、蔡元培、何应钦等人倡议在南京成立的“中央国术馆”以及现在全国各地出现的武术馆、校，都旨在弘扬民族之精神，强壮民族之体魄，光大华夏文化之精粹。

（二）武术能净化人的心性，增强人的智慧

武术能净化人的心性，提高人们认识自然、适应自然的能力，使人的思维逻辑、判断朝着更全面的科学方向发展。武术是内、外兼修的运动项目，也是使人一生受益、修道的终身体育手段之一。从形式到内容无不体现武术对人的心智、品德和体现、技能的双重影响。武术的每招每势都要做到上、下相随、内外呼应，意领身动、气力相随，使人的大脑中枢与肢体运动高度协调一致。

武术教会人们顺应自然，于自然中生、长、壮、大。同时，武术也促使人们认识掌握这一真理，即任何一个事物都不是孤立存在的，是一个对立统一体。在现实生活中，武术运动告诉人们，有外无内不是武技，有攻无守不称技高；攻应意、气、力相合，上、下齐到方为真，守要退中蓄势、攻其不备。随着武术运动实践的不断提高，人的心性、品德在修炼中也不断得到净化，人认识自然、适应自然的能力更强，人的分析、判断的思维方式更全面、周密，更加辩证。所以，武术可以提高人的心性、品德和智商水平。

（三）武术运动中蕴涵着修心、崇德等特点

在民族武术传承过程中，自练习武术的第一天起，传授者就讲学武之人如何去做人，要求尊师重道、品德端正、虚心谦让、以礼待人。另外，还讲门规戒律。如，陈式太极拳的门规戒律要端、公、仁、浩、忠、诚、敬、正、义、勇、信、德，戒邪、反、刁、猾、奢、诈、疯、卑、奸、狂、恶。这体现了武术对人心性、品德的具体要求，同中华民族推崇的传统美德是相一致的。武术界公认的说法是“德有多高，技有多高。而只求技，不求德，到老艺不高”。因此，学武者修德崇德是第一位。

（四）武术运动能增强礼仪，端庄形体

众所周知，武术对身形的要求是：顶头、收下颌、立腰、身端、体正，其十二形之说“坐如钟、站如松、行如风、静如山岳、动如脱兔……”，这充分揭示了武术的浩然正气之风貌与身捷步灵、落地生根之运动特点。此外，武术中

的礼仪，如抱拳礼、抱刀礼、持剑礼等，这些要求，教育、规范了人的言行举止，对练习者的道德品质都起到了良好的促进作用。从矛盾的转化规律上讲，内因是矛盾变化的根本，外因是变化的条件，内因通过外因才能实现飞跃性的变化。所以，武术技术、礼仪对人的外形和行为的修炼，也是规范人的行为端正的过程及完善人的心性过程。

武术作为传统文化的一个综合体，在它的身上可以找见诸多其他文化种类的影子：哲学、文学、书法、音乐、医学、舞蹈等等，但是由于武术在进入宋代以后，逐步经历了从贵族走向民间的过程，传播也主要是在平民之中进行，加上元朝的禁武，后来明清对武术传播设置的重重障碍，就使得武术成为社会"底层"的"专利"。这样武术的传播方式主要是一种"口传"文化，甚至是成为"秘密"文化。所以，人们对武术的认识也一直停留在一个较低的水平上。

直到今天，人们对武术的认识在很大程度上还停留在技术的层面，认为它是一种"术"。往往一提及武术，就是套路、功法、攻防技击，便如同武侠小说一般的杀人于无形。武术在西方的传播更是以一种术来传播，功夫成为中华武术的代名词。不可否认，武术的技击本能是武术流传至今的关键所在，技击术的传播也是武术东学西渐的起始源头。武术在东南亚和欧美大陆的传播曾经创造了一个又一个奇迹。但是，由于中国武术的输出从未曾以文化形态来进行，使其在当代中国的国际化过程中前途变得迷茫。缺乏文化支撑的武术，已经不能得到更好地传播了。

事实上，不要说是外国人，即便是中国人，又有几人能把武术作为一种文化。就是那些开口闭口文化不绝于耳的人，又有几人曾视武术为一种真正的"文化"，仅限于技术层面的传播，已经成为武术发展的最大阻力。因此，武术在新时期的发展绝不能走过去的老路，而是要从文化的角度来发展传播。而这首先需要我们在认识上前进一步，就是要从"术"走向"文化"。虽然这看上去是十分简单的一步，但是在具体的实践过程中却远非我们想象的那么容易。毕竟，对大多数的人来说，武术是一种格斗的理解早已根深蒂固，而"文化"却仿佛天籁之音。

第六节　传统武术文化回归的应对与探索

一、传统武术回归的必然动因

（一）国家文化政策引导

在我国五千多年文明发展历程中，各族人民紧密团结、自强不息，共同创造出源远流长、博大精深的中华文化，为中华民族发展壮大提供了强大精神力量，为人类文明进步作出了不可磨灭的重大贡献。价值观作为一种文化的核心层内容，作为一种社会意识，具有相对的稳定性，但是，“20 世纪 90 年代以来，尤其是世纪之交，人们对文化价值判断发生了根本性的变化”[①]。无论是公共价值观体系还是个体价值观都加快了变换的频率，因此，“面对当今世界各种思想文化相互激荡的大潮，面对国家发展和人民生活改善对文化发展的要求，面对社会文化生活多样活跃的态势，如何找准我国文化发展的方位，创造民族文化的新辉煌，增强我国文化的国际竞争力，提升国家软实力，是摆在我们面前的一个重大现实课题。”[②]全球化带来的开放性和动态性给中国文化带来了巨大的冲击，“当今世界，文化在综合国力竞争中的地位和作用越来越突出。文化的力量，深深熔铸在民族的生命力、创造力和凝聚力之中。可以说，文化作为一个国家软实力的效应正得到广泛重视，文化主题正普遍成为一种自觉的整体发展战略的有机组成部分。”[③]然而，在这种中西文化撞击和融合中，“中国从未像现在这样对西方的技术，经济和意识形态的优势感到欣羡和慑服，也从未像现在这样为了现时的享受和满足而急于放弃前年的文化、伦理和政治遗产……从文化上看，中国人发现自己脱离了先前的想象和期待视野，脱离了先前的感情和表征方式，脱离了传统文学和艺术的宝库和地图……在社会方面，他们发现自己脱离了传统上熟悉的空间的、交流的、公有的、人际的语言、话语和关系。”[④]于是，政府机构根据文化发展的现实状况，在运用国家权力和政府资源实现文化在一定时期内的特定目标时，以政策的形式做出有针对性的制度安排，对与

① 李慧斌. 中国现实问题研究前沿报告[M]. 上海：华东师范大学出版社，2006：449
② 胡锦涛总书记在中国文联八大、中国作协七大会议上的讲话[N]. 新华每日电讯，2006-11-11：1
③ 汪俊昌. 文化竞争力及其发展态势[J]. 中国社会科学文摘，2006（6）：144
④ 汪民安. 生产（第三辑）[M]. 桂林：广西师范大学出版社，2006：329

文化发展相关的社会行为进行有选择性的约束和指引。①

国家根据新时代的要求，在党的十六大中明确指出，“文化的力量深深熔铸在民族的生命力、创造力和凝聚力之中。”十七届六中全会审议通过了《中共中央关于深化文化体制改革、推动社会主义文化大发展大繁荣若干重大问题的决定》，《决定》的核心要点可用文化强国、文化体制改革、文化产业发展、文化软实力等关键词来概括。②从《决议》的核心思想和高度出发，来审视中华文化的发展问题，成为中华文化发展的重要课题。“大力提升本国文化的实力和竞争力”已经成为“文化大发展大繁荣”的重要任务和目标。当代中国进入了全面建设小康社会的关键时期和深化改革开放、加快转变经济发展方式的攻坚时期，文化越来越成为民族凝聚力和创造力的重要源泉、越来越成为综合国力竞争的重要因素、越来越成为经济社会发展的重要支撑，丰富精神文化生活越来越成为我国人民的热切愿望。改革开放以来我们党高度重视文化建设的思路一直在延伸和深化。

2013 年 11 月，习近平总书记在曲阜考察工作时就指出：“中华优秀传统文化是中华民族的突出优势，中华民族伟大复兴需要以中华文化发展繁荣为条件，必须大力弘扬中华优秀传统文化。”2014 年在同北京大学师生座谈时指出“人类社会发展的历史表明，对一个民族、一个国家来说，最持久、最深层的力量是全社会共同认可的核心价值观。核心价值观，承载着一个民族、一个国家的精神追求，体现着一个社会评判是非曲直的价值标准。”而“培育和弘扬社会主义核心价值观必须立足中华优秀传统文化。牢固的核心价值观，都有其固有的根本。抛弃传统、丢掉根本，就等于割断了自己的精神命脉。博大精深的中华优秀传统文化是我们在世界文化激荡中站稳脚跟的根基。”③

中国武术是最具中国文化特质的一种身体文化形态，它具有中国文化的世界品牌价值。国家政策在文化方面的侧重和引导让武术的文化价值和精神意义得到极大的挖掘，武术的“为传承重文化”价值观也在这种影响下，在多元价值观并存的时代逐渐凸显出来。

① 马敏，傅才武. 新时期深化文化体制改革中的文化政策问题[J]. 华中师范大学学报（人文社会科学版），2009，9（3）：1

② 专家解读十七届六中全会《决定》五个关键词[EB/OL]. http：//news. sohu. com/ 20111028/n323683260. shtml.

③ 中共中央宣传部.习近平总书记系列重要讲话读本[M].北京：学习出版社，人民出版社，2014

（二）国家文化安全需求

当今世界正处在大发展大变革大调整时期，世界多极化、经济全球化深入发展，“全球化在经济、政治、文化各个领域全面展开，物质交换跨地域化，政治交换国际化，象征交换全球化”[①]，“我们的世界、我们的生活，正在被全球化与认同的冲突性趋势所塑造”，特别是改革开放后，西方发达国家利用自身在经济上的优势，将西方的社会制度、生活方式和价值观向全球推广，并将之扩大化，受此影响，我们国家很多具有民俗意义的节日、信仰、风俗等在慢慢消逝，我们的思考方式在向西方趋同，于是，“安得猛士兮守四方”，在国家安全维护中不再是单一的军事要素，因为，“文化安全之于国家安全的意义，在于文化安全本质上是国家大战略的根本价值系统。”[②]于是，文化的力量成为维护国家安全的重要文化因素。文化在综合国力竞争中的地位和作用更加凸显，维护国家文化安全任务更加艰巨，增强国家文化软实力、中华文化国际影响力要求更加紧迫。

2003 年胡锦涛总书记在《中共中央关于加强党的执政能力建设的决定》中指出：“要始终把国家主权和安全放在第一位，要有效防范和应对来自国际的各种风险以确保国家的政治安全、经济安全、文化安全和信息安全。”[③]习近平总书记指出：“不忘本来才能开辟未来，善于继承才能更好创新。”中华传统文化是我们民族的“根”和“魂”，如果抛弃传统、丢掉根本，就等于割断了自己的精神命脉。

党和政府越来越重视国家的文化安全。延伸到体育领域也同样如此，奥运会的全球化盛行让传统的中国体育项目得到大力挤压，更多的青少年开始接受西方化的体育价值观，而对中国的传统文化特色弃之、远之。这不得不引起我们的重视和反思。就像皮埃尔·瑟林所讲的那样：“由于现代运动项目起源于欧美，非洲、亚洲和拉丁美洲各国无论在国内或国际比赛中都采用欧美制定的运动形式和规则；亚非拉美的这些国家没有通过运动表现各自的文化特色，而是全盘接受了国际体育运动联合会规定的模式，而在他们自己的宗教和风俗中渊源久远的体育运动传统形式正在逐渐消失。这显然是殖民主义列强把技术与生

① Malcolm Waters.Globalization[M].London：Routle Press，1995：9
② 胡惠林.中国国家文化安全论[M].上海：上海人民出版社，2005：3
③ 本书编写组.中共中央关于加强党的执政能力建设的决定[M].北京：人民出版社，2004：9

活方式作为'现代'科学的组成部分传入殖民地国家的必然结果，而这种'现代'科学曾被认为唯有'先进'国家才有能力创建和利用。但是，如果我们认为体育运动属于民间文化、艺术和疏导感情的范畴，而不仅仅是一种技术，那么，鉴于现代体育运动中某些技术的'过分国际化'，各民族都以千篇一律的方式从事体育运动，甚至有些运动方式完全背离他们的民族本性，这种现象岂不令人遗憾！"①所以对中国传统武术，特别是传统武术的精神和文化内涵的发扬和传承成为时不我待的课题。

（三）民族文化自身发展需求

20世纪以来，社会的全球化和文化的全球化发展迅速的"从西方向东方，从现代化的中心地区向边缘地区席卷而来。"②特别是文化的全球化发展"正深刻地改变着世界的面貌，也深刻地改变着人们的思维方式和价值观念"③，"尽管文化全球化这个概念还引起异议，但文化全球化的客观现象却是毋容置疑的，文化整合和文化竞争的并存和互动构成了文化全球化发展的动力和主线，文化全球化在引发了无数的文化矛盾、文化冲突的同时，也推动着文明的融合，推动着经济全球化的发展。"④人们逐渐意识到，"文化具有鲜明的民族特性，是一个国家特色的灵魂，也是一个民族特征的内涵。文化形成的独特魅力，是很难进行引进与模仿的，使得文化特性在全球经济竞争中具有强大的竞争力。"⑤体育文化也是如此，奥林匹克文化的全球化传播让世界人们在感受奥林匹克体育带来的视觉享受的同时，也不得不在反思自己民族的体育文化发展前景。于是，2008年北京奥运的成功举办已让体育界人士开始逐渐意识到文化在民族体育发展中的积极意义和重要作用。

自从19世纪西方体育传入我国以来，对西方体育运动精神的追求和对西方体育形式、内容的学习模仿都成为我国长期以来的发展准则和导向，对武术的认识也是以体育发展的准则和方向为目标向前发展，在追求中国武术与国际接轨的背景下，从竞赛体制、项目设置、技术改造、规则裁判等方面向着西方竞技体育模式进行大刀阔斧的改革，但是几十年来，这种轰轰烈烈的改革，初始

① 皮埃尔·瑟林.运动实践与体育[J].国际社会科学杂志（中文版），1984（2）：123
② 田　丰．论文化竞争力[J]．马克思主义研究，2006，（2）：65-81
③ 田　丰．论文化竞争力[J]．马克思主义研究，2006，（2）：65-81
④ 田　丰．论文化竞争力[J]．马克思主义研究，2006，（2）：65-81
⑤ 上海市社会科学界联合会.中国的前沿：文化复兴与秩序重构[M].上海：上海人民出版社，2006：52

目的是积极的、好的，然而发展到后来，武术并未能如初衷那样“走向世界”“为国争光”，反而，在西方体育思想的主流文化价值观背景下显得更加沉滞和落伍，“作为中华传统文化重要组成部分的民族体育文化，在一个以西方体育文化占统治地位的世界体育文化发展图景中，正面临着歧路彷徨的尴尬局面。发生在20世纪初期的中西文化、中西体育的争论问题，今天又一次轮回到一个争论的时代。西化体育带给我们什么？西方体育的价值我们需要多少？它是否伤害了我们的民族体育文化发展？我们民族传统体育面对西方体育发展中的问题能够做些什么？”[①]成为了这个时期，武术界、学术界学者重点关心的话题。作为最具中国本土文化代表性的中国武术，它具有以外显身体语言作为载体的优越性，又具有对中华文化思想性和核心价值观的高度凝练性。因为，它具有“体”“魂”同在、学“体”领“魂”的文化特性，它既具有“符号表现”意义，又具有“文化承载”价值。所以应该说，它是一种实实在在的可以落地的文化形态，它在中华文化中的重要地位是具有强烈的不可替代性，它在世界文化中的地位具有强烈的不可复制性的，中国武术不论是其文化内涵的“中华性”，还是其国内、国际的“普及度”，以及实施过程的“可操作性”，都应该具有其它文化形态难以比拟的优势；中国武术是一个可践行文化实践的文化载体，它根植于生活世界，它贴近百姓生活，它具有通过具体践行而实现中国文化的说服力和感召力的示范作用，对于中华文化软实力的形成和提升，具有文化潜移默化、润物无声、陶冶养成、久久为功的独特优势，他是中华民族文化中为数不多的具有可触摸、可开发、可利用的文化载体。

将武术从体育的发展中剥离出来，把武术不再看作一个简单的体育运动项目，而是应该走出一条自主性的、多元化的发展道路。它应该有自己的生存空间和发展路径，而不应单单存在于“狭小的体育”之中。它不仅应该有体育的发展规划和战略，而且应该有文化的发展规划和战略，有教育的发展规划和战略，有艺术的发展规划和战略，更应该有产业化的发展规划和战略。这些观点都成为这一时期人们对传统武术的重新认识。

① 王岗. 从历史中走来的传统武术、现代武术、竞技武术[J]. 中华武术，2005（12）：26-27

二、传统武术的回归之象

（一）传统保护：拳种流派入选非遗名录

“一个民族的非物质文化遗产，往往蕴涵着该民族传统文化的最深根源，保留着形成该民族文化身份的原生状态，以及该民族特有的思维方式、心理结构和审美观念等。”①它所承载的民族文化基因和精神特质是民族文化复兴和可持续发展的动力性源泉，可以说非物质文化遗产是一个民族文化的“活化石”，然而，伴随着全球经济一体化的发展趋势，现代化进程越发迅速，文化的发展也呈现趋于标准的态势，人们开始逐渐意识到社会的整体发展带来的非物质文化遗产的消解成为不得不面对的现实问题，保护受到现代社会发展冲击而处于生存困境的非物质文化遗产成为紧迫的历史使命。

中华民族五千年文明史留下的民间活态文化“是农耕时代的产物，是在特定的文化生态环境中产生和发展起来的。如今，由于社会转型所带来的人们生产、生活方式及文化生态环境的变化，原生态的传统文化正在走向衰落，或走向变异”，②甚至处于濒危状态，这就需要我们刻不容缓的抢救和保护。于是，在 2003 年，文化部、财政部、国家民委、中国文联联合启动实施了“中国民族民间文化保护工程”，也标志着我国非物质文化遗产工作的全面开展。2005 年 3 月，国务院办公厅印发了《关于加强我国非物质文化遗产保护工作的意见》，明确提出了非物质文化遗产保护的重要意义、工作目标和指导方针。同年 12 月发出《关于加强文化遗产保护工作的通知》，对提高全社会保护非物质文化遗产的意识提高有重要意义。

中国传统武术作为一种极富中国文化特色的身体运动文化形式，必然是我国非物质文化遗产所保护的对象。在 2006 年 5 月公布的第一批国家级非物质文化遗产名录中，武术共有 7 项，包括少林功夫、武当武术、回族重刀武术、沧州武术、太极拳、邢台梅花拳、沙河藤牌阵。在其中，将少林功夫、武当武术、沧州武术等看作了一个地域的武术流派进行保护，对具体拳种的保护可能不能全面照顾。在 2008 年 6 月公布的第二批国家级非物质文化遗产名录中就对具体的拳种进行了纳入。在这一批 510 项国家级非物质文化遗产名录中武术占了 14

① 周和平.在“非物质文化遗产保护国际学术研讨会”开幕式上的讲话[A]//王文章.非物质文化遗产保护国际学术研讨会（2004）论文集[C].北京：文化艺术出版社，2005：3

② 王文章.非物质文化遗产概论[M].北京：文化艺术出版社，2006：324

项，包括峨眉武术、红拳、八卦掌、形意拳、鹰爪翻子拳、八极拳、心意六合拳、五祖拳、查拳、螳螂拳、苌家拳、岳家拳、蔡李佛拳、天桥摔跤等。2011年公布的第三批国家级非物质文化遗产名录中有拦手门、通背缠拳、地术拳、佛汉拳、孙膑拳、肘捶、十八般武艺、撂石锁、掼牛等关于武术的项目9项；2014年公布的第四批国家级非物质文化遗产名录中武术拳种有意拳、戳脚、绵拳、精武武术、咏春拳、梁山武术、徐家拳、两仪拳、梅山武术等9项。作为传统武术基石的传统拳种更多的从非物质文化遗产的高度得到重视和保护，是武术“为传承重文化”价值观的一种具体体现，是对武术文化价值的认可，这对于发挥武术在传播中华文化和增强国家文化软实力方面显然具有积极的意义。

（二）教育传承：武术健身操进入体育课堂

随着我国对非物质文化遗产保护的力度加大和对社会非物质文化遗产保护意识的唤醒，非物质文化遗产在高校的传承和教育价值被重视。2002年10月在“中国高等院校首届非物质文化遗产教育教学研讨会”上通过了《非物质文化遗产教育宣言》，会议“呼吁当代教育肩负起民族、民间文化遗产传承，肩负起民族文化创新发展的历史使命和应尽职责。会议确立了教育作为非物质文化遗产传承的重要作用以及高校作为信息与智能的集聚地在文化遗产方面的巨大潜力和发展前景。”[①]2005年3月，国务院办公厅印发的《关于加强我国非物质文化遗产保护工作的意见》也强调“要充分发挥非物质文化遗产对广大未成年人进行传统文化教育和爱国主义教育的重要作用。各级图书馆、文化馆、博物馆、科技馆等公共文化机构要积极开展对非物质文化遗产的传播和展示。教育部门和各级各类学校要逐步将优秀的、体现民族精神与民间特色的非物质文化遗产内容编入有关教材，开展教学活动。”[②]

在国家对非物质文化遗产进入学校的呼吁下，在国家文化和民族精神的教育传承需求中，2004年4月3日，中宣部、教育部颁发了《中小学开展弘扬和培育民族精神实施纲要》，并明确规定：“体育课应适量增加中国武术等内容。”这个纲要的重要意义不仅仅在于武术能够全面进入中小学，而是在于把传授武术上升到弘扬中华民族精神、进行爱国主义教育的高度来认识。2009年2月，

① 乔晓光.交流与协作--中国高等院校首届非物质文化遗产教育教学研讨会文集[C].北京：西苑出版社，2003：1
② 中国艺术研究院中国民族民间文化保护工程国家中心.中国民族民间文化保护工程普查工作手册[M].北京：文化艺术出版社，2005：174

胡锦涛主席参观毛里求斯中国文化中心时也提到说："学习武术，一可以健身，二可以了解中国文化，三可以增进中毛两国人民的友谊。"武术作为传承民族文化、培育和弘扬民族精神的独特的、重要的载体越来越受到重视和推广。在这种背景下，教育部、国家体育总局共同创编了"全国中小学生系列武术健身操"，并且由教育部体卫艺司、国家体育总局青少年体育司、国家体育总局武术运动管理中心、全国中小学体育教学指导委员会的部分领导和体育教学、武术研究、音乐创作方面的有关专家从技术、音乐、艺术表现力、健身和社会推广价值等方面进行了审定和评议。最终决定自2010年9月1日起在全国普通中小学校(含特殊教育学校)、中等职业学校中推广实施。这套"武术健身操"共包括适宜小学生选练的《旭日东升》、《雏鹰展翅》，适宜中学生选练的《英雄少年》、《功夫青春》四套动作，而且健身操的动作名称表意是仿照传统武术动作名称的命名方式进行界定。比如，《旭日东升》9节的表意名称为："虎顾鹰盼"、"手领征袍"、"虎啸生威"、"猛虎蹬山"、"攒撞金钟"、"鹞子抓肩"、"鲲鹏亮翅"、"百鸟蹬枝"、"抖袖掸尘"；《雏鹰展翅》9节的表意名称为："雏鹰戏翅"、"雏鹰振翅"、"左右开弓"、"虎虎生威"、"白蛇吐信"、"横扫千军"、"虎啸鹰翔"、"鸢飞鱼跃"、"平沙落燕"；《英雄少年》9节的表意名称为："顶天立地"、"野马分鬃"、"开弓射雕"、"推山荡海"、"斜插云霄"、"青龙返首"、"云龙入海"、"龙腾虎跃"、"大鹏展翅"；《功夫青春》9节的表意名称为："怀中抱月"、"披荆斩棘"、"开山填海"、"龙虎相交"、"野马撞槽"、"苍龙摆尾"、"天马饮水"、"飞燕翱翔"、"怀中抱月"。从中也可以看出，"全国中小学生系列武术健身操"不同于西方模式的广播体操，而是借鉴武术动作进行编排，较好地反映了武术的文化内涵和技术特征，有较强的民族性和艺术表现力。武术在学校教育中的对民族精神的弘扬和对学生爱国精神教育价值得到重视，武术的文化特性得到传承。

（三）产业普及：武术赛事得到商业推广

随着中国武术在世界各国的影响逐渐扩大，经济开放带来的产业化发展的机遇下，中国武术开始渗透到产业领域，国内各地纷纷开始开拓武术市场，并进行着各种商业活动运作，武术赛事逐渐商业化。

2000年3月25日，由国家武管中心、北京国武公司和湖南电视台三方合力打造的"中国武术散打王争霸赛"在国家奥林匹克中心武术散打馆正式开赛。

与以往任何散打比赛不同，它借鉴了国外搏击类赛事的成功经验，对赛事进行了综艺节目般的娱乐化包装。2000 年到 2003 年，在中国武术市场化试水的那个时期，“散打王”通过与电视媒体密切结合，经过商业化的包装和推广，一度火爆一时，并催生了一大批散打明星，如“柳腿劈挂”柳海龙、“燕郡神影”薛凤强、“白眉大侠”苑玉宝、“草原骄子”宝力高等人。随着市场化的深入，各类武术赛事不断涌现。2004 年“中国功夫 vs 日本极真空手道争霸赛”、2005 年“中国功夫对俄罗斯极真空手道争霸赛”和 2006 年“第 5 届中国功夫对泰国职业泰拳争霸赛”都是在这一背景下武术赛事的商业化体现。

2007 年 3 月，对中国传统武术进行单个拳种进行比赛的大赛事类栏目“武林大会”出炉。“用原汁原味的中国功夫，建成中国自主知识产权的赛事，从赛事到市场，从运动员到衍生产品，形成一个完整的产业链，打造中国人自己的民族品牌，这是出品方——中视体育对《武林大会》做出的长远规划。”[①]“武林大会”作为一个业余搏击节目在电视台的展出后也受到了不少的争议，传统武术人才的稀缺常常使得节目成为“无米之炊”。于是到了 2008 年 12 月 30 日，被称之为“武林大会联盟”的职业俱乐部联盟成立，主要由职业武术运动员参加。到了 2009 年，为了与“武林大会”区分开来更名为“WMA 中国武术职业联赛”，该赛事由中央电视台体育节目中心、国家体育总局武术运动管理中心、中国武术协会、中国大学生体育协会主办，中视体育娱乐有限公司独家组织运营推广。WMA 以技术性、趣味性、观赏性为核心，具有完善的产业结构和产业链，是中国第一档真正具有产业链的职业联赛。从主办单位我们也可以看出政府和国家对中国武术产业的重视，也是对中国传统文化传播和继承的一种信心和决心体现。

2012 年武林风全球功夫盛典的召开可谓是赚足了眼球，他通过商业化的运作模式，将代表中国武术的 4 人与世界搏击高手进行对战，超百万巨奖刺激，跨年狂欢，助阵明星这些都是十足的商业噱头，可谓是将武术的商业化推向了高潮。而“昆仑决”的播出则通过内容品牌化、商业化、资本化三个阶段打造中国第一格斗平台，构建赛事、明星、武术馆校、格斗商城、旅游以及游戏等各种衍生产品的全产业链商业模式。实现中国体育赛事从单一商业模式到产业

① 中视体育牵手奥康集团打造康龙“武林大会”[EB/OL].http：//news.cctv.com/sports/wrestle/20071101/107411.shtml

化规模运作的全面升级。

2014 年 10 月，国务院印发《关于加快发展体育产业促进体育消费的若干意见》，首次提出将全民健身上升为国家战略，把全民健身事业从体育工作的一个环节逐步上升为国家战略，将其推向了一个更高的发展平台。《意见》指出要“鼓励地方根据当地自然、人文资源发展特色体育产业，大力推广武术、龙舟、舞龙舞狮等传统体育项目，扶持少数民族传统体育项目发展，鼓励开发适合老年人特点的休闲运动项目。”要“以竞赛表演业为重点，大力发展多层次、多样化的各类体育赛事。推动专业赛事发展，打造一批有吸引力的国际性、区域性品牌赛事。”①这一政策的出台更是为武术赛事的商业化推广提供了支持，必将把武术产业化发展带到一个更高的高度。

（四）学术转向：武术研究偏重文化领域

随着武术入奥的失败，武术在竞技体育道路上的过度化改良，现实问题让学术界对武术的发展开始发生转向，“传统武术能在历史的曲折种延续至今，完全依赖它自身得文化资质和价值功能。”②于是，他们开始从武术文化的内涵、结构特征、功能价值、传承发展以及武术文化与西方文化冲突与融合、区域武术文化等方面着手开始对武术的文化价值进行了深入透彻的研究。更多的专家学者从武术文化的教育作用、历史作用和社会作用等各个方面着手，对武术文化的内涵进行了全面的分析和研究，这类研究也成为武术文化研究的基础和起点。

武术作为一种文化现象势必要涉及到传播、传承与发展，因此，学术界的眼光也放置于武术文化的传播、传承与发展的研究，主要进行了包括武术文化传播与传承的障碍、传播方式、传承与发展的趋势和对策等方面的研究。大部分专家学者在通过分析和总结后一致认为中国武术要在当前传播中取得跨文化全球传播的成功，必须找到中国武术“国际化”与“本土化”的契合点。于是引发了学者对武术文化的冲突、融合等问题进行了一些有价值的研究，展开了“国际化”传播和发展中的问题探寻和路径搜索，在经济全球化发展的今天，文化的全球化传播必然面临着各种问题，当奥林匹克体育运动文化在全球如火如荼的开展中，学者开始把武术文化研究的视角转向跨文化传播，希望中国武

① 国务院关于加快发展体育产业促进体育消费的若干意见[EB/OL].http：//www.gov.cn/zhengce/ content/2014-10/20/content_9152.htm

② 周伟良. 传统武术，你将何去何从？[J]. 武林，2000（3）：5

术的发展能像奥林匹克运动一样，让全世界人们都能体会到武术的魅力。学者一致认为，全球跨文化交流融合的时代语境下，武术的发展不能封闭自己，尽管武术跨文化发展和传播存在诸多障碍，问题多多，但是学界人士对武术的跨文化发展的态度是积极和肯定的，认为中国武术必须以积极的姿态，广泛参与世界范围内的跨文化传播。其中郭发明从武术国家化角度阐述了武术发展的问题，指出武术的国际发展极不平衡，各国对武术存在严重的“文化误读”现象，习练者总体偏少，武术传播过程呈现出技击单一性、锻炼方法的不合理性以及文化内涵的表层片面性等特征。[①]这种中国武术“文化质差”的落位以及中国武术“文化身份”的迷失[②]在于各国对武术存在严重的“文化误读”，世界文化的多样性和体育文化的强势让我们在推广和传播我们的武术文化时，既要保持自己的民族文化特色，又要发挥中华优秀传统文化中“和而不同”的价值理念，把中国武术与西方体育文化有机结合起来，找到中国武术“国际化”与“本土化”的契合点，实行中国武术的文化重构，进而实现武术文化认同。

而另一部分专家学者开始立足于“本土化”从中国武术本身甚至于立足于本地区或某一区域内的武术文化展开重点研究，这类研究为武术文化在全球化发展的时代能够更好的传播和发展提供了详实的解决路径和参考资料，为武术的国际化传播立下汗马功劳。许多专家学者针对中国武术在“本土化”发展中出现的危机困境，从内因和外因进行了透彻的分析，从中国武术“文化失语”这样一个现实环境展开研究，对中国武术失语现象作了概述与文化成因的解读、批判与反思。[③]在“本土化”文化发展和“国际化”文化交融的过程中，对武术文化的研究，大部分的专家学者都倾向于或指向于，中国武术应该承担起在本土继承民族文化、弘扬民族精神，在世界范围内推介传播中国文化的历史使命。将保持中国武术独特的文化个性作为发展武术的底线，将武术的传播基础锁定在最广泛的大众平台上，将个性鲜明的武术套路作为世界推介的核心，来选择中国武术新的发展路径。[④]

众所周知，武术融摄了中国传统文化的精髓，文化性是武术的灵魂。武术

① 郭发明. 跨文化传播视域下中国武术国际推广策略研究[J]. 搏击（武术科学），2012（1）：33

② 陈建民. 跨文化视野下中国武术的传播策略[J]. 体育学刊，2008（5）：23

③ 叶献丹. 中国武术的“文化失语”与“文化认同”的思考——以体育全球化为背景[J]. 武汉体育学院学报，2007（3）：12

④ 王岗，郭华帅. “文化立国”战略指导下的中国武术发展研究[J].成都体育学院学报，2009（5）：17

文化价值观确立主导地位后，对武术的认识上升到文化的高度也成为学界进行研究的共识，武术文化的“内涵”、“国际化”、“本土化”等自然成为学术界人士关注的热点和焦点问题。反过来，这种对武术文化的广泛研究也推动和巩固了武术文化价值观的地位。

（五）舞台展示：文艺表演彰显文化内涵

武术与中国历史的发展息息相关，优秀的中华文化滋养了武术深厚的文化内涵。武术在西方化的体育道路未能更好的发展后，社会民众也不再仅仅关注武术的外在展现，进而转向更加注重武术所带来的内涵的展示。武术电影的拍摄不再只注重“打”的好看，“打”的精彩，而更加注重挖掘武术精神带来的时代内涵。作为展示中国价值观的最直接舞台的春晚，在武术的表演选择上也表现的文化韵味更浓。

武侠片的一些动作电影在很多时候是带给大家一种视觉上的欢娱感，带给人们一种人种上的尊严感，李小龙的电影曾风靡一时，他对武术打斗的场面和方式作了改变，并以“中国人不是东亚病夫”作为武术胜利的口号，人们觉得看了很过瘾，那个时候的电影产品在武术的文化输出上更多只有那一个层次，为证明中国人不弱，背后的文化展示太单薄。发展到现代的中国武术开始挖掘武术更深层面的文化价值。王家卫经过 8 年时间精心拍摄的《一代宗师》的上映引起了巨大的反响，也得到了武术界人士的好评。“《一代宗师》中固然也不乏激烈的打斗场面，甚至人物的一举一动都充满了阳刚之气。然而，这种刚劲却始终处于某种自然柔和的控制之中，无论是叶问（梁朝伟饰演）与宫羽田（王庆祥饰演）的夺饼之争（饼是乾坤也是中国的象征），还是之前广东武林界对叶问的考验，都在刚劲十足的同时又有连绵不绝的柔性，这种柔性将极具暴力色彩的武林打斗转化成技进于道的人生体验”。[①]可以说，《一代宗师》将武术传统意义上的“能打”更多的赋予了人生意义建设的意蕴，将武术文化内含于武术故事和情节之中，耐人寻味。

春节是中国传统文化节日，春节联欢晚会就成了汇聚民族情感，展示中国文化景观的舞台。1983 年的首届春晚舞台上武术套路的表演开启了武术的春晚之路。截至到 2016 年春晚，在过去的 33 届春晚中，武术节目共出现了 23 个，

① 云飞扬.《一代宗师》：文艺化的武术世界[N]. 中国文化报，2013-1-10：006

在80年代的春晚武术表演中，1983年的《套路表演》到1984年的《气功表演》、1985年的《硬气功表演》、1988年的《轻功表演》、1989年的《气功表演》等节目但从节目名字上就能看出，当时在大众文化生活匮乏和单调的背景下，武术在春晚舞台的价值就是给全国观众带来视觉上的享受而已，武术的文化内涵基本基本没有，武术在春晚的舞台上单纯是技术的展示，或者说武术套路的展示。到了90年代，春晚舞台上的武术表演更多以《龙鼓喧天振四海》（1993年）、《狗娃闹春》（1994年）、《功夫令》（1998年）等形式出现，武术在这一时期主要以伴歌伴舞的形式出现，更多是艺术化的形式展现，这一阶段对春晚舞台的武术更加注重集体武术的展示，在对武术文化的展现上也难觅踪影。到了2000年之后的武术发展也多与舞蹈相结合，展示武舞之美。2013年的春节联欢晚会上，《少年中国》的武术表演让人铭记。通过先进的科技技术，展示了在厚德载物的中华民族大地上，在参天挺拔的不老松和气势磅礴的黄河水面前，有着一群自强不息的中国少年，中国风、民族情都在这场《少年中国》的节目中淋漓尽致的体现。2014年的《剑心书韵》表演伊始，随着“天地玄黄，宇宙洪荒；日月盈昃，辰宿列张；寒来暑往，秋收冬藏”的诵读，在国学文化的海洋里，几十位少年手执毛笔在舞台上用武术动作描绘着文化的内容，剑心为武，书韵为文的艺术展现形式让观众为我们展示着中华传统文化的精髓和灵魂。2015年和2016年的《江山如画》、《天地人和》都将中国传统武术拳种与中华文化紧密结合起来，通过高科技的舞台展示效果呈现出来，在给观众带来美的享受的同时，也为观众了解中华传统武术和中华优秀传统文化提供了最佳的途径。

三、大文化观下的传统武术改革之路探索

在体育价值观主导和发展的半个世纪中，人们开始逐渐意识到武术在体育语境中的发展并没有人们想象的那么如愿，深处尴尬之境的中国武术必须主动求变才能更好的发展，于是，摆脱体育价值观的束缚成为武术可持续发展的前提，而树立武术文化的自信是武术可持续发展的关键所在。

（一）摆脱体育文化价值观的束缚是武术可持续发展的前提

体育项目是西方文化的产物，因此他也具有西方文化的特色，西方体育追求的是公平竞争，强调遵循共同的运动规则，特别是西方自然科学的盛行，支

撑了西方体育在生理学、心理学、物理学等理论下的发展思路，以“更高、更快、更强”为理念，中国武术自然也具有浓郁的中华民族风情，具有强大的文化包容力和承载力，“两者是在不同的文化背景下孕育成长，不同的文化背景造就了他们不同的文化品格，也造就了他们不同的内涵与外延……所以，虽然同属体育文化，但东西方之别使两者之间虽无现实的鸿沟，但差距又岂止万千。”[①]因此，中国传统武术文化在面对西方体育文化的传入同样也面临着各种各样的问题。与西方体育相较而言，成长于农耕文化土壤的武术，承载了中华民族文化渊源的基因。“中华民族独特的思维方式、道德观念、审美情趣、心态模式、价值取向以及人生观、宇宙观等在武术中都有集中的反映。”[②]武术在人类文明的进程中，深受中国古代易学、兵学、医学、美学、戏曲、军事和社会习俗等东方文化的影响和渗透，辉映出东方民族文化的光彩。如太极拳追求以静制动、后发制人、以柔克刚、四两拨千斤，这种富含中华传统哲学文化理念的内容，已经不仅仅是一个单纯的体育项目所能概括和总结的了。

20 世纪以来的中国武术始终追求着西方奥林匹克运动的理念在体育化的道路上进行着改良，看似一路高歌猛进，成就显著，然而这都诱发和牵引着中国武术走进了一个问题的时代。武术在这样的世界体育发展图景中，也正在走进一个发展的问题时代。过度体育化的追求让武术的民族文化特色和内涵遭到抛弃，武术传授人、习练者对武术文化知之甚少，传授方式和内容也远没有了文化的东西，相反，跆拳道的学习者在中国大地越来越红火，就因为他的服饰、仪式和礼仪具有鲜明特色和文化内涵，这些西方体育形式的盛行将武术置于阴暗的角落，不被人们所重视。这种体育化的追求不但没有让我们得到我们想得到的，还弄丢了我们本应有的。奥林匹克运动会始终没有接受中国武术。就像王岗教授所说的那样:“作为文化的西方体育与中国武术其表层特征我们应该承认它们具有强烈的相似性，即都是以人的身体运动来反映其存在的真实，都可以实现所谓的“体育”生物价值和功能。但是，就两者的中间层和核心层所反映出的内涵却截然不同。这些差异从文化学的理论上讲是不具备兼容性的”,“对于奥林匹克运动文化本身来讲，实在无法找到中国武术可能进入的深层理由；

① 王 岗. 民族传统体育与文化自尊[J]. 北京：北京体育大学出版社，2007：146
② 邱丕相. 中国武术文化散论[M]. 上海：上海人民出版社，2007：18-19

因为，奥林匹克运动的文化与中国武术文化是相悖的”。[①]人们开始审视武术文化与体育文化的关系，发现体育文化是一种“弱肉强食”的文化，他已经成为很多民族对异族文化扩张和侵略的重要工具，并在世界范围内寻求这种文化认同，奥林匹克运动的“更高、更快、更强”和全球化的风靡都是体育文化这一特征的体现。

世界体育的快速和全球化发展让中国武术有些应接不暇，在封闭的几千年农耕文明的发展后突然面对西方体育的冲击，中国武术的源远流长、博大精深似乎都成了一纸空谈，没有了任何作用，空手道、跆拳道、NBA、足球世界杯、瑜伽、田径等各种“霸权式”的域外体育文化重重的压在武术的身上，让武术无法起身，这种“优胜劣汰”的过程让中国武术的发展弱化了自己的文化价值，就像王岗先生说的那样:“中国武术的发展却不能这样形成自己的体育文化品牌，不能很好地、科学地选择自己的传播对象。因为我们在设计武术的发展和选择武术发展策略时，更多地在意它的‘奥林匹克化’，在意它的‘西方体育化’。我们一味地想‘借一块宝地’、‘模仿一种模式’，达到一种亲和‘它者’目的。中国武术的发展之路，应该怎样走的问题始终在‘竞技体育’的领域寻找。原本应该自己决定的问题，但由于心态的‘扭曲’而被‘它者’左右。我们的确在推进武术文化的传播过程中，弱化中国武术的价值和功能。”[②]对武术的体育化发展审视让人们开始认识到武术文化的重要性，意识到武术文化的发展要脱离体育文化的束缚，不能让武术文化成为体育文化的牺牲品，中国武术是一种社会存在方式，是民族文化的载体之一，但这并不妨碍它具有体育属性这一重要方面。因此，武术文化在体育交流的过程中，在与体育交锋、交融的博弈中，要摆脱体育文化的束缚，在价值观念、审美情趣、文化品位等方面要守住自己的灵魂，提倡武术文化要上升到国家层面的声音层出不穷。吴龙认为:“当代中国武术的危机从根本上讲乃是一种文化上的危机，是在旧的符号系统因不再能承担起“表达、塑造”功能而遭否定后，武术界的理论者们迄今还没能建立起一个能够承担这一“表达、塑造”功能的新的话语系统，甚至还根本没有意识到这样一个问题。认为中国武术需要发出自己的声音，需要有自己的一套话语系统，从而能与一切民族中优秀的文化进行对话、积极应对文化全球化，使中

① 王岗. 中国武术发展的文化路径—从文化话语权谈起[J]. 搏击·武术科学. 2008（5）：2

② 王岗. 发展武术与维护民族文化权益[J]. 搏击（武术科学），2006（9）：首页

国武术走向世界，使武术文化融入世界文化，成为世界文化的宝贵财富。”[①]而郭玉成、刘韬光曾提出：“作为中国典型传统文化符号的武术在其国际传播中对构建中国国家形象发挥着重要的作用。认为武术在构建中国国家形象的作用体现在多个维度。如武术服务全球健康构建和谐正面的国家形象、推动文化输出构建国家文化形象、体现中华文明礼仪构建国家文明礼仪形象、拓宽外交渠道树立和平发展的国家形象、演绎东方艺术凸显国家艺术形象等。”[②]王岗就曾以“文化立国”的国家文化发展战略为背景，以“中国武术发展”为研究对象，在查阅大量的文献资料后，运用文化学、社会学、传播学的理论对中国武术发展中的相关问题进行了探讨。他认为：“中国武术应该承担起在本土继承民族文化、弘扬民族精神，在世界范围内推介传播中国文化的历史使命。将保持中国武术独特的文化个性作为发展武术的底线，将武术的传播基础锁定在最广泛的大众平台上，将个性鲜明的武术套路作为世界推介的核心，来选择中国武术新的发展路径。”[③]还有一些专家学者认为，武术应摆脱体育文化的束缚走艺术化的道路。刘蕊曾写文章《全球化背景下武术发展战略研究：走艺术化之路》认为：当今时代下，中国武术的发展所面临的最根本的问题便是“全球化”与“本土化”的碰撞与整合问题。中国武术若想冲出西方体育文化的笼罩与压迫，理应结合武术自身的发展实际，以人为本，以艺为主导，走武术艺术化的发展道路。[④]不论是上升到国家高度的文化发展还是艺术化发展都是指向这一时期武术摆脱体育价值观束缚的价值观念，也是武术可持续发展的重要前提。

（二）树立武术文化发展的自信是武术可持续发展的关键所在

作为世界文明中唯一完整保存并传承下来的中华民族文化，我们应该要有“文化是我们的强项，文化是我们的优势，文化是我们的形象，文化是我们的力量。”[⑤]的自信和胆魄。虽然我们国家民族众多，信仰不同、风俗习惯和价值标准都存在着一定的差异，但是“在中华民族诞生发展的长河中，由于繁衍生息在共同的区域，有着共同的奋斗经历和共同的风俗习惯，就产生了共同的文

① 吴龙. 全球化时代中国武术文化认同的思考[A]. 全民健身科学大会论文摘要集[C]，2009：283
② 郭玉成，刘韬光. 武术构建中国国家形象的作用研究[J]. 广州体育学院学报，2012，（4）：45
③ 王岗，郭华帅. “文化立国”战略指导下的中国武术发展研究[J]. 成都体育学院学报，2009（5）：17
④ 刘蕊，王琬珍. 全球化背景下武术发展战略研究：走艺术化之路[J]. 搏击·武术科学，2014（12）：9
⑤ 王 蒙. 王蒙新世纪讲稿[M]. 上海：上海文艺出版社，2005：240

化标志及其强烈的认同感。”[①]因此，在面对体育文化的强势入侵和激烈竞争时，我们仍然形成了一股强大的共同维持的理念——武学文化体系，就像“世界上有许多国家，靠它的文化活动打出了知名度，树立了他们的文化形象”[②]一样，中国武术也要从丰富的中国传统文化中提取优秀因素，建立与西方体育文化不同的独立文化形态。

在文化立国战略、文化大发展、大繁荣政策的指引下，武术人开始从武术的文化着手找寻武术更深层次的价值功能。每提到中国武术，西方世界的民众脑中体显出的首先是能打，可以行侠仗义，这是因为“西方世界接触中国武术，以及西方人对中国武术的认知的主要途径是通过武术题材、功夫题材的影视作品来实现的。……在这些武术题材的影视作品的影响下，西方观众也逐渐形成了对中国武术的认知观，在他们的观念和印象中，‘中国武术就像在电影中表现的一样’”。[③]正是“由于受电影、电视和武侠小说的影响，大多数社会成员心目中的武术是能够行侠仗义、笑傲江湖和克敌制胜的等等，进而导致了大众对武术的认知同现实中的武术真实形象存在错位。”[④]担任国际武术联会形象代言人李连杰就说“这几年我常常在心理谴责自己，因为我在国外的时候，青少年一看到我，立刻就会摆出一副格斗的架式，打打打，踹踹踹。我觉得是我误导了他们对中国武术的理解。中国武术博大精深，如同一棵大树，竞技只是大树的一个分枝。武术还有另一面，就是关爱”。[⑤]中国武术的博大精深和根植于深厚的民族文化基础的基因成分如何才能表达出来是武术文化发展的关键，正如费孝通先生所言：“我们现在对中国文化的本质还不能说已经从理论上认识清楚……我们中国文化里边有许多我们特有的东西，可以解决很多现实问题，疑难问题。现在是我们怎样把这些特点用现代语言更明确地表达出来，让大家懂得，变成一个普遍的信息和共识。”[⑥]

“当今的世界似乎越来越失去一份文化的从容。全球经济一体化使保持文化多样性面临严峻战，也导致一些民族的文化个性日益淡化，祖先留下的传统

① 王大有. 中华龙种文化[M]. 钱其琛. 增强中华民族的文化凝聚力. 北京：中国时代经济出版社，2006：1
② 王　蒙. 王蒙新世纪讲稿[M]. 上海：上海文艺出版社，2005：241
③ 吴松. 中国武术国际化传播的立场：建构文化形象. 中国武术研究[M]. 北京：人民体育出版社，2010：37
④ 李源，王岗，朱瑞琪. 中国武术负面形象的形成原因及反思[J]. 北京体育大学学报，2013（36）9：37
⑤ 罗京生. 李连杰：当形象大使只为做慈善[N]. 光明日报，2007，11（14）：6
⑥ 费孝通. 费孝通在2003[M]. 北京：中国社会科学出版社，2005：156

文化，犹如一座只剩下建筑框架的大厦，形式还在，内涵却已模糊。”[①]“一个民族没有科学技术，一打就垮；没有精神和文化，不打自垮。”[②]因此，在“世界都在吸收中华文化的优秀成分”[③]的背景下，我们要抓住机遇，让武术在全球体育化的发展中树立文化自信、找到属于武术自己的话语权。就像后现代思想家福柯指出的一样：“人类的一切知识都是通过‘话语’而获得的，任何脱离‘话语’的事物都不存在，人与世界的关系是一种话语关系，话语意味着一个社会团体依据某些成规将其意义传播于社会之中，以此确立其社会地位，并为其他团体所认识的过程”。[④]因此，我们“一方面要对于自己的文化传统抱有着高度的谦逊与敬服，另一方面，在注重吸纳‘异体文化’因子充实‘本土文化’的同时，应该致力于去建立适应自己时代需要的‘合理化’的‘现代化’文化体系。此一‘现代的’文化体系，既是本民族文化传统的衍生，又是‘本土文化’对于‘异体文化’进行‘涵化’的结果。我们没有必要去盲目地追求‘进化’，更没有必要去盲目地步趋西方文化的后尘”，[⑤]对于中国武术的发展之路我们应该全面挖掘武术的内涵和价值，立足传统武术文化特色的基础上，建立武术文化的自信。

现代化和全球化的进程必然带来同民族文化与域外文化的交融过程，虽然这个过程自 1840 年就已开始，但是还将持续下去。在这种民族文化与域外文化的交流、碰撞和交融中，中国武术的眼界要放宽，用宽广的全球视野与浓烈的民族激情面对世界多样文化的发展，以动态、开放、宽容的心态大胆学习和借鉴，从武术时代需求发展的结合点，以人类的新理念、新价值考量自身的价值所在，立足于健康、养生的生活方式理念，提炼民族语境和土壤中的优秀文化因素，把武术内隐的文化性通过外显的艺术表现形式展现出来，充分把武术的多元价值观有机结合起来，建构从国家到民众自上而下的认同可持续发展的武术价值观。

① 交流与传播周刊．发刊词[N]．中国文化报，2008，1（2）：5
② 杨叔子．民族精神 民族文化 民族根本[J]．学习月刊，2004，（6）：21
③ 两会特刊．要传承，更要远航[N]．光明日报，2008，3（12）：5
④ 王治河．福柯[M]．长沙：湖南教育出版社，1999：159
⑤ 王玉华．多元视野与传统的合理化--章太炎思想的阐释[M]．北京：中国社会科学出版社，2004：483

1.立足于健康的生活方式是武术价值观构建的基准

“理性世界向生活世界的回归是当代哲学变革的主题。”[①]现代的生活世界既包含了人们的劳动生产方式、日常生活方式、物质生活方式也包含了精神生活方式，而且随着人们对健康的关注，精神生活方式越来越受到人们的重视。现代社会的文化多元带给人们精神生活方式的选择也是多元化的，然而，体育作为一种直接的身体休闲所带来的精神方面的满足感，成为现代社会成员精神生活方式选择的一个重要内容，也成为当代人类社会中的一种普遍的文化现象。特别是经济越发达的国家，人们参与体育运动就越普遍。体育像人体的血管一样，渗透到社会机体和生活中的各个部分。这对武术来讲也同样是发展的一个重要契机，所以，对现代武术的发展也同样要坚持以人为本的发展理念，突出人的本质与发展，塑造主体性的人格，促进人的健康的生活方式、人的价值观念的变革，促进人的行为方式的现代化为基本理念，也是武术价值观构建的基准。

人们生活在工作、学习和劳动的现实社会里，各种压力和负担随之而来。改革开放带来的经济快速增长，加剧了人们社会生活中的竞争性，而现代科技进步带来的生活节奏的加快、工作任务的繁重给人们的精神生活带来极大的压力，而日益沉重的社会和家庭责任，加之日益日益膨胀的欲望，导致人们出现身体和精力的双重透支。在这种生活状态下的人们无疑亟需一种休闲和娱乐方式来放松和调节自己的身心，武术中拳种的多样性为人们提供了选择，太极拳的缓慢轻柔更利于缓解过分紧张的精神压力。通过参与武术活动为人们的身体能量再次“充电”是给人的精神和身体一种“补偿”，是人们的内在需要。而且武术在放松身心，缓解疲劳之余，作为一种休闲方式能够给人带来美的享受。

在健康化的生活方式理念中，人与人的关系和谐、人与自然的关系和谐都是健康生活的追求目标所在。而武术对推进这种诉求的实现有得天独厚的优势。武术本身追求的就是一种“道法自然”讲究人与自然的和谐，太极拳就是典型代表，太极拳讲究“道法自然”，人身为“小太极”，自然为“大太极”。人们在练太极拳时，将自身融入自然之中，行拳走势，与大自然静静地交流，达到一种“忘我”的境界。现代充分依托自然资源和武术名胜开放的武术生态式旅游（如武当山、峨眉山等）生态休闲方式，都在一定程度上营造着人与自然和谐

① 黄书光. 价值观念变迁中的德育改革[M]. 南京：江苏教育出版社，2008：378

的环境与氛围，受到人们的青睐。现代社会，人们生活在“铁的牢笼”中，人与人之间的关系是“熟悉的陌生人”，充满了隔阂、误解、竞争。武术的休闲化和大众化可以给人提供一个相互交流的平台，可以促进人与人之间的交往.拉近人与人之间的距离。使人们获得关怀和被关怀，增进人与人之间的沟通、交流和情谊，促进人际关系和社会关系的和谐。体现了人与人和谐相处的观念，促进了人与人之间的和谐发展。

2.提炼民族语境中的武术文化元素是武术价值观构建的重点

后现代主义旨在重建人与自然、人与人之间的关系。“古代东方是世界文明的发祥地，是世界文化、教育的摇篮。当古代希腊人和整个西方世界还沉睡在原始荒蛮时代时，古代东方的文化教育早已高度发达，光芒四射，成为人类文明的灯塔。”[①]中华民族独特的思维方式、道德观念、审美情趣、心态模式、价值取向以及人生观、宇宙观都有着很多优秀的支撑这种理念发展的文化元素，只是我们现在对中国文化的本质还不能说已经从理论上认识清楚……我们中国文化里边有许多我们特有的东西，可以解决很多现实问题、疑难问题。现在是我们怎样把这些特点用现代语言更明确地表达出来，让大家懂得，变成一个普遍的信息和共识。”[②]因此，提取和提炼民族语境中武术文化元素是构建武术价值观的重要一环。

不同的民族文化都有其内在精神。这种内在精神，经过与该民族千百年的共存，已经化成了该民族生活的一个密不可缺的部分，融入民族成员的血液之中，成了该民族心灵的归宿、精神的家园。武术融涉了中华民族优秀文化的许多基因，就像邱丕相先生所说：“中国武术之所以能称为武术文化，不仅在于它的广博的内涵、多元的功用，还在于它强大的生命力和独立性。尽管中国历史上曾遭外敌入侵以及多次‘禁武’的厄运，武术却都没有因此而消亡；它与多种文化形态虽有着千丝万缕的联系，乃至相互渗透和影响，却没有被同化、被改变，显示出它具有的文化延续能力和独立完整的文化体系。[③]因此，如何提炼中华民族语境中能适应时代发展的现代性的文化元素是武术价值观构建的要点所在。武术在发展到今天留给人们印象最深的影响就是技击，就是“能打”，而

① 孙培青，任钟印. 中外教育比较史纲（古代卷）[M]. 济南：山东教育出版社，1997：4

② 费孝通. 费孝通在2003[M]. 北京：中国社会科学出版社，2005：156

③ 邱丕相. 中国武术文化散论[M]. 上海：上海人民出版社，2007：14

技击背后的文化价值更值得人们去关注和发扬。就如李连杰所说的“这几年我常常在心理谴责自己，因为我在国外的时候，青少年一看到我，立刻就会摆出一副格斗的架式，打打打，踹踹踹。我觉得是我误导了他们对中国武术的理解。中国武术博大精深，如同一棵大树，竞技只是大树的一个分枝。武术还有另一面，就是关爱”。①

中国武术背后的关爱、天人合一、厚德载物等优秀的文化元素要结合时代背景用现代性的方式与武术紧密结合，通过外显的表现形式展示和传达给全世界人民。这是武术发展过程中价值观传播的难点和重点之所在，也是中国武术发展的目标追求。

3.内隐文化的外显展示是武术价值观构建的路径选择

在世界和平发展的今天，中国武术已远离了硝烟弥漫的战场，已不再是嗜血杀戮的工具和技能，武术的技击理念已经演化成了武术的艺术化展示，成为了“在现实世界之上飞翔的艺术”②。以善为美的社会伦理道德，以及人道主义精神的渗入，让中国武术不再是单纯的技击格斗技术，而是将这种技击性加以弱化，中国武术所蕴含的传统儒、道、佛等文化的根基得以滋养，“武以德立”、“德为艺先”的价值观得以展示，刚健有为、匡扶正义的爱国精神得以宣扬，武术获得了一种超越于体育之上的精神和文化上的功利性。正是由于有了这种精神上的功利性，如此武术在自身的发展过程中不断的向美善统一、向德艺并重方面发展，使得中国武术在世界技击格斗中具有最高的审美价值。③这种武术的审美和艺术性展示都是武术价值观的发展方向和内容。在现代化和全球化的发展目标下，武术的展示能被世界更多“观众”所接受是武术价值观传播的前提。内涵性的武术文化是隐性的，也是最深层的，如何将武术中的“术”与“艺”的结合，把内隐性的文化与外显得舞台展示结合起来是武术价值观构建的路径选择。

跆拳道的道服、绶带仪式、礼仪等都很有特色和新鲜感，在世界的推广也深受欢迎，也为武术的外显展示提供了一种思路。在中国武术的推广中，少林寺已经成为一种品牌，自从 1989 年，少林武僧团开始出访世界，足迹遍及 40

① 罗京生．李连杰：当形象大使只为做慈善[N]．光明日报，2007-11-14：6

② 陈　刚．穿越现代性的苦难[M]．北京：中国工人出版社，2002

③ 王　岗，吴　松．中国武术：一种理想化的技击技术[J]．体育文化导刊，2007（2）：21-23

多个国家和地区。至今，少林寺已经在俄罗斯、美国、英国、德国、澳大利亚等国建立了十几个武术文化中心，二三十个武僧常年驻外。2006 年 6 月，澳大利亚沙文市将当地 18000 亩土地以协议出让的形式赠予少林永久持有，打造集修行、练功、研究、交流、旅游为一体的海外版“少林分店”。自此，少林寺开始借鉴麦当劳、肯德基等跨国巨头的运营模式，在世界范围内开设起武馆，并采用“直营店”和“加盟店”两种业态经营，并设立“少林武馆标准认证”。与此同时，一个以“禅武”为轴线的衍生产业链条也就此展开：一线产品除习武培训、表演、出版、影视外，还出现了少林寺禅果、月饼，禅修服饰，习武器具以及少林创意文具等。针对这些衍生产品，少林寺还成立了一家全资子公司“少林欢喜地”。2008 年，这家公司在寺内直营店的基础上，还在淘宝网开设了网店，少林禅武的销售渠道由此呈现国内国外、现实虚拟共存的多种形态，商业收入自然也是节节攀升。这种推广渠道是武术向外推广和发展的学习思路。春晚舞台上将武术与国学紧密结合，利用高科技的舞台效果展示武术深层次的内隐性文化价值是武术现代化发展的特色，我们有必要将其继续发扬和创新，并将武术和中华民族文化推向世界。

四、文明进程中的武术创新的空间

武术作为中华民族所独有的传统体育练习方式，经过几千年的历史长河，在中国民族的文明沃土中不断发展，不断创新。现代文明进程中，武术的发展创新也得到了人们的普遍重视，在已有的基础上，武术发展已经取得了令人瞩目的成绩，但由于种种原因，武术的发展呈现出种种困境，亟需进行创新，以寻求更广阔的发展空间。要解决这个问题，我们需要与时俱进，运用现代化的思想武装头脑，将政府和社会民间组织将力量统一起来，充分调动社会各方资源，突破武术发展瓶颈，开拓武术的创新空间，才能更好、更快地促进中国武术的发展。

随着整体社会环境的开放化、全球化，唯有创新才能适应这个日新月异的社会。武术的发展同样需要创新精神。只有先传承好才能有创新，在武术练习中，传统武术不同流派的拳种流派具有不同的特征，坚持其流派的技术作风和流派的完整性，尊重其文明特征，遵照其拳理、演练、功法的练习特点，坚持其原有面貌。而武术文化中所包含的传统文化，我们也要承袭，特别是武术中的武德精神，代表着传统文化教育中的精髓。在传承的基础上，结合时代所赋予的武术的新特点，开展创新工作，是使武术获得不息生命力的重要方法。

（一）武术文化的传承

我国武术要在传承的基础上发展创新，首先需要传承的是武术文化，武术文化是中国传统文化的精华，是其不可缺少的重要组成部分。武术文化与我们传统文化的方方面面都息息相关，与儒家思想、道家思想、佛家思想有着密切不可分割的关系。中国文化中的武术，不仅是一个单纯的竞技和体育活动，而且是一种通过武术套路、武术训练达到一个体现中国文化精髓的运动，是体现中国国学深邃的思想理念的一种运动。武术文化的根本不能丢弃，否则就是丢弃中国文化中最宝贵的财富。

与之相较的西方体育竞技，只局限于肢体运动的技巧比赛，已经失去了原来的体育运动本意，背离了体育运动的实质，逐渐丧失了体育文化的内涵。在当代社会和文化背景下，我们需要吸取西方竞技体育的教训，尽力保留武术文化，同时与时俱进，借鉴西方竞技体育的发展经验，寻求武术文化的多样化、多领域发展，更好地传承传统武术文化。

（二）武术套路的发展创新

套路运动与技击格斗这两种武术运动形式都是中华民族文化遗产，都应继承，并跟随时代的要求，将两者结合起来并举发展。技击性是武术的核心，武术观赏和表演功能的增强，使武术表现形式大多流于套路，接近于“花拳绣腿”的边缘。新时期武术的发展，应该在积极发展套路形式的同时，加强技击格斗的研究，走国内普及、国际推广的道路。对于武术的技击格斗方法进行深入的研究，努力在技术传统化、规则合理化，器材服装民族化等方面进一步完善，做到动作套路规范化、理论科学化、训练系统化、竞赛制度化，以符合现代体育的要求，早日进入奥运会或世界运动会的赛场。

（三）竞技武术的大力发展

竞技是武术文化发展和创新的一个动力，我国传统武术也有打擂台和校场比武的竞技形式，并以中国的哲学和传统思想作为基础。西方竞技体育的发展，为我国武术带来了新的活力，其不断比较、不断竞争的模式，带来了武术与其他文化的交流，推动了武术的发展。

竞技武术的发展要简约化、规范化、国际化、竞技化。武术既然要打入世界各类竞技活动当中，打入各种竞技赛事当中，就应该按照现在国际体育的主流，去改造我们的竞技武术。将武术中的拳种套路简约化，提炼简化现有的七大拳系和129种拳种，同时将训练规范化，建立系统的裁判规则，这样才能与世界接轨，增加进入国际赛事的可能。竞技武术的国际化是进入奥运会的基本要求，是奥运公平原则的体现，也是竞技武术需要努力的一个主要方向。

大力发展竞技武术是奥林匹克体育世界的要求，是文化和经济全球化的要求，也是武术自身发展的要求。竞技武术是传统武术的一种形式，是以传统武术为基础，以传统武术文化精神为依托的。竞技武术的大力发展，本身可以带动武术的发展，将武术文化逐渐传播到世界，将内含的中国文化逐渐传向世界。从另一个层面来说，竞技武术在发展过程中，带来的是文化之间的交流与互融，为武术发展寻求新的发展契机提供有利的基础。

（四）打好国内基础，走国际化道路

武术走国际化道路，首先要发展强大自身，国内是基础。首先，要完善武术规则制度，建立科学的武术基本理论体系，健全规范的武术产业市场机制。认真贯彻国家体委《关于加强武术工作的决定》，努力做到“武术技术规范化、武术理论科学化、武术活动社会化”。同时，采取各种有效措施加强武术教育，例如采用多种形式办学来大力培训武术师资，适当增加武术教学时数和改革武术教学内容，创办高等武术院系，加强学校武术研究等等。

在此基础上，走国际化道路，向世界大力推广武术。利用多种渠道、多种形式、多种方位、多种层次，宣传武术文化，促进武术的广泛交流，大力推广武术。可举办各种武术节、比赛、培训班，派遣优秀运动队在国内外巡回表演，优秀教练员外出讲学、指导，以及报刊、图书、广播、影视、声像等传播媒介进行宣传、推广武术。

（五）传统武术项目的特色推出

传统武术中有很多独具特色的拳种，如太极拳、散手。太极拳是与气功相结合的一种特殊拳种，太极拳因具有良好的医疗保健作用，已领先于其他拳种走向了世界，在世界各国得到普遍开展，并深受人们喜爱。太极拳打起来体舒

心静，缓慢柔和，动作连贯，圆活自然，动作、呼吸和意念相结合，既可以健身，又可以陶冶情操，具有其独特的健身和艺术魅力。

散手，可打、可击、可踢、可摔，手脚并用的技术全面的运动项目。与拳击、柔道、摔跤一样，是一种双方的格斗比赛，有强烈的战胜欲望，非常符合奥林匹克体育的竞技要求。作为一种搏击运动，它可以手脚并用，不受自由限制，更适合于实际运用，相比于拳击、柔道等运动竞赛项目，其独特的风格和优点更具魅力。内容的丰富，用途的广泛，对运动员搏击上的更高要求，是散手走向奥运会的先天优势。

对于太极拳、散手，以及其他传统武术项目的特色推出，可以扩大武术的影响力，以多样的武术拳种向世界人民展示武术的魅力，使他们从多方面更多更深地了解中国武术，了解中国武术文化。这是武术发展的一个新的创新空间，可以尝试进行。

（六）养生武术的大众化和科学化

健身和强体是当代武术发展的主要功能，武术具有独特的医疗价值。人们的生活水平普遍提高，对生活和生命的质量要求越来越高，武术作为一种群众武术，是群众体育运动中一个非常重要的活动，其养生的作用也越来越大。武术以古代丰富的养生理论为指导思想，并在功理功法上与古代养生相互汲取、融摄，形成了武术养生的独特体系。如何引导和推广群众性武术活动，应该是养生武术的目标。

养生武术的大众化，是建立在科学化的基础之上的。传统武术的教授方式是师徒相授，代代相传，在传承的过程中，由于很多东西与中国传统哲学思想相联系，有很多晦涩难懂的东西，学起来很困难。所以，首先需要从现代生理学、心理学和物理学等方面进行科学的研究和考察，逐步进行改进和完善。只有符合了现代科学的要求，才能逐步向大众推广，充分发挥养生武术的作用，为武术增添新的发展创新之路。

（七）开发武术文化产业

中国市场经济地位的确立，决定了武术的发展创新必须从武术文化产业入手。武术具有丰富多彩的文化内涵，与中国古典哲学、军事学、伦理学、中医学及宗教学等部有不可分割的姻缘关系，构成了独特的武术文化。发展武术文化，将其与市场机制联系起来，创建武术文化产业。

武术作为一种文化形态，除了具有健身、修身、娱乐、教育等多功能价值，还有重要的经济开发价值。目前，武术文化产业已经是我国新兴的第三产业，其发展具有很大的前景和创新空间。文化属于精神文明的范畴，经济属于物质文明的范畴，二者互相渗透，相辅相成，将会更进一步拓宽武术的社会效应和功能。当今出现的“武术搭台、经贸唱戏”集文化、经贸于一体各种综合的武术文化活动在全国十分引人关注，从不同的侧面展示了武术服务于经济建设的强大生命力。而与武术文化相关的武术文化用品、武术影视书刊、武术文化活动等，也正在蓬勃地开展着，这是武术文化发展的必由之路，是武术发展创新的新动力。

五、特别的运动观与人生观

武术是以中国传统文化为理论基础，以内外兼修、术道并重为鲜明特点，以踢、打、摔、拿、击、刺等技击动作为主要内容的运动。技击是武术的核心，武术是一种技击术。相比于世界上其他技击术，武术在技击方法上的丰富性和运动形式上的多样性，以及演练风格上注重形神兼备的特点，决定了武术独特的优越性。

武术植根于中华传统文化之沃土，蕴涵中国传统哲理之奥妙，形成了内涵丰富、层次纷杂的庞大理论体系，形成了一种独特的文化。武术具有明确的体育属性，武术所包含的社会哲学、中医学、伦理学、兵学、美学、气功等多种传统文化思想和文化观念，在整体上反映了武术具有的民族风貌。

相比于其他运动，武术不仅是一项运动项目，而且是一种文化形态，既具备了人类体育运动强身健体的共同特征，又具有东方文明所特有的哲理性、科学性和艺术性，蕴含着代表中国传统文化的特别的运动观与人生观。

（一）武术的运动观

作为一种身体运动，武术运动的特点主要体现在：

1.形神兼备、内外合一的民族风格

中国武术受哲学思想影响，具有形神兼备、内外合一的民族风格特点，既讲究形体规范，又追求精神传意。武术“内外合一，形神兼备”的特点主要是通过武术套路来体现的。“内”是指心、神、意等心志活动和气总的运行，“外”是手、眼、身、步等形体活动，内与外、形与神是相互联系统一的整体。比如五禽操就是一种模仿虎、鹿、熊、猿、鸟五种动物的的奇妙功夫，其精髓就是：“外动内静、动中求静、动静兼备、有刚有柔、刚柔并济、练内练外、内外兼练”，著名学者申宝峰用二十字把五禽操概括为：“健身五禽操，虎鹿熊猿鸟，形神兼具备，长练永不老”。

“内练精气神，外练筋骨皮”是各家各派练功的准则，例如少林拳要求精、力、气、骨、神内外的兼修。由此可见，形神兼备、内外合一的整体观，是中国武术的一大特色，反映了中国武术在历史发展过程中受中国传统文化的影响，形成了独具民族风格的练功方法和运动形式。

2.寓技击于体育之中

武术因其技击格斗的特性，最初的功能就是军事功能，是作为一种军事训练手段发展起来的。其目的是以最有效的技击方法，迫使对方失去反抗能力。套路运动是中国武术的一个特有的表现形式，由许多连续活动的技击动作和艺术动作构成，不少动作在技术规格、运动幅度等方面与技击的原形动作有所变化，但是动作方法仍然保留了技击的特性。所以武术套路动作是技击的高度提炼和艺术再现，来源于技击，又高于技击，是武术的最高表现形式。

武术作为体育运动，它的攻防技击特性是通过一招一式来表现的，但因连结贯串及演练技巧上的需要，在套路中穿插了一些不一定具有攻防技击意义的动作，整体上看，主要以踢、打、摔、拿、击、刺诸法为主。武术这种寓技击于体育之中的运动特点，体现在不同的流派中，表现方式是丰富多彩而且变化多端的，这里就不一一举例说明了。

3.广泛的适应性

武术包含多种拳种和流派，练习形式、内容丰富多样，有竞技对抗性的散手、推手、短兵，有适合演练的各种拳术、器械的对练，还有与其相适应的各种练功方法。由于不同拳种和器械有不同的动作结构、技术要求、运动风格和运动量，且对场地、器材的要求较低，几乎不受时间和季节限制，人们可以根据自身实际情况和兴趣选择。由此可见，武术可以满足人们不同年龄、性别、体质的需求，具有广泛的适应性。这是武术经久不衰，能长期发展繁荣的一个重要原因。

武术之所以成为一种大众喜爱的运动，并在历史大浪淘沙的洪流中保存下来并不断发展，除了其不同于其他身体运动的特点之外，其健身等作用也是其长久不衰的主要原因。武术的作用可以表现为以下几点：

第一，武术可提高素质，达到健体防身的目的。武术套路运动其动作包含着屈伸、回环、平衡、跳跃、翻腾、跌扑等，系统地进行武术训练，可以使人体各部位“一动无有不动”，都得到锻炼。武术运动对外能利关节，强筋骨，壮体魄；对内能理脏腑，通经脉，调精神。对于调节内环境的平衡，调养气血，改善人体机能，健体强身十分有益。现代医学实践已经证明，练习武术可以强身健体，预防疾病发生。同时，武术运动是以技击为中心的，人们通过武术能够学会攻防格斗技术，达到防身自卫的目的。

第二，武术有锻炼意志，培养品德的作用。武术对于练习者的要求是很多的，需要有常年有恒，坚持不懈的意志品质。同时武术练习，可以培养刻苦耐劳，砥砺精进，永不自满的品质。经过长期锻炼，可达到培养人们勤奋、刻苦、果敢、顽强、虚心好学、勇于进取的良好习性和意志品德的作用。武术讲究“尚武崇德”，“教武育人”贯彻在武术教习全过程。在学习过程中尊师爱友、以武会友、讲礼守信、不凌弱逞强、见义勇为等，都是武术道德所倡导的精神和规范。

第三，武术的观赏作用。武术的观赏作用，最开始始于古代宫廷。无论是套路表演，还是散手比赛，历来为人们喜闻乐见。古代很多诗词都记录了武术的观赏作用，如唐代大诗人李白好友赞他“起舞拂长剑，四座皆扬眉”，杜甫在《观公孙大娘弟子舞剑器行》著名诗篇中有“昔有佳人公孙氏，一舞剑器动四方。观者如山色沮丧，天地为之久低昂”的描绘。武术的观赏作用发展到今天，衍生出竞技武术，在竞技比赛的同时，给人美的享受，达到启迪教育和娱乐的目的。

第四，交流技艺，增进友谊的作用。武术在发展过程中，群众性的活动，成为人们切磋技艺，交流思想，增进友谊的良好手段。随着武术在世界范围内的广泛传播，还可促进与国外武术爱好者的交流。使许多国外的武术爱好者，通过练武了解认识中国文化，探求东方的文明。同时，进入社会转型期以来，武术的经济功能扩大，武术产业发展为第三产业，通过经济往来和文化交流，促进了与世界各国人民的友好交往，提高了中国的国际地位。

由于武术的文化特性，武术运动不仅可以提高练习者身体素质，健体防身，其特别之处在于，还可以锻炼练习者的意志，培养其思想品德，树立高尚的人生理想和道德情操，蕴含着特别的运动观。

1.武术运动观中的“身心和谐”

“身心和谐”的运动观，被武术者视为真谛。所有的武术拳种都把人体生命看成一大系统，将人作为一个整体来看待和训练，认为身与心是统一的。人体是武功的载体，武功载体的强弱决定着武功的强弱。载体的强壮分为外部强壮和内部强壮，更重要的是内部强壮，只有内部强壮才是真正的强壮。所以，武术运动以外练形体、内练精气神为训练对象，练意、练气、练力，是武术练功的三要素，通过这些训练，以达到“身心和谐”的境界。

2.武术运动观中的“人际和谐”

武术在形成和发展过程中，不仅逐渐形成一整套自己独特的理论、技术、功法，由于受中国传统文化的影响，也形成了一套与武术密切相关的道德体系，这就是人们常说的武德。武德是武术的灵魂，是从事武术活动的人在社会活动中所应遵循的道德规范和所应有的道德品质。虽然武术不同的门派都有自己的风格特点，但武术各家各派都非常注重武德的修炼，“尚武崇德”被不断继承，逐渐形成了尊师重道、讲礼守信、见义勇为、不逞强凌弱、学之有恒、精益求精的道德文化。

“教武育人”贯彻在武术教习全过程中，“未曾习武先学礼，未曾习武先习德”，始终把武德列为习武教武的先决条件。在武德的培养中，武术者们追求的是一种“人际和谐”，即注意培养人与人之间的和谐，强调处理人际关系时要宽厚、容忍。同时，还制定了各自的一套严格的尊师重道、扬善惩恶的戒律规范，强调习武要“仁爱、守礼、忠诚、信义、谦让、宽厚”，以求人际和谐。中国武术之所以具有丰厚的文化内蕴，与其“尚武崇德”的思想密不可分，也因此具有区别于其他身体运动的独特魅力。

3.武术运动观中的“天人和谐”

武术与中国古代哲学有着深厚的渊源，受儒释道等各家的影响，武术运动中讲究“天人和谐”的人本思想，具有浓厚的哲学基础。“天人和谐”是指宇宙自然与自身的统一，是中国古典哲学“天人合一”本体论的体现，也是武术思想认识和方法论的根本观点之一和武术养练功法的核心之一。

拳家们以宇宙和自然万物为依托，以阴阳、八卦、五行之变来比喻武术运动之变，根据其变化规律创造出各种拳法，产生出刚柔、动静、虚实、开合、俯仰、起落、进退、伸缩、呼吸、吞吐等武术动作。而作为武术运动对象的主体——人体自身，是自然的一部分，受自然法则的制约，所以也需要遵循自然，遵循自然运动变化的规律。武术中“天人和谐”所追求和崇尚的就是这样一种人与自然、人与自然万物的统一。

（二）武术蕴含的人生观

武术受中国传统文化的深远影响，逐渐成为一种文化形态。可以说武术是中国传统文化的缩影，是中国传统文化传播的一个载体。中国传统文化的价值系统是以道德价值为核心的，武术受民族精神和传统文化的影响，逐渐形成了一种世代相传的、被人推誉和各派所共有和认可的思想观念，这一思想观念就是蕴藏在武术文化深层的武术精神，指导着人们生命过程中的思想和行为表现，表现出独特的人生观。

中国武术具有传统文化特色，武术在技术上讲究“内外兼修”，即“天人合一”，这与书法、戏曲等民族艺术形式所追求的境界是不谋而合的。这是中国传统文化的共性。“内外兼修”也就是“尚武崇德”，对外锻炼身体、强健体魄，对内严格自律、培养高尚的思想道德。

古人提倡的“立德”是指要修高尚的为人处世之道，保持高尚的情操和行为方式。中华武术精神的最初形态表现为各门各派所提倡的武德，例如少林戒约中提出“习此术者，以强体魄为要诣”，倡导“济危扶贫，匡扶正义”和“不可逞强凌弱之拳”的德行，其他门派中中“短德者不可与之学，丧理者不可与之教”的格言等。武德是从事武术活动的人在社会活动中所应遵循的道德规范和所应有的道德品质。强调习武和修养的统一，包括道德情操、精神境界、治学研究态度、心性修养、武术礼仪等，贯穿于武术拜师择徒、施教、学研以及用武的全过程，影响着习武者的各种活动。

武德精神中所体现出来的人生观可以分为三个层次：

1.个人修养

即“尊师重道”、“仁爱正直”。“尊师重道”是指尊敬师长，虚心求教，在提高自身道德修养的同时，不断探索练武的规律。“仁爱正直”是指仁慈善良的高尚品格，宽厚的心胸，和正气凛然气魄。

2.集体观念

它要求所有习武者和武术团体应“扶危济贫，除暴安良”，有“匡扶正义”和“见义勇为”的集体观念，为了他人和集体的安全挺身而出。

3.爱国主义精神

它要求所有习武者和武术团体必须“精忠报国”，练武的目的在于“强种御侮”和“爱国、修身、正义、助人”，树立爱国主义思想和民族精神。要以国家和人民的利益为首要目标，为保卫国家和民族的安危不谋私利而秉存大义，不畏强暴而从鲜血和生命捍卫民族的独立和国家的完整。

总体来说，个人修养和集体观念所依托的便是武术精神之魂“尚武崇德”，而爱国主义精神则是对民族精神的塑造。

《周易》曰：“天行健，君子以自强不息”，“地势坤，君子以厚德载物”。武术中的“尚武崇德”恰恰能培养着两种精神和气度。“尚武”能培养“自强不息”的精神，在武术练习中，练习者的尚武者体魄不断强健，攻防技能不断提高。而强健的体魄能保证机体承受社会劳作的苦累，使人在艰辛和恶劣的环境中也能生存。攻防技能的提高能防身制敌，对付敌对者的武力侵犯，保护自己。在这个过程中，能逐步使尚武者养成不屈服于恶劣环境和竞争对手，见恶不畏，见强不惧，勇于拼搏，夺取胜利的精神。这是“自强不息”精神赖以存在的基础，也是一种具体体现。

“崇德”能培养“厚德载物”的气度。武术传习中，强调武德教育，要求习武者具有手德、口德和公德。“手德”即武术比试时不以武力伤人，即使是对待坏人也以擒拿点穴等法制服敌手为尚。“口德”是指不以语言中伤他人，不恃强凌弱。“公德”指遵守社会道德规范，不做扰乱社会治安的事。这些崇尚道德的修养，能逐步使习武者养成与人友善、淳厚处世、宽容万物的气度，正是“厚德载物”的具体表现。

武术精神的最高表现就是爱国主义精神，在中国武术史上，很多武技高超的人和普通习武者都以国家和人民的利益为首要目标，具有高尚的爱国主义情操和民族精神。荆轲、庄诸刺暴竞志，几近剑侠；岳飞、张所、韩世忠堪称一代武学宗师，抗金卫国，死而后已；更有罗成、张宪、岳云、夏完淳等少年英雄成为忠臣良将之楷模；现代的杜心武追随孙中山先生为苦难的中国而奔走效力，无数抗日将士、共和国建国功臣中也颇多习武有成之士，他们都为社会主义理想不遗余力地奋争。

六、心灵的呼唤与时代脉搏

和谐思想是中国传统文化的重要精神，贯穿于中国思想发展史的各个时期和各家各派之中，先秦儒家、道家追求身心和谐、人与人和谐、人与自然和谐的思想，彰显着东方式的哲学智慧，具有独特的价值功能，甚至影响着今天人们的思想和行为。为调节人的心态、人际关系，化解各种社会矛盾和冲突，为今天现代和谐社会的构建提供了无尽的历史智慧和现实思考。

进入21世纪以后，党的方针紧随时代变化和需求，明确提出构建社会主义和谐社会的战略任务。胡锦涛在党第十七大报告中指出："科学发展、社会和谐是发展中国特色社会主义的基本要求。和谐社会要靠全社会共同建设，我们要紧紧依靠人民，调动一切积极因素，努力形成社会和谐人人有责、和谐社会人人共享的生动局面"。党的十六届四中全会提出了构建社会主义和谐社会的重要思想，把构建社会主义和谐社会作为社会发展的目标。并明确指出，和谐是实现社会稳定和可持续发展的保障，是发展社会主义市场经济、社会主义民主政治和社会主义先进文化的必然要求。

（一）社会主义和谐社会

和谐是指"配合得适当和匀称"，社会是指"由一定的经济基础和上层建筑构成的整体，也叫社会形态"。和谐社会就是指构成社会的各个部分、各种要素处于一种相互协调的状态。

所谓社会主义和谐社会，是在社会主义的历史条件下，各方面利益关系得到有效的协调、社会管理体制不断创新和健全、稳定有序的社会。

1.和谐社会要素

和谐社会必须包含有三个要素，即：机会、责任、社会组织。一个和谐社会需要为社会成员提供参与、分享的平等机会和公正机会；必须是一个有责任的社会，政府、公民、企业等各个组成部门都有各自的责任；社会组织发育必须完全，才能构建和谐社会。和谐社会的本质是以人为本，必须以人为基本要素，实行机会均等，形成自动解决冲突的机制。

2.社会主义和谐社会特点

社会主义和谐社会的特点可以概括为以下五个方面：第一，通过调动一切积极因素来增强全社会的创造活力；第二，通过协调各方面的利益关系来维护社会公平；第三，通过营造良好的社会氛围来形成良好的人际环境；第四，通过加强民主法治建设来维护社会稳定；第五，通过处理好人与自然的关系来保证可持续的发展。也就是2005年2月19日，胡锦涛总书记在省部级主要领导干部提高构建社会主义和谐社会能力专题研讨班上的讲话中明确指出的："我们所要建设的社会主义和谐社会，应该是民主法治、公平正义、诚信友爱、充满活力、安定有序、人与自然和谐相处的社会"。

（1）民主法治

民主法治，是构建社会主义和谐社会的重要保证，又是社会主义和谐社会的重要特征。是指社会主义民主得到充分发扬，依法治国基本方略得到切实落实，各方面积极因素得到广泛调动。实现民主法治，首先要实现民主政治，民主政治是社会主义和谐社会的基本内涵，也是构建社会主义和谐社会的根本保障。只有发展社会主义民主政治，保证人民民主权利的依法行使，才能充分调动并发挥人民群众和各方面的积极性、主动性、创造性，促进党和人民群众以及执政党和参政党、中央和地方、各阶层之间、各民族之间关系的和谐，全面实现民主法治，从而实现整个社会的和谐。

（2）公平正义

公平正义，是指社会各方面的利益关系得到妥善协调，人民内部矛盾和其他社会矛盾得到正确处理，社会公平和正义得到切实维护和实现。社会的公平正义涉及最广大人民的根本利益，只有维护和实现社会公平正义，社会各方面的关系才能协调，人们的积极性、主动性、创造性才能充分发挥出来，这是我们党坚持立党为公、执政为民的必然要求，也是我国社会主义制度的本质要求。

（3）诚信友爱

诚信友爱，是指全社会互帮互助、诚实守信，全体人民平等友爱、融洽相处。社会是由人组成的，社会和谐取决于人与人之间的和谐，而诚信友爱是实现人际关系和谐的前提条件。

（4）充满活力

充满活力，是指能够使一切有利于社会进步的创造愿望得到尊重，创造活动得到支持，创造才能得到发挥，创造成果得到肯定。我们所要建立的和谐社会，是要在发展中不断创造更高水平的和谐，而活力是社会进步与发展的现实力量和动力源泉，是现代社会的重要标志。

（5）安定有序

安定有序，是指社会组织机制健全，社会管理完善，社会秩序良好，人民群众安居乐业，社会保持安定团结。其中“安定”是指社会发展的稳定、社会关系中的和睦相处和人们的心理平和。和谐社会应该是人与人之间、群体与群体之间、社会阶层与社会阶层之间，以及人与社会之间和谐相处，真正做到人人平等、和而不同、互惠互利。社会转型期，我国需要正确处理改革、发展与稳定的关系，维护社会的安定团结，为构建和谐社会创造有利的条件。

（6）人与自然和谐相处

人与自然和谐相处，是指生产发展、生活富裕、生态良好。人与自然的和谐是社会和谐的基础条件，也是人自身发展的重要前提。自然环境是人类生存的必备前提和条件，人类需求的增长与自然界所能提供的各类资源必须相适应，社会的和谐、人的全面发展都必须在人与自然的协调与和谐中得以实现。

（二）武术契合和谐社会的理念

武术在漫长的发展过程中，受中国文化和传统思想的影响，逐步形成了一套完善的由思维方式、价值观念、道德风尚、处世方法、情趣志向等组成的理论。形成强调整体合一、注重道德修养的技术体系和教练原则，具有“和谐”的特征。以和为贵，以仁、义、礼、智、信、忠、勇等作为修身信条，是武术文化思想的具体内容。

武术本身就是和谐思想的体现，其刚柔、快慢、进退、虚实的套路动作以及劲力、协调、精神、节奏的协调统一，无不是和谐的写照。武术的教与学，就是一个和谐理念的教育过程。武术练习时，不仅注重个体“手、眼、身法、步，精神、气、力、功”的“形神统一”、”内外合一”，还注重“人为一小宇宙，天为一大宇宙”的“天人合一”观，充分体现了“人与自然、人与社会、人自身内外”的“和谐”理念。武术教学中，“尊师重道”的提倡，追求的就是一种师与徒、徒与徒之间的人际关系的和谐。

武术受中国传统文化“道法自然”、“天人合一”哲学思想的影响，强调人与自然的和谐，武术的各种套路动作就是效仿自然万物，将其形象、动作融入武术的一招一式中创造出来的。如八段锦、五禽戏、少林五拳、形意十二形等。这种对自然规律以及自然之物从形式到内容等全方位的仿效，是返璞归真的和谐现象，是“天人合一”思想在武术运动中的体现，是追求人与自然和谐的体现。

武术的核心是武德，武德是每个练武之人必须具备的品德。苌家拳《初学条目》规定：“学拳宜以德行为先，凡事恭敬谦逊，不与人争，方是正人君子。”强调习武者要“仁爱、守礼、忠诚、信义、谦让、宽厚”，以求人际和谐。将练武与修身，习武与立人，品德与技艺统一起来，把修己养身看作立身处世、实现人的价值的根本，注意人与人之间的和谐。讲求处理人际关系时要宽厚容忍，从而实现物质世界与精神世界的平衡和谐。

当代中国，实施民族的伟大复兴，以人为本，全面建设小康社会，构建社会主义和谐社会，需要优秀民族文化的有力支撑。构建社会主义和谐社会，在本质上就是要处理好人与自然、人自身、人与人、人与社会这几方面的关系。武术不仅可以强身健体，更能通过武术训练体悟中国的文化内涵，尤其是能培养自强不息，厚德载物的民族精神。和谐是武术文化的价值核心，这与和谐社会所体现民主、文明、诚信、友善、协调的内涵相契合。在新的时代背景下，构建和谐社会是我们国家的重大战略决策，社会呼唤和谐，社会需要和谐，历史悠久、博大精深的武术文化与和谐社会的构建有着密不可分的联系。

（三）武术对和谐社会的作用

武术是一项特殊的中国传统体育运动，具有技术和文化相统一的特色。作为我国宝贵的文化遗产，武术是中国文化的缩影，是中华文化乃至中华民族精神的载体。面对当今世界文化竞争、相互激荡的复杂局面下，弘扬中华武术，彰显民族精神，对传播民族传统体育、弘扬民族文化、光大民族精神、强化民族素质、增强民族凝聚力和爱国主义意识等具有重大的意义，对实现民族的伟大复兴和构建和谐社会具有强大的促进作用。

武术要充分发挥自身的优势，充分发挥育人功能和经济功能，还要发挥其内涵丰富的人文价值为时代的发展贡献力量，为世界的文明做出贡献。把习武同弘扬民族文化联系起来，培养强烈的民族自豪感，维护中华民族的尊严，建立起新型的社会主义道德观，服务于和谐社会。

武德发展到新时期，所体现出来的忠、仁、信、义、孝、智、勇，包涵了爱国之德、为人处事之德、孝敬父母之德和诚信之德，中华民族的光荣传统和崇高美德。武德中“自强不息”的民族精神是中华民族独立自主、不断进取的力量源泉，反映出了中华民族的积极向上、奋发图强的顽强生命力，形象地表现出了中华民族励精图治、自力更生、百折不回、坚强不屈的开拓精神。

通过武术练习能传承武术文化和武术精神，弘扬民族精神。民族精神是一个民族赖以生存和发展的精神支柱，弘扬民族精神，不仅能培养人民遵守社会公德，教育人们追求更高的精神价值，也可以提高人民的道德水平，促进公民追求和谐的自觉意识，凝聚精神力量，为构建和谐社会提供精神支持，有利于社会整体的和谐发展，有利于为全面建设小康社会提供强大精神动力，有利于社会主义和谐社会的构建。

同时，武术群体练习可以扩大情感交流，增加人与人之间的相互了解，改善人际关系，有利于创造文明、和谐的社会环境。武术的国际间交往，能够促进国家与国家之间，人民与人民之间的相互理解，有益于人类社会的“团结、友谊，进步”。

（四）和谐社会武术发展方向

现阶段，摆脱西方强势文化的影响，在文化竞争中将民族优秀的文化遗产得以继承和发展，是弘扬民族精神的基本条件，是现当代所赋予我们的历史时代重任。作为中华民族优良的传统，武术在构建和谐社会中具有特殊的功能与作用。

中华武术发展要寻找出路，探求创新途径，建立创新机制，需要与时代发展和要求相结合。在时代发展的今天，日益开放的环境和发展社会主义市场经济使武术发展与创新面临诸多的挑战和机遇。时代背景给予武术多样性、立体化发展的机遇，但是武术竞技武术与传统武术间的矛盾问题；学校武术与武术学校的发展问题；武术内涵的挖掘问题等是武术发展中面临的问题。

武术的发展离不开科学理论的指导与实践，在寻找武术发展与创新之路时，要坚持理论与实践相结合的基本原则，以科学化、现代化发展思想为指导，针对武术发展中所存在的问题作出相应的对策，加强武术文化研究工作，把武术文化中的高尚理念纳入到国民体育教育全过程，尤其是纳入到青少年的体育课程之中。

1.推动武术竞赛的和谐发展

首先，要立足本国，注意面的普及和推广，使逐渐走上国际化、全球化。同时，要着眼全球，用积极的态度融入世界文化的主流，注意点与面结合，使国内外竞赛内容一致，才能发展壮大，实现全球点与面和谐统一的竞赛体制。

其次，构建一个先本国、后全球的竞赛机制。制定武术规则时，实行广泛的交流与合作，吸收和借鉴国际竞技体育规则，尽量缩小彼此之间的差异，取得统一。在本国实践可行之后，逐步向世界推广。

传统武术的发展机遇较少，应尽量与世界接轨，过去曾举办过的“全国武术观摩交流大会”、“全国演武大会”等竞赛形式，通过对报名方法、评奖方法、等级设置等进行深化改革，形成传统武术的竞赛体系，促进不同流派、不同拳种、不同风格特点的传统武术更广泛地普及与推行。同时，应放宽政策，允许民间个人主办不同级别的、不同形式的传统武术竞赛活动，让竞赛方法、竞赛形式活起来，把武术爱好者的主动性、积极性充分调动起来。

2.与时代结合，走科学化之路

传统武术的发展需要吸收竞技武术的现代化、科学化的训练理论，竞技武术经过50多年的发展，形成了一套比较完整的教学训练、竞赛和普及推广机制，符合现代体育的要求。传统武术具有民族性和传统性，在新时代发展中，必然有其落后的部分，需要参照吸收竞技武术的有益成分，对自身的训练体系进行研究和创新，达到两者有机的融合。

传统武术要与时代结合，走科学化之路，树立科学的发展观。具体说，就是要建立起科学的理论体系，即传统武术的竞赛发展模式、理论技术科研发展模式、教学发展模式、人才培养发展模式、文化发展模式等都要科学化。

3.与竞技武术和谐发展

传统武术具有丰富而厚实的资源，是竞技武术发展的基础，二者相辅相成，缺一不可。目前，传统武术的发展滞后于竞技武术，想要与国际接轨，走现代化发展之路，寻求创新，使武术与现代社会、现代文明的发展相适应、相结合，挖掘、传承、弘扬其合理思想和有价值的成分和精华，去除保守和落后部分，吸收竞技武术的优势，与竞技武术共同发展。

传统武术要达到与竞技武术的和谐发展，必须加大传统武术的保护和推广，在继承中求发展。传统武术是民族文化的浓缩，诸子百家的精华部分在传统武术文化中均有体现，它所蕴涵的品质是以爱国主义为核心的民族精神，这是当前我国构建社会主义和谐社会的需要，是必不可少的。所以说，“保持传统”是中国武术的出路，“传统武术”是中国武术可持续发展的生命之源。

保持武术中的传统具体可从以下几个方面实现：

第一，抢救民间传统武术。传统武术拳种丰富，形式多样，由于长期是口传身授的传承方式，少有理论和文献记载，武术先辈们先后过世后，很难找到继承的方法和途径。因此，保持武术传统，首先要以农村为重点，尽快普查、摸底与认定民间武术传承人。同时，保护与资助民间武术传人，建立民间武术拳种流派名录体系，绘制民间武术拳种流派的资源分布图，确立民间武术拳种流派传承人谱系，及时抢救保护民间传统武术。

第二，加大武术在民间的和谐发展。抓紧时间制定和出台符合民间武术运动特点的竞赛规则，增加民间武术的竞赛活动，扩大各民族间武术文化的交流范围。同时，在科学理论和思想的指导下，建立武术科学理论体系，强化理论研究。同时，开拓武术新的内容体系，提升精品意识，全面推进民间武术繁荣的新局面。

当代中国，实施民族的伟大复兴，以人为本，全面建设小康社会，构建社会主义和谐社会，需要优秀民族文化的有力支撑。而武术在新时期发展创新机制的建立与途径的找寻，也需要依托于和谐社会的时代背景。武术文化中的民族精神在新时期对构建社会主义和谐社会起着重要的作用，对构建繁荣稳定、公平正义、人民幸福、充满活力的和谐社会有积极的推进意义。现代和谐社会，也为武术发展与创新提供着新的活力，创造着新的机遇与挑战。

参考文献

[1]正蒙·乾称篇下
[2]答顾东桥书
[3]易传·文言传
[4]《论语·里仁》
[5]《论语·卫灵公》
[6]庄子·齐物论
[7]魏源：《海国图志·叙》
[8]魏源：《海国图志·筹海篇三》
[9]魏源：《筹海篇·议战》
[10]魏源：《海国图志·筹海篇一》
[11]陈铁生：《精武本纪》
[12]袁贵仁.价值观的理论与实践——价值观若干问题的思考[M].北京：北京师范大学出版社，2006
[13]余英时.余英时散文集：中国情怀[M].北京：北京大学出版社，2012：1
[14]赵馥洁.中国传统哲学价值论[M].西安：陕西人民出版社，1991
[15]兰久富.社会转型时期的价值观念[M].北京：北京师范大学出版社，1999
[16]高瑞泉.中国近代社会思潮[M].上海：上海人民出版社，2007
[17]高力克.历史与价值的张力：中国现代化思想史论[M].贵州：贵州人民出版社，1992
[18]冯契.中国近代哲学的革命进程[M].上海：上海人民出版社，1989
[19]张兴国.当代中国社会转型与价值观嬗变[M].北京：中国社会科学出版社，2012
[20]王岗.中国武术文化要义[M].太原：山西科学技术出版社，2009

[21]温力.中国武术概论[M].北京：人民体育出版社，2005
[22]国家体委武术研究院.中国武术史[M].北京：人民体育出版社，1997
[23]于志钧.中国传统武术史[M].北京：中国人民大学出版社，2006
[24]张志勇.中国武术思想概论[M].郑州：河南大学出版社，1998
[25]罗时铭.中国近代体育变迁的文化解读[M].北京：北京体育大学出版社，2007
[26]李德顺.价值论[M].北京：中国人民大学出版社，2007：32
[27]陈章龙，周莉.价值观研究[M].南京：南京师范大学出版社，2004：15
[28]漆侠.历史研究法[M].保定：河北大学出版社，2003：78
[29]张剑峰.问道，寻访武林[M].西安：陕西师范大学出版总社有限公司，2012
[30]杨向东，张雪梅.中国体育思想史（古代卷）[M].北京：首都师范大学出版社，2008
[31]徐震.苌乃周.武学[M].太原：山西科学技术出版社，2006
[32]蔡仲林，周之华.武术[M].北京：高等教育出版社，2000：14
[33]张岱年.中国哲学大纲·序记[M].北京：中国社会科学出版社.1982：6
[34]葛兆光.中国思想史[M].上海：复旦大学出版社，2010：47
[35]西域置行省议//龚自珍全集[M].上海：上海人民出版社，1975：106
[36]杨建峰.历史的拐点：影响历史的中外重大事件[M].海口：南海出版公司，2015.4：61
[37]徐珂.石达开碎碑.清稗类钞（6）[M].北京：中华书局，1986.2921
[38]广西太平天国文史调查团.太平天国革命在广西调查资料汇编[M].北京：生活·读书·新知.三联书店.1956
[39]吴兴凌善清.太平天国野史：卷七[M].上海：文明书局.1932：4
[40]故宫博物院明清档案部.义和团档案史料上册[M].北京：中华书局，1959：24
[41]周伟良.中国武术史[M].北京：高等教育出版社，2003：8
[42]中国史学会.义和团：（四）[M].上海：神州国光社，1951
[43]中国史学会.义和团：（一）[M].上海：神州国光社，1951
[44]中国史学会.义和团：（二）[M].上海：神州国光社，1951
[45]山东省历史学会.山东近代史资料（3）[M].济南：山东人民出版社，1961：

191-192
[46]成都体育学院体育史研究所.中国近代体育史资料[M].成都：四川教育出版社，1988：11
[47]山东义和团案卷（上册）[M].济南：齐鲁书社，1980
[48]廖一中等.义和团运动史[M].北京：人民出版社，1981：66
[49]程英.中国近代反帝反封建历史歌谣[M].北京：中华书局.1962：448
[50]中国人民大学清史研究所.中国近代史论文集（上）[M].北京：中华书局，1979：212
[51]三元里人民抗英斗争史料.广州工人参加三元里抗英斗争情况调查记录[M].广州：广东文史馆，1955：345
[52]王岗.民族传统体育的文化自尊[M].北京：北京体育大学出版社，2007.1：11
[53]汤奇学.中国近代思想文化史探索[M].安徽：安徽大学出版社，2005：186
[54]梁启超.梁启超全集（第三卷）[M].北京：北京出版社，1999
[55]郑云山.鉴湖女侠秋瑾[M].上海：上海人民出版社，1984：8
[56]郎净.近代体育在上海（1840—1937）[M].上海：上海社会科学院出版社，2006：129
[57]罗啸敖.精武内传[M].上海：上海社会科学院出版社，2008：38-39
[58]林小美.清末民初中国武术与文化思潮[M].杭州：浙江大学出版社，2012：31
[59]谷世权.中国体育史[M].北京：北京体育学院出版社，2003：204
[60]陈学恂.中国近代教育史教学参考资料：上册[M].北京：人民教育出版社，1986：567
[61]桑兵.清末新知识界的社团与活动[M].北京：三联书店，1995：262
[62]高平叔.蔡元培全集（卷二）[M].北京：中华书局，1984：228
[63]蔡元培.蔡元培美学文集[M].北京：北京大学出版社，1983.5
[64]茅盾.我走过的路.2 版[M].北京：人民文学出版社，1997：72
[65]苏竞存.中国近代学校体育史[M].北京：人民教育出版社，1994：75
[66]邵爽秋等.历届教育会议议决案汇编（甲篇）[M].上海：教育编译馆，1935
[67]清华大学校史研究室.清华大学史料选编第二卷（下）——国立清华大学时

期（1928—1937）[M].清华大学出版社，1991：546-547
[68]欧榘甲.论政变为中国不亡之关系.中国史学会主编.戊戌变法（三）[M].上海：上海人民出版社，1957：157
[69]国家体委体育史办.中国近代体育文选[M].北京：人民体育出版社，1992：45
[70]李培林，李强，马戎.社会学与中国社会[M].北京：社会科学文献出版社，2008.9：458-461
[71]任建树.陈独秀著作选（第一卷）[M].上海：上海人民出版社，1984：442-443
[72]中华民国史档案资料汇编（第三辑）：教育[M].南京：江苏古籍出版社，1991：857
[73]田镇峰.太极拳讲义[M].太原：山西科学技术出版社，2011：3
[74]国家体委体育文史工作委员会.中国近代体育决议案选编（体育史料第15辑）[M].北京：人民体育出版社，1990：158，175
[75]国家体委体育文史工作委员会.中国近代体育决议案选编（体育史料第16辑）[M].北京：人民体育出版社，1990：97
[76]释永信.民国国术期刊文献集成（第2卷）[M].北京：中国书店，2008
[77]释永信.民国国术期刊文献集成（第3卷）[M].北京：中国书店，2008
[78]释永信.民国国术期刊文献集成（第4卷）[M].北京：中国书店，2008
[79]释永信.民国国术期刊文献集成（第9卷）[M].北京：中国书店，2008
[80]释永信.民国国术期刊文献集成（第10卷）[M].北京：中国书店，2008
[81]释永信.民国国术期刊文献集成（第11卷）[M].北京：中国书店，2008
[82]释永信.民国国术期刊文献集成（第12卷）[M].北京：中国书店，2008
[83]释永信.民国国术期刊文献集成（第18卷）[M].北京：中国书店，2008
[84]释永信.民国国术期刊文献集成（第21卷）[M].北京：中国书店，2008
[85]庞玉森等.中央国术馆史[M].合肥：黄山书社，1996：34
[86]许纪霖，陈达凯.中国现代化史[M].上海：三联书店，1995：294
[87]张灏.思想与时代[M].上海：上海文艺出版社，2002：334
[88]国家体委体育文史工作委员会，中国体育史学会.中国近代体育史[M].北京：北京体育学院出版社，1989：145

[89]壬化.浙江近代运动会资料汇编，浙江体育史料第 1 辑[M].1982：54-55

[90]中国第二历史档案馆.中华民国史档案资料汇编（第五辑）第一编：文化（二）[M].南京：江苏古籍出版社，1994：981

[91]田镇峰.太极拳讲义[M].太原：山西科学技术出版社，2011：3

[92]国家体育总局武术研究院.我国中小学武术教育改革与发展的研究[M].北京：高等教育出版社，2008：17

[93]国家体委政策研究室.体育运动文件汇编（1982-1986）[M].北京：人民体育出版社，1990：52

[94]刘吉.新中国体育史优秀论文集[M].北京：奥林匹克出版社.1997.3：68-77

[95]李慧斌等.中国现实问题研究前沿报告[M].上海：华东师范大学出版社，2006

[96]上海市社会科学界联合会.中国的前沿：文化复兴与秩序重构[M].上海：上海人民出版社，2006：52

[97]汪民安.生产（第三辑）[M].桂林：广西师范大学出版社，2006：329

[98]邱丕相.中国武术文化散论[M].上海：上海人民出版社，2007：18-19

[99]王蒙.王蒙新世纪讲稿[M].上海：上海文艺出版社，2005：240

[100]王大有.中华龙种文化[M].钱其琛.增强中华民族的文化凝聚力.北京：中国时代经济出版社，2006：1

[101]吴松.中国武术国际化传播的立场：建构文化形象.中国武术研究[M].北京：人民体育出版社，2010：37

[102]费孝通.费孝通在 2003[M].北京：中国社会科学出版社，2005：156

[103]王治河.福柯[M].长沙：湖南教育出版社，1999：159

[104]王玉华.多元视野与传统的合理化--章太炎思想的阐释[M].北京：中国社会科学出版社，2004：483

[105]黄书光.价值观念变迁中的德育改革[M].南京：江苏教育出版社，2008：336

[106]丁韪良著.沈弘等译.中国人的精神世界及其影响力[M].北京：世界图书出版公司北京公司，2010（4）：5

[107]梁启超.梁启超全集（第三卷）[M].北京：北京出版社，1999：712

[108]罗啸敖.精武内传[M].上海：上海社会科学院出版社，2008：38-39

[109]孙培青，任钟印.中外教育比较史纲（古代卷）[M].济南：山东教育出版社，

1997：4

[110]陈刚.穿越现代性的苦难[M].北京：中国工人出版社，2002

[111]梁启超.饮冰室合集（第1册/专集5）[M].北京：中华书局，1989：25

[112]梁启超.饮冰室合集（第6册/专集15）[M].北京：中华书局，1989：1-2

[113]邵爽秋等.历届教育会议议决案汇编（甲篇）[M].上海：教育编译馆，1935：5-6

[114]梁启超.新民说[M].郑州：中州古籍出版社，1998：44

[115]魏源.圣武记·叙//魏源集[M].北京，中华书局，1976：166

[116]严复.严复集（第一册）[M].北京：中华书局，1986：27

[117]鲁迅先生纪念委员会.鲁迅全集[M].北京：人民文学出版社，1957

[118]故宫博物院明清档案部.第二次鸦片战争（六）[M].上海：上海人民出版社，1978：292，294

[119]胡绳.中国共产党的七十年[M].北京：中国党史出版社，1991：332

[120]李玲修，周铭共.体育之子荣高棠[M].北京：新华出版社，2002：50

[121]蔡龙云.琴剑楼武术文集[M].北京：人民体育出版社，2007：72

[122]潘维，廉思.中国社会价值观变迁30年（1978--2008）[M].北京：中国社会科学出版社，2008：275

[123]邓小平文选[M].北京：人民出版社，1994：194

[124]卡莱尔.英雄和英雄崇拜[M].上海：上海三联书店，1988：18-21

[125]邹经.《纪效新书》、《练兵实纪》总说[M].北京：解放军出版社，1987：125-147

[126]胡惠林.中国国家文化安全论[M].上海：上海人民出版社，2005：3

[127]本书编写组.中共中央关于加强党的执政能力建设的决定[M].北京：人民出版社，2004：9

[128]中共中央宣传部.习近平总书记系列重要讲话读本[M].北京：学习出版社，人民出版社，2014

[129]中国艺术研究院中国民族民间文化保护工程国家中心.中国民族民间文化保护工程普查工作手册[M].北京：文化艺术出版社，2005：174

[130]Malcolm Waters.Globalization[M].London：Routle Press，1995：9

[131]王文章.非物质文化遗产概论[M].北京：文化艺术出版社，2006：324

[132]黄金麟. 历史 •身体 •国家——近代中国的身体形成（1895—1937）[M]. 北京：新星出版社，2006：18.

[133]何显明，吴兴智．大转型：开放社会秩序的生成逻辑[M]．上海：学林出版社，2012：102

[134]周晓红，谢曙光．中国研究（2005 年春季卷第 1 期）[M]．北京：社会科学文献出版社，2005：22-23

[135]冯晓春．老照片（第三辑）[M]．济南：山东画报出版社，1997：44

[136]王沪宁.当代中国村落家族文化[M].上海：上海人民出版社，1991：150

[137]李友梅，黄晓春，张虎祥．从弥散到秩序："制度与生活" 视野下的中国社会变迁（1921—2011）[M]．北京：中国大百科全书出版社，2011

[138]中央国术馆.张之江先生国术言论集[M].南京：大陆印书馆，1931

[139]王岗.武术发展的文化选择[J].体育文史，2001（3）：1-2

[140]王岗.运动与文化之辩——论传统武术与现代武术[J].武术科学，2005（5）：1-2

[141]王岗.中国武术的当代价值选择："人文之美"[J].中华武术，2011（5）：1-5

[142]邱丕相.武术特征的文化研究[J].武汉体育学院学报，2009（7）：5-8

[143]郭玉成.论武术文化的涵义及基本特征[J].搏击·武术科学，2009（3）：1-3

[144]李成银.试论中国武术文化的结构[J].体育科学，1992（1）：19-22

[145]程志理，谢坚.武术的文化特征分析--武术文化的三层次[J].天津体育学院学报，1990（3）：22-27

[146]鲁迅.拳术与拳匪[J].新青年，1919，六（二）

[147]谢似颜.评大公报七日社论[J].体育周报，1932（30）

[148]康戈武.古代武术演进的文化结构研究[J].体育文史，1998（3）：24-31

[149]温佐惠，陈振勇.21 世纪中国传统武术"技击本质"价值定位问题再研究[J].成都体育学院学报，2002（6）：16-19

[150]冉学东.中国传统武术体系裂变的文化价值因素探析[J].成都体育学院学报，2003（3）：25-28

[151]李成银.试论近代武术价值功能的演变[J].成都体育学院学报，1994（3）：20-25

[152]王伟等.论中国武术发展的价值[J].武术科学，2005（6）：7-10
[153]韩爱芳.当代武术价值观解读[J].武术科学，2005（6）：13-15
[154]郭玉成.武术构建中国国家形象的作用研究[J].广州体育学院学报，2012（4）：11-16
[155]周伟良.传统武术俗文化特征散论[J].天津体育学院学报，1992（3）：22-27
[156]郭发明.跨文化传播视域下中国武术国际推广策略研究[J].搏击（武术科学），2012（1）：33
[157]陈建民.跨文化视野下中国武术的传播策略[J].体育学刊，2008（5）：23
[158]金玉柱.中国武术跨文化传播的问题视域研究[J].中华武术（研究），2011（1）：23
[159]姬瑞敏，张建新.从文化视角看中国传统武术在跨文化传播中面临的机遇与挑战[J].搏击（武术科学），2010（2）：34
[160]陈珊，汪美霞.跨文化因素对中国武术国际推广的影响[J].湖北经济学院学报（人文社会科学版），2010（3）：33
[161]周伟良.论当代中华武术的文化迷失与重构——以全球化趋势下的国家文化安全为视角[J].首都体育学院学报，2007（1）：4
[162]邱丕相.全球文化背景下民族传统体育发展的思考[J].体育科学，2006（8）：63
[163]叶献丹.全球化时代中国武术文化认同及其策略反思[J].天津体育学院学报，2007（1）：9
[164]叶献丹.中国武术的“文化失语”与“文化认同”的思考——以体育全球化为背景[J].武汉体育学院学报，2007（3）：12
[165]宋丽.中国武术发展的困境与文化认同问题[J].南京体育学院学报（社会科学版），2008（5）：12
[166]王岗，郭华帅.“文化立国”战略指导下的中国武术发展研究[J].成都体育学院学报，2009（5）：17
[167]王国志，钱志强.论中国武术的艺术化发展[J].武汉体育学院学报，2014（3）：57
[168]马文友，邱玉相.论武术的艺术化发展趋势[J].上海体育学院学报，2010

（5）：51
[169]吴松.“虚拟化”的中国武术——中国武术艺术特征之研究[J].南京体育学院学报，2014（6）：29
[170]刘蕊，王琬珍.全球化背景下武术发展战略研究：走艺术化之路[J].搏击·武术科学，2014（12）：9
[171]吴松，王岗，张君贤.武术意象：一种典型的艺术化物象——对中国武术艺术理论的初探[J].体育科学，2012（5）：87
[172]易剑东.武术百年历程回顾[J].体育文史，1998（1-7 连载）
[173]李醒民.价值的定义及其特性[J].哲学动态，2006（1）：13-18
[174]王亚云.社会转型及其价值观之嬗变[J].企业经济，2005（10）：16-17
[175]戴安良.略论我国社会转型时期的价值观[J].探索，2006（5）：106-110
[176]王岗，方国清.中国武术：一种君子文化的新诠释[J].成都体育学院学报，2007.4：28
[177]王岗.中国武术是一门教化之学[J].搏击·武术科学，2010.6：1
[178]邱丕相.王岗.走进主流社会的中国太极拳文化[J].北京体育大学学报.2006（12）：1603-1605
[179]旷文楠，中华武术思想简论[J].体育科学，1988（2）：11-14
[180]张永远.儒道佛宽容思想比较[J].时代人物，2008.5
[181]史继忠.佛教传入与中国哲学思想构架的改变[J].贵州社会科学，2000.8：53-57
[182]谷晓红.武术精神的演进与发展[J].广东石油化工学院学报，2012.4：80-84
[183]王岗.习武是一种修行[J].搏击·武术科学，2010（5）：1
[184]王如镇，朱东等.中华武术在构建高校人文精神中的优势探析[J].搏击·武术科学，2010.9
[185]吉洪林.我国学校武术的发展历程与变革探析——兼论对当前武术教育改革的启示[J].北京体育大学学报，2014，12：91
[186]古柏.社会的需要与武术的发展[J].武魂，1989（2）：首页
[187]程大力.关于中国武术继承、改革与发展的思考[J].成都体育学院学报，1998（1）：16-19